New Zealand 紐西蘭

no.63

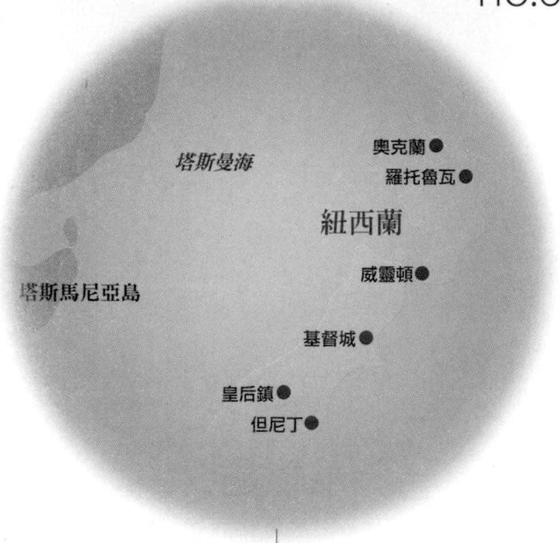

塔斯曼海

奧克蘭 ●
羅托魯瓦 ●

紐西蘭

威靈頓 ●

塔斯馬尼亞島

基督城 ●

皇后鎮 ●
但尼丁 ●

MOOK NEWAction

紐西蘭 New Zealand

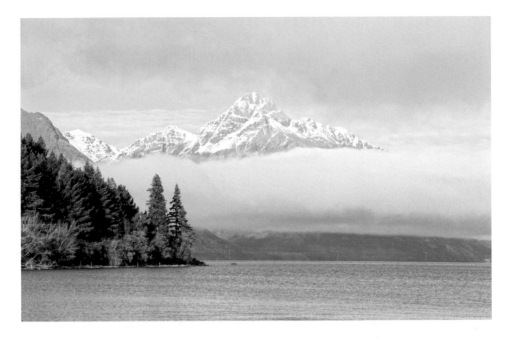

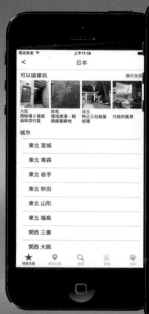
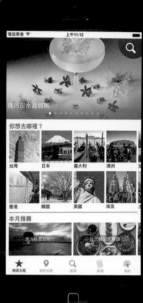
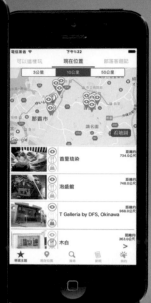

我的行動旅伴！
地表最強大旅遊APP

MOOK 玩世界

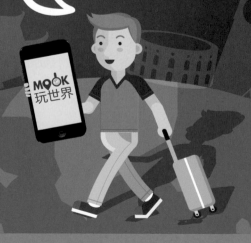

馬上搜尋MOOK玩世界！立即出發玩世界！

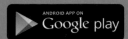
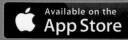

本書所提供的各項可能變動性資訊，如交通、時間、價格(含票價)、地址、電話、網址，係以2022年11月前所收集的為準；特別提醒的是，COVID-19疫情期間這類資訊的變動幅度較大，正確內容請以當地即時標示的資訊為主。
如果你在旅行中發現資訊已更動，或是有任何內文或地圖需要修正的地方，歡迎隨時指正和批評。你可以透過下列方式告訴我們：
寫信：台北市104中山區民生東路二段141號9樓MOOK編輯部收
傳真：02-25007796
E-mail：mook_service@hmg.com.tw
FB粉絲團「MOOK墨刻出版」www.facebook.com/travelmook

符號說明

- ☎ 電話
- ✖ 休日
- ❗ 注意事項
- ⏱ 所需時間
- ℹ 旅遊諮詢
- ⌂ 地址
- $ 價格
- ✺ 營業項目
- ◉ 如何前往
- Ⓗ 住宿
- ◔ 時間
- ⓦ 網址
- ✿ 特色
- ⊕ 市區交通

MOOK
墨 刻 出 版

MOOK多樣化的數位產品
除了旅遊導覽書、旅人誌月刊之外
MOOK亦積極與數位接軌，推出多種數位產品

電子書和有聲書 將MOOK出版的書籍，提供數位閱讀或聆聽體驗。
線上課程 如葡萄酒、攝影課程……不受時間、空間限制，學習到最專業知識。
《MOOK玩什麼》YT頻道 透過國外的實境拍攝影片，帶你輕鬆玩遍世界。
《MOOK玩世界》APP 由專業採訪推薦的特色玩法，讓玩家免費下載使用。

MOOK景點家

數位資訊即時平台

"生活處處是景點！吃喝玩買找樂點"

大人的美好時光 Luxe旅人誌

以優雅休閒態度，追求品味與質感的風格旅行

TRAVELER Luxe旅人誌月刊 與《TRAVELER Luxe 大人的美好時光》
代表著全新的休閒生活態度，
為講求質感與格調的品味人士與成功菁英，深入報導獨一無二的極致享受。

墨刻出版平、網整合廣告團隊，為您提供全方位的專業服務
精準分眾網路廣告、社群行銷整合、雜誌平面廣告、專刊代編量身規劃、數位行銷活動…等跨媒體優質行銷服務，
我們提供的不只是廣告，而是讀者、客戶與品牌之間的信任感。

歡迎與我們聯繫！
E-mail：kelly_lee@hmg.com.tw

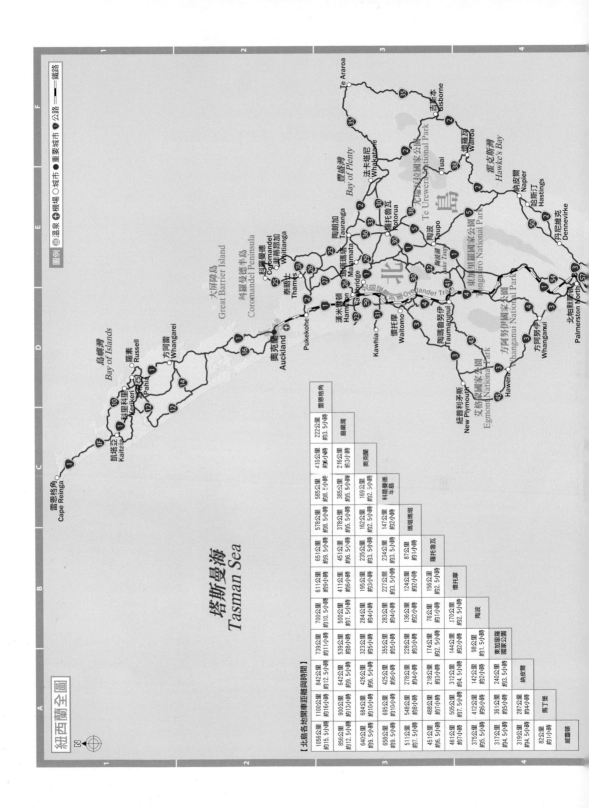

紐西蘭全圖

塔斯曼海
Tasman Sea

北島各地開車距離與時間

雷恩格角

1056公里 約15.5小時																			
856公里 約12.5小時	900公里 約13小時																		
640公里 約9.5小時	684公里 約10小時																		
658公里 約9.5小時	696公里 約10小時																		
511公里 約7.5小時	548公里 約8小時																		
451公里 約7小時	488公里 約7小時																		
461公里 約7小時	505公里 約7.5小時																		
375公里 約5.5小時	412公里 約6小時																		
317公里 約4.5小時	361公里 約5小時																		
319公里 約4.5小時	240公里 約3.5小時																		
82公里 約1小時	威靈頓																		

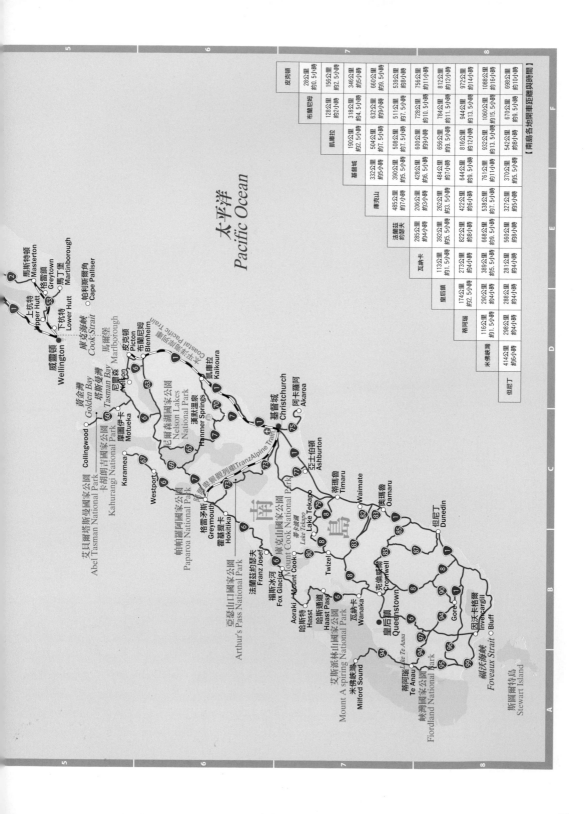

太平洋
Pacific Ocean

【南島各地開車距離與時間】

	但尼丁	蒂阿瑙	皇后鎮	瓦納卡	法蘭茲約瑟夫	庫克山	基督城	凱庫拉	布蘭尼姆
米佛峽灣	414公里 約6小時	116公里 約1.5小時	174公里 約2.5小時	113公里 約1.5小時	285公里 約4小時	485公里 約7小時	332公里 約5小時	190公里 約2.5小時	128公里 約2小時
但尼丁		298公里 約4小時	290公里 約4小時	273公里 約4小時	392公里 約5.5小時	206公里 約3小時	390公里 約6小時	504公里 約7.5小時	318公里 約4.5小時
蒂阿瑙			286公里 約4小時	389公里 約5.5小時	822公里 約9小時	262公里 約4小時	428公里 約6.5小時	508公里 約9小時	632公里 約9.5小時
皇后鎮				281公里 約4小時	668公里 約9小時	422公里 約6小時	484公里 約7小時	600公里 約9小時	511公里 約7小時
瓦納卡					560公里 約8小時	538公里 約7.5小時	644公里 約9小時	656公里 約9小時	728公里 約10.5小時
法蘭茲約瑟夫						327公里 約5小時	761公里 約11小時	816公里 約13.5小時	784公里 約11.5小時
庫克山							370公里 約6小時	932公里 約13.5小時	944公里 約13小時
基督城								542公里 約8小時	1060公里 約15.5小時
凱庫拉									670公里 約10小時
布蘭尼姆									

【皮克頓欄】

皮克頓
28公里 約0.5小時
156公里 約2.5小時
346公里 約5小時
660公里 約9.5小時
539公里 約7小時
756公里 約11小時
812公里 約12小時
972公里 約14小時
1088公里 約16小時
698公里 約10小時

馬斯特頓 Masterton
格雷鎮 Greytown
馬丁堡 Martinborough
帕利斯爾角 Cape Palliser
上杭特 Upper Hutt
下杭特 Lower Hutt
威靈頓 Wellington
庫克海峽 Cook Strait
馬爾堡 Marlborough
皮克頓 Picton
布蘭尼姆 Blenheim
黃金灣 Golden Bay
塔斯曼灣 Tasman Bay
尼爾森 Nelson
凱庫拉 Kaikoura
漢默溫泉 Hanmer Springs
阿卡羅阿 Akaroa
基督城 Christchurch

艾貝爾塔斯曼國家公園 Abel Tasman National Park
卡胡朗吉國家公園 Kahurangi National Park
柯林伍德 Collingwood
摩圖伊卡 Motueka
尼爾森湖國家公園 Nelson Lakes National Park
卡拉米亞 Karamea
帕帕羅阿國家公園 Paparoa National Park
威斯特港 Westport
格雷茅斯 Greymouth
靈基提卡 Hokitika
亞瑟山口國家公園 Arthur's Pass National Park
法斯冰河 Fox Glacier
法蘭茲約瑟夫 Franz Josef
庫克山國家公園 Mount Cook National Park
阿奧拉基 Aoraki
庫克山 Mount Cook
哈斯特 Haast
哈斯特通道 Haast Pass
瓦納卡 Wanaka
艾斯派林山國家公園 Mount A spring National Park
峽灣國家公園 Fiordland National Park
蒂阿瑙 Te Anau
米佛峽灣 Milford Sound
斯圖爾特島 Stewart Island
因沃卡格爾 Invercargill
布拉夫 Bluff
福沃海峽 Foveaux Strait
戈爾 Gore
皇后鎮 Queenstown
克倫威爾 Cromwell
特卡波湖 Lake Tekapo
特威澤爾 Twizel
奧馬魯 Oamaru
威馬特 Waimate
蒂馬魯 Timaru
艾士伯頓 Ashburton
但尼丁 Dunedin

南島
South Island

TranzAlpine Train 高山景觀列車
Coastal Pacific Train 太平洋海岸列車

Welcome to New Zealand

歡迎來到紐西蘭

到紐西蘭採訪之前,紐西蘭旅遊局曾請我簽了份協定書,內容不外乎一些採訪時的相關事項,其中有一條「牛羊圖片的採用」特別引我注意,上面寫著:「為了更好地展現紐西蘭當地豐富多彩的風土人情,我們歡迎但不鼓勵您在撰寫報導時過多或者強調『牛羊』。」看來紐西蘭對於奶粉廣告所塑造出「紐西蘭=牛+羊」的形象早已感到厭煩,儘管滿山滿谷的牛羊的確佔據了沿路上大部份的風景,但紐西蘭人還是希望遊客能把焦點放在別的地方。

作為全方位的旅遊導覽書籍,我們當然希望讀者能真實體驗到紐西蘭所有非凡之處。紐西蘭是個很特別的國家,雖然風光明媚,但光是看看風景拍拍照,未免可惜。紐西蘭的美,不是當作對象欣賞便已足夠,它不希望與人們

有所距離，因此你必須以各種方式走進風景之中，換句話說，遊覽紐西蘭的最佳方式，就是報名當地的冒險行程。這些行程有的充滿瘋狂、有的驚險刺激、有的美不勝收、有的如入幻境，透過這些五花八門、不可思議的活動，你會發現真實的紐西蘭帶有一種超越視覺的美感，它可以衍生出不同角度，創造出不同態度；這種經驗附著了驕傲，蔓生了喜悅，將旅程由平面趨向立體，由泛眾轉為獨特。

為了帶給讀者最豐富且深刻的體驗，本書花了不少心血，力圖將紐西蘭的所有面向一一呈現，從靜態到動態，從自然到人文，從高空到地底，從荒野到文明，希望能幫助各位創造出一輩子難以忘懷的美好記憶。

必去紐西蘭理由

© 紐西蘭旅遊局／Rob Suisted

絕美天地風光

奧妙的大自然，是上天給予紐西蘭最珍貴的禮物，包括火山、溫泉地熱、螢火蟲洞、冰河峽灣、高山湖泊等，加上遠離人為汙染的純淨天地，自然之美在這個國度表現得淋漓盡致。

體驗瘋狂刺激

想知道自己究竟有多勇敢嗎？那就來紐西蘭攀登峽谷或冰河、在激流泛舟、玩噴射飛船。如果還覺得不過癮，那麼黑水漂流、高空彈跳、高空跳傘、高空飛索、峽谷鞦韆等，絕對能讓你感到滿足。

特有原生物種

孤懸汪洋之中的紐西蘭，封閉的環境，造就出獨特的生態系統，像是奇異鳥、南秧雞、藍企鵝、黃眼企鵝、卡卡鸚鵡、啄羊鸚鵡、喙頭蜥等其他地區難得一見的動物，都在這裡等著與你相遇。

在地天然特產

紐西蘭獨特的物產加上純淨的環境，讓這裡擁有許多極富特色的招牌特產，像是麥廬卡蜂蜜、蜂膠、綿羊油、火山泥與奇異果製品、羊毛製品等利用天然材質所製造出的種種產品，用起來分外令人覺得安心。

感受毛利文化

毛利人的碰鼻禮、鯨面、戰舞、球舞等分別傳達出什麼樣的心情？走一趟毛利文化村，讓他們用歌舞和盛宴娓娓道來。毛利人的木雕、骨雕、鮑魚殼首飾等文化工藝品，樣樣令人愛不釋手。

品嚐香醇美酒

紐西蘭有充足的日照與宜人的氣候，非常適合栽種釀酒葡萄，包括卡本內蘇維濃、白蘇維濃、霞多內、麗絲玲、黑皮諾等，都能生長得十分良好。無論在南、北島上，都有多處葡萄酒鄉，正用它們美妙清爽的香醇，吸引人們前往品嚐。

旅行計畫
Plan Your Trip

Top Highlights of New Zealand
紐西蘭之最

文●蔣育荏・墨刻編輯部
攝影●周治平・墨刻攝影組

刺激戶外活動Outdoor Adventures

到紐西蘭就該入境隨俗，所謂入境隨俗，自然就是加入他們喜愛冒險犯難的行列！在這裡，你會找到各種千奇百怪的刺激玩法，從高空中的飛來盪去，到地底下的垂降漂流，紐西蘭人似乎總能找到法子，在大自然所賜予的美麗風光裡享受刺激，彷彿不這麼做就對不起眼前奇景似的。

如果你的膽子不大，或者天生不好動，那麼至少嘗試一回噴射飛船、搭乘熱氣球升空，或到湖上划一趟輕艇；膽量一般的人，高空飛索、黑水漂流、地底垂降應該是心臟還負荷得了的程度。若就是要追求刺激，當然二話不說，立刻便往高空彈跳、峽谷鞦韆、甚至高空跳傘衝，畢竟能在這樣仙境般的景致裡如此刺激過癮的機會，並不是經常有的。(P.50)

©AJ Hackett Bungy Jump

全國

最佳戶外活動
The Best Outdoor Adventures

高空彈跳 (P.77、85、117、186)
Bungy Jumping

峽谷鞦韆 (P.111、187)
Canyon Swing

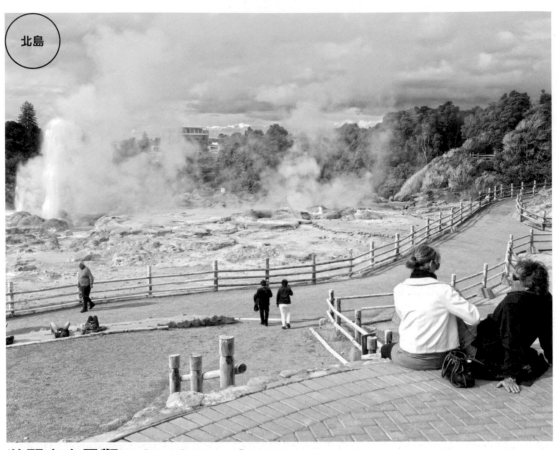

北島

壯麗火山景觀Volcanic Landscape

　　紐西蘭北島最初是由海底火山噴發而形成，因此火山地形特別豐富也是理所當然。尤其北島中部的羅托魯瓦一帶，地熱景觀十足活躍，就連城鎮中心都不難找到冒著陣陣白煙的地熱溫泉，而近郊的蒂波亞、懷歐塔普地熱區、地獄門等景點，更是處處間歇泉、泥漿池、石灰華階地與色彩層次豐富的地熱池，堪稱地熱地形的露天博物館。

　　陶波附近與東加里羅國家公園，亦能看到許多活火山、火山坑口與火山口湖，險峻的地勢與壯闊的景致，難怪當年《魔戒三部曲》要在這裡取景拍攝。至於紐西蘭今日火山作用最劇烈的活火山則是豐盛灣的白島，2019年時還曾突然噴發造成意外，可以想見其活躍。(P.113、120、122、130、132)

噴射飛船 (P.116、131、185)
Jet Boating

高空飛索 (P.111、183)
Zip-Lining

熱氣球之旅 (P.225)
Hot-Air Ballooning

南島

優美峽灣巡航 Fiord Cruises

紐西蘭南島的西南海岸地形破碎，擁有豐富的峽灣地形，而這一帶也座落著紐西蘭最大的國家公園——峽灣國家公園(Fiordland National Park)。這些峽灣既深邃而又神祕，並維持著原始天然的景觀，險峻的山峰、高聳的瀑布、崎嶇的岩壁與多雨的天氣，讓這裡有如夢境中的幻想世界。

峽灣中最有名者莫過於米佛峽灣與神祕灣，遊客可以搭乘豪華賞景遊船，用最舒服的方式深入祕境，或是登上可在船上過夜的三桅帆船，在懷舊的氣氛中感受峽灣的日與夜。當然，也可以親手划著輕艇，透過自身的努力探索峽灣中的每處角落，而悠游在峽灣裡的海豚、海豹等可愛海洋生物，也會不時從海面中冒出頭來，彷彿在為人們加油打氣。(P.189、193、239)

最佳地底探險
The Best Underground Adventures

懷托摩螢火蟲洞 / 北島 (P.125)
Waitomo Glow Worm Caves / North Island

黑水漂流 / 北島 (P.126)
Black Water Rafting / North Island

震撼毛利文化 Maori Culture

想瞭解紐西蘭，得先從認識毛利人開始，在紐西蘭境內有許多毛利部落開放給遊客參觀，不過在參觀之前得先有一個基本認知，那就是這些毛利部落並不是為了觀光才成立的樣版，也不是弱勢種族的保護區，這些都是毛利人真實的生活環境，是出於毛利人喜歡與人做朋友，分享其文化，才讓外人進入的。在部落中可觀賞到毛利人最著名的Haka戰舞與Poi球舞，也能認識毛利人的日常生活與社交禮儀，並順便學上幾句常用的毛利話。當然，最後的高潮就是享用一頓豐盛的毛利大餐(Hangi)，其食材多半是魚、肉、蕃薯、馬鈴薯和蔬菜等，先用大火將河邊石頭燒紅，再放到新挖好的地洞裡，堆上淋溼的樹葉，製造大量的煙和蒸氣，接著把食物放在樹葉上，鋪上層層土壤，燜烤3到4個小時便大功告成。(P.112、117、118)

全國

©紐西蘭旅遊局／James Heremaia

| 失落的世界 / 北島 (P.127) Lost World Tours / North Island | 蒂阿瑙螢火蟲洞 / 南島 (P.195) Te Anau Glowworm Caves / South Island | 哈伍德洞穴 / 南島 (P.235) Harwoods Hole / South Island |

15

尋訪奇異鳥Kiwi Bird Encounter

　　世界上的無翼鳥種類不多，幾乎全集中在紐西蘭這兩座島上，由於人類到來之前，這裡除了哈斯特鷹外，陸地上沒有大型獵食性動物，部分鳥類在沒有天敵的環境裡，翅膀逐漸退化。但這情形自從人類到來後便完全改觀，無翼鳥中最大型的恐鳥(Moa)早被毛利人捕食而盡，歐洲人帶來的外來種也對其他無翼鳥造成致命威脅，目前幾乎所有無翼鳥種都已滅絕，只剩少許奇異鳥倖存。

　　現存的奇異鳥種類，以小斑奇異鳥(Little Spotted Kiwi)和棕色奇異鳥(Brown Kiwi)為主，為了幫助牠們復育，紐西蘭也設立許多生態保育區。由於奇異鳥是夜行動物，白天不容易看到，因此要看奇異鳥，只能參加保育區的夜間行程，在導覽人員帶領下，尋找牠們伸著頸子邊走邊啄食的可愛模樣。(P.111、155、223)

全國

最佳自然景觀
The Best Natural Scenery

東加里羅國家公園 / 北島 (P.132)
Tongariro National Park / North Island

米佛峽灣 / 南島 (P.189)
Milford Sound / South Island

全國

可愛原生動物Indigenous Species

　　人類來到紐西蘭之前，南、北島上沒有哺乳類動物，加上四周海洋環繞，於是發展出獨一無二的生態圈系統。生活在這裡的動植物在與世隔絕的狀態下世代繁衍，為了適應本地的氣候與環境，逐漸演化出許多與先祖們截然不同的特徵，從而形成紐西蘭原生的特有物種。除了最具代表性的奇異鳥之外，其他像是南秧雞、啄羊鸚鵡、卡卡鸚鵡、喙頭蜥、黃眼企鵝、圖伊鳥等，都是只有紐西蘭才看得到的珍貴物種。

　　可惜人類的出現，引進大量外來物種，導致原生生態橫遭蹂躪，許多特種紛紛絕跡，僅存的也面臨絕種危險。近年來在人們有意識地保育下，部分物種逐漸恢復數量，不過遊客也只能在特定保育區裡，才能一睹其芳蹤。(P.48、251)

| 庫克山國家公園 / 南島 (P.198) Mt. Cook National Park / South Island | 法蘭茲約瑟夫冰河 / 南島 (P.201) Franz Josef Glacier / South Island | 艾貝爾塔斯曼國家公園 / 南島 (P.234) Abel Tasman National Park / South Island |

蒂卡
波湖

© 紐西蘭旅遊局 /Julian Apse

夜間觀星Stargazing

　　紐西蘭許多地方人煙稀少，沒有光害，也沒有高樓大廈阻隔，因此夜晚的星空格外璀璨迷人。最有名的觀星地點在南島的蒂卡波湖一帶，其附近的約翰山海拔1,029公尺，因為視野開闊，天氣也相對穩定，南半球最有名的天文台就建在這裡。這座天文台設置於1965年，隸屬於坎特伯里大學，是觀察南半球天文星象的重要據點。遊客參加暗夜計劃(Dark Sky Project)帶領的觀星團便可來到山頂，在天文學家的雷射引導下先以肉眼觀星，接著再進入天文台內，以16英吋的高倍率望遠鏡進行觀測。過程中也會看到直徑1.8公尺的MOA望遠鏡，這具望遠鏡是藉由不斷重覆的集光、反射、成像和拍照，尋找太陽系以外的行星，而遊客們也會看到科學家們透過電腦螢幕監測的工作情形。(P.206)

最佳博物館
The Best Museums

奧克蘭戰爭紀念博物館 / 北島 (P.82)
Auckland War Memorial Museum / North Island

凱利達頓海洋生態館 / 北島 (P.86)
SEA LIFE Kelly Tarlton's Aquarium / North Island

國家公園健行Hiking in National Parks

　　風光明媚的紐西蘭，處處是雄奇綺麗的地形與不可思議的景觀，因此國家公園足足有13個之多。這些國家公園，有的以高山冰河為本色，有的以峽灣地形為特徵，有的是沙灘與叢林的結合，有的則標榜獨特的生態體系。造訪這些國家公園，最基本的活動就是在步道上健行，靠自己的雙腳一步步走進宛如山水名畫中的景色，細細欣賞眼前的奇幻風景。

　　在這些國家公園中，外國遊客最常去的是庫克山國家公園，這裡有規劃良好的步道與完善的觀光設施，要報名各種行程也很容易。而東加里羅的越嶺步道也很值得推薦，只要預約好接駁巴士，輕易就能將美景解鎖收藏。至於艾貝爾塔斯曼國家公園則是要研究好水上計程車的時刻表，規劃出最適合自己的行程路線。(P.132、198、234)

全國

蒂帕帕博物館 / 北島
(P.147)
Te Papa Museum / North Island

坎特伯里博物館 / 南島
(P.216)
Canterbury Museum / South Island

國際南極中心 / 南島
(P.220)
International Antarctic Center / South Island

舉世聞名羊毛秀 Sheep Shearing Show

　　許久以來，紐西蘭就是聞名的農牧之國，即便在都市化與觀光業急遽發展的今日，農牧業仍是紐西蘭的主要經濟命脈。19世紀，當歐洲移民來到南太平洋的這片新家園，他們發覺此處的溫和氣候與降雨，正適合畜牧發展，於是許多移民都以畜養綿羊、牛隻維生，羊毛、羊肉、牛肉與乳製品，不但供給本地所需，更大量銷往歐洲，儼然英國的「海外牧場」。農牧的發展，除了為紐西蘭帶來經濟收益，更營造了清新的風光，因此許多人來到紐西蘭，都會專程去農場體驗充滿牛羊的鄉間生活。而紐西蘭各地也都有許多觀光農場，像是北島羅托魯瓦的愛歌頓農場與南島皇后鎮的瓦爾特峰農場便極負盛名，可觀賞到招牌的剪羊毛秀與牧羊犬秀等節目，早已成為紐西蘭的觀光客標準行程。(P.115、181)

全國

最佳酒莊
The Best Winery

提若哈納酒莊 / 北島 (P.163)
Tirohana Estate / North Island

教堂路酒莊 / 北島 (P.168)
Church Road Winery / North Island

西岸

登上冰河Glacier Climbing

　　冰河是紐西蘭南島最珍貴的自然資產，也是南島最主要的活動行程。南島西岸的兩大冰河分別是法蘭茲約瑟夫冰河與福斯冰河，前者較為熱鬧，觀光氣息濃厚，旅遊產業也比較發達；後者冰河長度更長，氣氛悠閒寧靜，許多自然愛好者其實更偏愛後者。

　　這兩處冰河都開放讓遊客上去攀爬，不過攀登冰河必須參加行程，在有經驗的嚮導帶領下進行，因為一般遊客無法判斷和掌握冰層的穩定狀況，私自攀爬容易發生危險。由於冰河逐年消融，現在已無法再像從前那樣可以從冰河前緣開始往上爬，而是得坐上直昇機，直接來到冰河頂端。雖然所費不貲，但站在巨大的冰河上，舉目所見盡是一望無際的冰，行程中也有機會來到冰瀑下方，並在透出淡淡藍光的冰洞裡探險，絕對會是這輩子最難忘的珍貴體驗。(P.201、202)

傳教區酒莊 / 北島 (P.169) Mission Estate Winery / North Island	雲灣酒莊 / 南島 (P.239) Cloudy Bay Vineyards / South Island	赫佐酒莊 / 南島 (P.241) Hans Herzog Estate / South Island

When to go
最佳旅行時刻

文●蒙金蘭·墨刻編輯部

紐西蘭位於南太平洋上，距離澳大利亞約1,900公里，國土主要由北島與南島兩個大島組成，之間隔著庫克海峽相望。由於位處南半球，因此季節與台灣所在的北半球相反，夏季約為12~2月，冬季約為6~8月。除了北地是較為炎熱的亞熱帶暖溼氣候外，其餘皆在溫帶海洋性氣候的範圍內，全年氣溫舒適宜人。

塔斯曼、尼爾森、馬爾堡
Tasman, Nelson, Marlborough

地理

南島北部大多為山地，只有在河谷地區才有零星平原。馬爾堡的北部海岸地形破碎，分布大大小小的島嶼與峽灣景觀；馬爾堡也是紐西蘭著名的酒鄉。

氣候

夏季日均溫為18°C，冬季日均溫為8°C。這一帶相對來說較為乾燥，夏季平均降雨天數為6天，冬季也只有8天。

懷卡托、豐盛灣、吉斯本與霍克斯灣
Waikato, Bay of Plenty, Gisborne, Hawke's Bay

地理

北島高山多集中於東部，往西地勢漸趨平緩，大多為丘陵地與河流兩岸的狹小平原。這一帶有豐富的火山地形，火山活動至今依然旺盛。

氣候

夏季日均溫為17~19°C，冬季日均溫為8~12°C，東部海岸較西部丘陵稍熱，而羅托魯瓦、東加里羅一帶的山區氣溫較為涼爽。全年降雨量適中，一般而言，冬季降雨較夏季為多，而東部又比西部乾燥。

西岸 West Coast

地理

西岸西臨塔斯曼海，東為南阿爾卑斯山脈(Southern Alps)，南北延伸600公里，大多為高山和雨林，只有河谷兩側有狹長的平原地形。海拔3,724公尺的庫克山為最高峰，鄰近的法蘭茲約瑟夫冰河與福斯冰河，是紐西蘭最雄偉的兩條冰河。

氣候

夏季日均溫為15°C，冬季日均溫為8°C，地勢愈高，氣溫愈低，山區在冬季常可到達零度以下。由於來自海洋的西北氣流受到南阿爾卑斯山脈阻擋，使得位於迎風面的西岸降雨量豐沛，四季降雨平均，尤以冬春之交為最，年平均降雨天數約在57天左右。

南地 Southland

地理

蒂阿瑙以西為峽灣地區(Fiordland)，地勢崎嶇，峽灣錯綜複雜；以東是大片平原，直到東南角的科特林區(Catlins)才出現起伏的山地。

氣候

由於距離赤道遙遠，南地是紐西蘭氣溫最涼爽的地區，夏季日均溫為14°C左右，冬季更只有6°C上下。峽灣地帶為潮溼的山區型氣候，年平均雨量超過2千，是紐西蘭最多雨的地區。南地東南沿海為溫帶海洋性氣候，內陸則呈現大陸性氣候特徵，年平均雨量在4百上下。

參考氣溫

主要城市	1月(夏季)	7月(冬季)
奧克蘭	23.8°C	15.1°C
羅托魯瓦	24°C	13°C
威靈頓	20.3°C	11.2°C
基督城	22.6°C	11.1°C
皇后鎮	22°C	10°C
但尼丁	18.9°C	9.9°C

北地與奧克蘭
Northland & Auckland · 島嶼灣
Bay of Islands

奧克蘭Auckland

陶朗加Tauranga

懷卡托、豐盛灣、吉斯本與霍克斯灣
Waikato, Bay of Plenty, Gisborne, Hawke's Bay

羅托魯瓦Rotorua

陶波Taupo

東加里羅國家公園
Tongariro National Park

威靈頓、塔拉納奇、馬納瓦圖-旺格努伊
Wellington, Taranaki, Manawatu-Wanganui · 納皮爾Napier

尼爾森Nelson · 威靈頓Wellington

塔斯曼、尼爾森、馬爾堡
Tasman, Nelson, Marlborough

西岸
West Coast

法蘭茲約瑟夫冰河
Franz Josef Glacier

基督城Christchurch

坎特伯里
Canterbury

米佛峽灣
Milford Sound

蒂阿瑙
Te Anau · 皇后鎮Queenstown

奧塔哥
Otago · 但尼丁Dunedin

南地
Southland

斯圖爾特島
Stewart Island

奧塔哥 Otago

地理

奧塔哥西部是南阿爾卑斯山脈的南端，山高谷深，風景秀麗，由冰河作用所形成的地形特徵明顯，皇后鎮是這一帶的觀光重鎮；東部是大片草地與平原，最重要的城市為但尼丁。

氣候

奧塔哥夏季日均溫為16°C上下，冬季較為寒冷，日均溫只有7°C左右，皇后鎮一帶尤其涼爽。由於受到山脈的阻隔較小，降雨量比坎特伯里平原稍多。

北地與奧克蘭 Northland & Auckland

地理

奧克蘭大區是紐西蘭第一大城奧克蘭的所在，地質由活躍的火山運動形成，目前這裡的火山都處於休眠狀態。最北端的北地，則是從奧克蘭西北延伸出的半島，主要為丘陵地形，東北角的島嶼灣海岸地形破碎，形成多處島嶼。

氣候

北地屬於亞熱帶海洋性暖溼氣候，和紐西蘭其他地區相比起來，夏季顯得溫暖潮溼，冬季也不甚乾冷。夏季日均溫為20°C，最炎熱時，氣溫可達30°C，平均降雨天數為8天；冬季日均溫為12°C，平均降雨天數為15天。

威靈頓、塔拉納奇、馬納瓦圖-旺格努伊 Wellington, Taranaki, Manawatu-Wanganui

地理

北島南部大都為丘陵地形，較寬廣的平原分布在塔拉納基山周邊以及北帕默斯頓一帶；而在塔拉魯瓦山脈東側的懷拉拉帕平原，則是北島著名的葡萄酒產地。

氣候

夏季日均溫為17~18°C，冬季日均溫為10°C，愈往南氣候愈涼爽。平均降雨天數，夏季約為8天，冬季約為14天。

坎特伯里 Canterbury

地理

坎特伯里西部為南阿爾卑斯山脈，綿延一連串3千公尺以上的山峰、冰河與高山湖泊；東部則是遼闊的坎特伯里大平原；而基督城東邊突出太平洋的阿卡羅阿半島，則是座由火山噴發而成的火山錐。

氣候

平原地區夏季日均溫為17°C，冬季日均溫為8°C；山區溫度隨海拔高度遞降，夏季日均溫為15°C，冬季日均溫只有4°C，最冷時可達零度以下。由於位於南阿爾卑斯山脈的背風面，無論山區或平原都很乾燥，年平均雨量只有2百出頭。

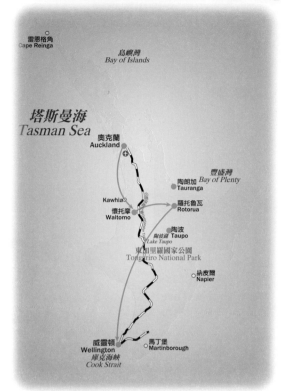

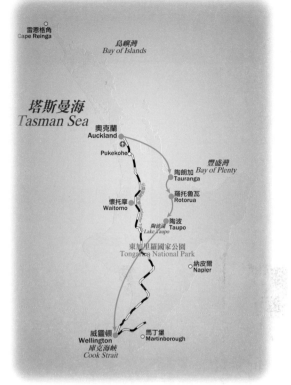

北島精華7天

●行程特色

　　因為時間太過有限，只能以較大城市為基地，非常粗略地認識北島的精華地帶。奧克蘭是紐西蘭的第一大城兼最大的對外門戶，懷托摩有紐西蘭獨特的螢火蟲洞奇景，羅托魯瓦是北島舉足輕重的國際級觀光勝地，而威靈頓是紐西蘭的首都，都是必遊之地。

●行程內容

Day 1：抵達奧克蘭，探索城內景點。

Day 2-3：前往懷托摩，參加當地行程。

Day 4-5：前往羅托魯瓦，並在當地探索。

Day 6-7：前往威靈頓，參觀城內景點。

北島深度10天

●行程特色

　　別以為10天很充裕，北島面積其實不小，如果每個城市停留2天、再扣掉路上的交通時間，行程還是相當緊湊。建議最後從威靈頓返回奧克蘭這段還是利用飛機，可節省不少時間。

　　紐西蘭在行程安排上還有一項困難，就是兩地之間距離雖然不遠，但是大眾交通工具的班次並沒有想像中頻繁，以羅托魯瓦和陶波之間為例，車程只要大約1小時，但是InterCity巴士每日卻只有2到3個班次，所以在安排旅遊計畫前應先把交通狀況查詢清楚，才能發揮最大的時間效益。

●行程內容

Day 1-2：抵達奧克蘭，探索城內景點。

Day 3-4：前往陶朗加，探索豐盛灣。

Day 5-6：前往羅托魯瓦，並在當地探索。

Day 7-8：前往陶波，參加當地行程。

Day 9-10：前往威靈頓，參觀城內景點。

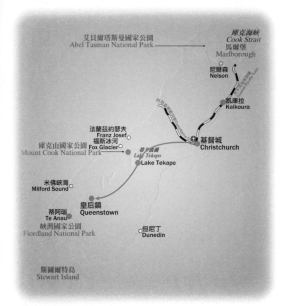

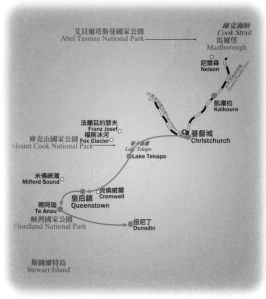

南島精華7天

●行程特色

　若是你的行程以南島為主，建議可以在皇后鎮停留多一點時間，這座小鎮雖然不大，卻是享譽全球的冒險之都，無論你想玩什麼樣的戶外活動，這裡通通都有，選擇非常豐富。而且從皇后鎮出發，往南可以到蒂阿瑙看螢火蟲洞，再到米佛峽灣坐遊船；往北可以到西岸攀登冰河，也可以到庫克山區和蒂卡波湖。而其周邊城鎮如瓦納卡、箭鎮等，也都各有特色，是很理想的冒險基地。

●行程內容

Day 1-2：抵達基督城，並在當地探索。

Day 3-4：前往蒂卡波湖，欣賞周邊風景。

Day 5-7：前往皇后鎮，參加當地行程。

南島深度10天

●行程特色

　南島和北島同樣幅員廣大，好玩的地方甚至更多，所以10天的時間對於探索南島來說仍是分秒必爭。建議可以待在南島10天的人，不妨以7天的建議行程為基礎，每個城市多待一天，可以把觸角延伸到離市區較遠的地方，例如從基督城可以前往凱庫拉，阿卡羅阿，或是從皇后鎮深入米佛峽灣、蒂阿瑙。如果實在想把足跡拓展到更遠的地方，那麼東南岸的但尼丁與突出於太平洋的奧塔哥半島，同樣引人入勝，可以看到南島更多面向。

●行程內容

Day 1-2：抵達基督城，並在當地探索。

Day 3-4：前往蒂卡波湖，欣賞周邊風景。

Day 5-6：前往皇后鎮，參加當地行程。

Day 7-8：前往蒂阿瑙，探索螢火蟲洞。

Day 9-10：前往但尼丁，走訪奧塔哥半島。

南北島精華10天

●行程特色

　　10天的時間就想把南北島一網打盡，只能鎖定大城市，並且運用空中接駁，才能有效地節省交通時間。懷托摩、羅托魯瓦都是北島的必遊之地，之後就直接飛往南島的基督城；從基督城前往皇后鎮的途中，不妨在蒂卡波湖逗留、觀星，如果比較偏好戶外活動的人，則乾脆從基督城搭飛機飛向皇后鎮，就可在冒險之都體驗更多活動項目。

●行程內容

Day 1：抵達奧克蘭，探索城內景點。

Day 2-3：前往懷托摩，參加當地行程。

Day 4-5：前往羅托魯瓦，並在當地探索。

Day 6-7：前往基督城，探索城內景點。

Day 8：前往蒂卡波湖，欣賞周邊景色。

Day 9-10：前往皇后鎮，參加當地行程。

南北島深度15天

●行程特色

　　擁有15天，終於能以稍微充裕的時間認識較完整的紐西蘭。通常從奧克蘭出發，再前往以螢火蟲洞聞名的懷托摩，不過在豐盛灣同樣有機會去尋訪螢火蟲，還可以從事爬山、衝浪等活動。羅托魯瓦、威靈頓、基督城、皇后鎮等大城市之間，如果利用空中交通會省下不少時間，當然也會是一筆不小的預算。如果不想一直在路上奔波，也不打算花這麼多錢在交通上，建議不妨減少一、兩個目的地，讓自己有更多時間和閒情逸致，好好地享受眼前的事物。

●行程內容

Day 1-2：抵達奧克蘭，探索城內景點。

Day 3-4：前往陶朗加，探索豐盛灣。

Day 5-6：前往羅托魯瓦，並在當地探索。

Day 7-8：前往威靈頓，參觀城內景點。

Day 9-10：前往基督城，走訪城內景點。

Day 11-12：前往皇后鎮，參加當地行程。

Day 13：前往蒂阿瑙，探訪螢火蟲洞。

Day 14-15：前往但尼丁，走訪奧塔哥半島。

Best Buy in New Zealand
紐西蘭好買

文●蒙金蘭·汪雨菁·蔣育荏·墨刻編輯部
攝影●蒙金蘭·汪雨菁·墨刻攝影組

紐西蘭環境純淨，利用天然的物產所製造出來的種種產品，用起來總是覺得安心，包括綿羊油、羊毛製品、麥廬卡蜂蜜與其製品、奇異果製品、蜂膠等，都令人心動。還有富當地文化色彩的紀念品，像是鮑魚殼首飾、毛利工藝品、當地品牌服飾等，都是很不錯的伴手禮。

麥廬卡蜂蜜 Manuka Honey

麥廬卡樹(Manuka Tree)是紐西蘭和澳洲南部的特有種，具有相當強的抗菌功效，早期毛利人就曾把這種植物入藥。麥廬卡蜂蜜即是蜜蜂吸取麥廬卡花蜜後的產物，這種蜂蜜味道獨特，質感綿稠，拿來做點心、塗麵包、泡蜜茶，都非常美味。少數的麥廬卡蜂蜜也具有抗菌力，其含有的獨麥素(UMF)愈高，抗菌效果愈好，當然價格也愈貴，一罐UMF 15+的蜂蜜價錢可以是沒有UMF的3倍。食用這種蜂蜜可提高免疫力、幫助消化、改善身體機能，而UMF濃度高的甚至還可外用，因此麥廬卡蜂蜜也成了紐西蘭最佳特有伴手禮。

消費者倒也不必一味追求UMF的高數值，事實上，一般人只需挑選UMF 5+以上，就對增強抗菌力很有幫助了；腸胃較弱的人，可選擇UMF 10+；身體真的有疾病、需要輔助修護的人再購買UMF 15+以上即可。

綿羊油 Lanolin Cream

綿羊油是綿羊身上的一層油性分泌物，能保護牠們對抗外界氣候的變化，所以很早就有人類懂得把它運用在保護人類肌膚上。紐西蘭的羊比人多，綿羊油的資源取之不盡，無論做成面霜、身體乳液、護手霜、護唇膏或其它型式的保養產品，都很受歡迎。

羊毛製品

除了綿羊油外，羊毛製品理所當然也是紐西蘭一大特產。羊毛製品等級的差異，主要取決於纖維的長度、細緻度、結構完整度等。在所有羊毛製品中，最高級的當屬美麗諾羊毛(Merino Wool)，這種羊毛和一般羊毛比起來，更加輕柔、透氣、保暖，因此價格也不便宜。如果羊毛混合袋貂(Possum)毛的話，據說保暖度、舒適性更佳，街頭也很常見。

雖然一般商店都有販售羊毛製品，但有機會去觀光牧場的話，價錢會比其他地方便宜許多。

羊皮雪靴

前些年，澳洲的UGG聲名鵲起，「UGG」幾乎成了「羊皮雪靴」的代名詞。既然身為「羊口」眾多的國度，紐西蘭街頭和紀念品店也很容易看到當地製造的羊皮雪靴，顏色、款式眾多，如果不執著於品牌的話，不妨找一下有沒有心儀的式樣。

動物玩偶

紐西蘭是和動物近距離接觸的好地方，無論是綿羊、山羊、企鵝等都很可愛，而奇異鳥不但可愛，更以稀有獨特取勝。所以各式各樣動物造型的絨毛娃娃，也成了令人愛不釋手的熱門紀念品。

麥廬卡蜂蜜製品與奇異果製品

既然麥廬卡蜂蜜和奇異果都是紐西蘭的招牌特產，相關產品自然也是大行其道，從嘴裡吃的、臉上擦的到身上塗的，都有。最熱賣的就是蜂蜜乳液和奇異果乳霜，其他像是餅乾、茶包、香皂、洗面乳等，也都有以麥廬卡蜂蜜和奇異果為材料製造的。

蜂膠與蜂王乳

蜂膠(Bee Propolis)是蜜蜂從樹芽和花朵上採集的樹脂，用以保護蜂巢。蜂膠具有非常好的殺菌及抗病毒效果，能消炎止痛，對於預防心血管疾病也有功效，除了膠囊，也有藥片、噴劑等形式；製成牙膏，則對預防牙周病頗有助益。

而蜂王漿(Royal Jelly)則是提供蜂王營養的食物，能讓蜂王健康強壯，提高生育能力。蜂王漿大多是以膠囊販賣，用在人類身上，有增加活力與抵抗力，以及保養肌膚的效果。

火山泥製品

紐西蘭北島火山眾多，尤以羅托魯瓦最為知名。天然的火山泥具有吸附油脂、清潔毛孔的功效，所以最適合用來做成面膜或香皂。全紐西蘭的紀念品店都很常見。

毛利文化工藝品

到紐西蘭，買個富有毛利風味的紀念品回去，是許多人紀念到此一遊的方式。毛利人的工藝品最常見的有木雕、骨雕、綠玉雕刻等，小的像是首飾、擺飾、器皿，大的如傢俱、大型裝飾品都有。如果是工廠量產的產品，或是小的手工藝品，價格通常不會太貴，但若出自毛利藝術家之手，或是雕工繁複的作品，價錢可就很驚人了。

鮑魚殼首飾

由於紐西蘭海域生長著大量鮑魚，從許久以前開始，便有許多人會潛水捕撈，他們將鮑魚貝肉出口，留下的鮑魚殼則被隨意丟棄。後來有位潛水伕突發奇想，覺得可以利用這些富有光澤與色彩的鮑魚殼做成藝品。由於每種貝殼材質色彩不同、圖案紋路也不同，因此也有不同的設計呈現方式，使產品線更加豐富多樣，從項鍊耳環到文具湯匙，應有盡有。

All Black周邊商品

橄欖球是紐西蘭的國球，黑色球衣的All Black則是紐西蘭的國家代表隊。開賽之前，球員們總會跳上一段毛利人的Haka戰舞，成為All Black最為人津津樂道的一大特色，而這支球隊也曾在1987、2011與2015年拿下世界盃冠軍。幾乎每個紐西蘭人，家中都有All Black相關產品，包括球衣、旗幟、鞋帽、玩偶等。如果你也想入境隨俗，除了一般紀念品店可以購買，All Black也有自己的專賣店。

超市好好買

▼

大家出國是不是最愛逛超市！？MOOK編輯替你網羅了紐西蘭超市裡最走紅的商品，用經濟實惠的價格跟當地人一起買、開心吃。

馬麥醬 Marmite

這是一種酵母萃取物，屬於啤酒製造過程中的副產品，和澳洲的Vegemite一樣，可塗抹於麵包或餅乾，經常出現在當地人的早餐桌上。馬麥醬含有豐富的維生素B，但是味道強烈、鹹度很高，有機會不妨先嚐一點點，看自己到底喜不喜歡，再決定要不要帶回家。

Lewis Road巧克力調味乳
Lewis Road Creamery Fresh Chocolate Milk

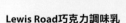

這瓶由紐西蘭乳品公司Lewis Road Creamery和巧克力公司Whittaker's合作推出的調味乳，在2014年時曾造成超市大斷貨，畢竟兩大紅牌聯名加持，魅力實在無法擋，而且喝起來味道也的確香濃可口，令人喜愛。

Nice & Natural烤堅果營養棒
Nice & Natural Roasted Nut Bar

紐西蘭的戶外活動很多，所以這種烤堅果棒特別普遍，它就是用堅果(主要是烤花生)再加一些覆盆子莓、藍莓和水果片做成的營養棒，外面再淋上牛奶巧克力，吃起來香香甜甜的。從事戶外活動時帶著它，能迅速補充熱量。

優沛蕾希臘式優格
Yoplait Greek Style Yoghurt

希臘式優格是一種用布或紙將乳清過濾後的一種乳製品，吃起來和一般優格一樣口感濃郁，但味道帶酸、沒那麼甜，滋味更加清爽。而Yoplait這個品牌很多人應該不陌生，雖然是法國的牌子，在大洋洲則是由澳洲生產製造，紐西蘭人也非常喜歡它的香濃滋味，到處都買得到。

奇異果 Kiwifruit

其實奇異果的原產地並不在紐西蘭，而是在中國，用中文來說，就是獼猴桃。獼猴桃在20世紀初傳進紐西蘭後，不但栽種成功，而且滋味比原來的品種更甜美，終於享譽國際，並改其名為奇異果，使人看到奇異果就想到紐西蘭。今日紐西蘭有8成的奇異果皆產自豐盛灣，當地的蒂普基(Te Puke)小鎮，更有「全球奇異果之都」的稱號。

Simply Squeezed螺旋藻果昔
Simply Squeezed Smoothie Spirulina Slam

這個顏色看起來超級綠的是Simply Squeezed的螺旋藻果昔，顧名思義，就是裡頭加入了螺旋藻和各種水果(像是香蕉、蘋果、杏桃等)，滋味既豐富又好喝，而且不加糖、色素或香料，全部來自食物本身的原汁原味，感覺很健康。

藍鳥厚切脆皮培根洋芋片
Bluebird Thick Cut Potato Chips-Crispy Bacon

Bluebird是紐西蘭最知名的洋芋片品牌之一，推出多種厚片或薄片的洋芋片，而厚切脆皮培根洋芋片口味較重，一吃就有很明顯的培根味，重點是很脆很香很涮嘴，讓人可以一口接一口。

Copper Kettle海鹽醋洋芋片
Copper Kettle Chips-Sea Salt & Vinegar

加醋的洋芋片？聽起來不可思議的口味，但老外特別鍾情，在國外很多地方都買得到。在紐西蘭，Copper Kettle這個牌子的海鹽醋洋芋片極受歡迎，一吃下去就有濃濃的醋味及淡淡的海鹽鹹味，剛開始可能有點兒不太習慣，但很容易吃一吃就上癮了。

Cookie Time巧克力餅乾

1983年創立於基督城地區的餅乾時刻(Cookie Time)，口感紮實，還有香香的巧克力豆，是紐西蘭人最愛的巧克力餅乾，不但在便利商店、超市等地方很容易買到，就連在紐西蘭國內線的飛機上，空姐送上的點心也常常就是Cookie Time，說它是紐西蘭人的國民零食一點也不為過。

Sunbites全麥穀物酸奶香蔥波浪片
Sunbites Grain Waves-Sour Cream & Chives

這個名字乍聽之下可能讓人不感興趣，但只要一入口，便會發現它非常香酥脆，不輸給洋芋片。這個強調用65%全麥穀粒做成的穀物片，因為非油炸處理，脂肪量也跟著減少，所以更健康，吃了也不怕發胖。

Whittaker's辣椒巧克力
Whittaker's Chocolate-Kaitaia Fire Chili Pepper Spice

1896年創立的Whittaker's，是紐西蘭最大的巧克力品牌之一，Kaitaia Fire Chili Pepper Spice則是它的辣椒口味。Kaitaia是紐西蘭北島以盛產辣椒醬聞名的小鎮，但這款加入了Kaitaia辣椒的巧克力，實際上吃起來並沒有明顯的辣味，反而像是胡椒的辣，而且口感和巧克力並無違和，真的非常特別。

Whittaker's果凍覆盆子牛奶白巧克力 Whittaker's Jelly Tip Block

這是Whittaker's和Tip Top兩大品牌合出的一種巧克力，上層是白巧克力，下層是奶油巧克力，中間再夾了覆盆子果凍，吃起來酸酸甜甜的滋味豐富，也是熱賣產品。

L&P檸檬汽水
L&P Lemon & Paeroa Soft Drink

這是紐西蘭很知名的檸檬汽水，因為是結合了北島Paeroa小鎮的礦泉水和檸檬汁而成的碳酸飲料，喝起來微酸微甜口感清爽，算是這個國家的國民商品了，難怪很多人說沒喝過L&P檸檬汽水，就等於沒來過紐西蘭。

Icebreaker

　紐西蘭在國際上頗有知名度的戶外服飾品牌Icebreaker，標榜所有產品皆以美麗諾羊毛為材質，因此價格比較高昂。Icebreaker的特色在於突破傳統羊毛服飾的限制，不但輕、暖，還具有快乾的優點，即使大量流汗也不會留下異味；而且頗具設計感，不用為了保暖而顯得笨重，所以廣受時尚人士喜愛。

Kathmandu戶外服飾用品

　Kathmandu是國際知名的戶外服飾裝備品牌，以「加德滿都」為名，卻是紐西蘭的牌子，1987年在澳洲墨爾本創立了首間實體店面，直到1991年才在基督城成立紐西蘭本國的第一個據點。

　紐西蘭人熱愛戶外活動，Kathmandu旨在以舒適、安全為基調，生產各式服飾、用品和裝備，讓人們在從事戶外活動時得以獲得適當的保護，即使處於人煙罕至的叢林或是惡劣的天候環境，也能覺得舒服、活動自如。

Karen Walker

　Karen Walker是紐西蘭最出名的服裝設計大師，她成名於澳洲，並因為她將個人首次時裝發表會舉辦在香港，因此在亞洲地區也享有高度盛名。她的作品強調簡約俐落的現代風格，捨棄華麗的元素，同時帶有叛逆少女的個性氣質，適合街頭混搭。

Zambesi

　Zambesi同樣是紐西蘭本國的設計品牌，在簡約的線條中，常常畫龍點睛地加入一些誇張元素，讓人眼睛為之一亮，也是目前紐西蘭相當受到年輕上班族群喜好的品牌。

Trelise Cooper

　Trelise Cooper發跡於1985年，2009年成為第一位活躍於國際舞台的紐西蘭時尚設計師。她的剪裁以簡潔、高雅為主軸，並強調對人體健康與環境保育的重視，作品不但經常登上雜誌版面，甚至出現在超夯影集《慾望城市》裡，包括麗芙泰勒、茉莉亞羅勃茲、琳賽蘿涵等明星，都是其忠實支持者。

Antipodes

　Antipodes是一個天然護膚品牌，在紐西蘭的定位相當於澳洲的Jurlique，所使用的材料皆來自紐西蘭的有機農莊，包括具抗菌效力的麥廬卡蜂蜜、營養豐富的酪梨油、奇異果籽等。產品包括精華液、乳霜、眼霜等，全系列皆經過高科技的優質、有機認證，例如唇膏即使吃下肚子也保證安全無毒，是近年漸受矚目的品牌。

Best Taste in New Zealand
紐西蘭好味

文●蔣育荏・蒙金蘭・墨刻編輯部
攝影●周治平・墨刻攝影組

雖然和其他講究口舌滋味的民族相比，紐西蘭並沒有什麼獨具特色的地方料理，但因為自然環境不受汙染，各地物產也很豐饒，無論海產、作物、肉類、水果、奶製品等，都有一流品質的產出。用這些新鮮食材做出來的料理，當然是人間美味。

牛肉與羊肉 Beef & Lamb

紐西蘭畜牧業發達，牛肉、羊肉不但是當地人日常生活最重要的主食，更大量出口到全世界，使紐西蘭成為各國牛、羊肉產品的主要來源之一。紐西蘭人非常擅長處理牛、羊排，在火候的拿捏上經驗老道，尤其羊排多半能去除腥羶味，即使平常不愛吃羊的人也頗能接受。

鹿肉 Venison

紐西蘭有不少牧場也有飼養鹿，所以在紐西蘭可以吃到鹿肉的機會很多，除了出現在餐廳菜單上，也可能做成鹿排、肉乾，出現在超級市場裡。鹿肉脂肪低、肉質細、營養價值高，是許多老饕的最愛。

毛利料理 Hangi

毛利人以往烹調食物的方式，是先花幾小時用大火將河邊的石頭燒紅，再放到剛挖好的地洞裡，堆上淋溼的樹葉，製造大量的煙和蒸氣，接著把食物放在樹葉上，鋪上層層土壤，燜烤個 3 到 4 小時，有點像是焢窯。食材多半是海鮮、羊肉、馬鈴薯、蔬菜和毛利甜薯(kumara)等。

海鮮 Seafood

紐西蘭四面環海，海產資源非常豐盛，據說從前毛利人只要在岸邊潛水，就能捕撈大批漁獲。譬如淡水螯蝦(Crayfish)，整個紐西蘭周邊海域都有盛產，而以凱庫拉一帶產量最豐；綠唇貽貝(Green Lipped Mussel)則以馬爾堡峽灣、科羅曼德爾半島、斯圖爾特島一帶最為有名，從馬爾堡皮克頓出發的綠貝巡航便是當地非常熱門的行程。

無國界佳餚 Fusion Cuisine

在紐西蘭這個移民國度，豐富多樣的文化色彩也蘊藏在食物裡，你不僅可以吃到來自義大利、德國、西班牙等西方美食，中國、馬來西亞、泰國、日本這些東方美饌也會悄悄出現在餐盤中，甚至結合東西美食特色的創新佳餚，也日漸成為主流。五彩繽紛的食材搭配豐富多元的口感，結合了視覺與味覺享受，讓無國界佳餚成為體驗紐西蘭不可或缺的要素。

漢堡 Hamburger

漢堡雖然不是紐西蘭料理，但無疑是最受時下年輕人歡迎的主食。皇后鎮的Fergburger與但尼丁的Velvet Burger，都是遠近馳名的漢堡名店，其最大特色就是料好實在，而且醬汁調料兼容並蓄，口味創新，只要吃過一次就會上癮，從此不知麥當勞為何物。

食評網站 Zomato

在紐西蘭如果不知道要吃什麼，手邊有網路的話，不妨連到Zomato網站找答案。這是紐西蘭使用人數最多、評價餐廳最全面的食評網站，只要輸入搜尋的地區範圍、餐廳類型、價位等級、料理種類等條件，就會出現許多選擇。你可以先看看其他人吃過後的評價，再決定是不是到那間餐廳用餐。當然，你可以用「最多人評價」或「評價最高」來排序篩選，前者反映餐廳人氣，後者反映餐廳品質，幫助你快速找到理想的用餐地點。

www.zomato.com/newzealand

葡萄酒 Wine

溫和而日照充足的氣候，孕育了紐西蘭葡萄酒的獨特風味，近年不但在國際市場上漸露頭角，葡萄酒文化更逐漸成了紐西蘭生活的一部份。紐西蘭最大的酒鄉位於南島的馬爾堡地區，而北島酒鄉則以霍克斯灣及懷拉拉帕最為知名。

啤酒 Beer

紐西蘭酒吧非常普遍，晚上10點以後如果還想找吃的，大概只剩酒吧不會讓你吃閉門羹了。除了喝得到國際品牌的啤酒外，紐西蘭各地也有在地釀造的生啤酒，其中包括Steinlager、Canterbury Draught、史佩茲(Speight's)、圖伊烏(Tui)等，都是當地常見的品牌。

起士 Cheese

紐西蘭畜牧業發達，遍地牛羊，加上水質清洌、空氣清新、牧草豐美，乳牛在如此環境下生長，其乳製品的濃醇可口，自然可想而知。

Transportation in New Zealand
紐西蘭交通攻略

文●蔣育荏・墨刻編輯部
攝影●周治平・墨刻攝影組

華航班機大升級

自2018年3月開始，中華航空在機體服務上向前躍進，以新世代客機A350飛航奧克蘭，讓前往紐西蘭的旅客享受更舒適的飛行體驗。這個新加入的機型A350 XWB (Extra Wide Body)，為空中巴士新世代長程用的廣體客機系列，號稱全球最「科技、節能、環保」的綠能客機，不僅客艙寬度達5.6公尺，內裝還有比以往加大18%的全景窗戶，所以整體空間會顯得明亮許多，搭乘起來甚至像在舒適的房間內，完全沒有一般機艙予人的壓迫感。機上燈光還採用超過1,670萬種色彩的LED照明，搭配搭機時的時間或節慶，例如日出、日落或是中國新年、聖誕節等，就會呈現不同的主題燈光，增加飛行途中的樂趣。

不僅在空間、視野上讓人搭乘更加舒適，許多貼心的巧思也讓旅客會心一笑，像是機上空調每2至3分鐘更新一次，讓機上空氣更加清新；商務艙和經濟艙之間則設有Sky Lounge，提供飲料、杯麵及小點心等輕食，飛行途中如果想起來舒展筋骨，便可來這裡走動，順便品嚐小點。

©中華航空公司

國際航空 International Flights

中華航空公司

台灣與紐西蘭之間，長期以來有中華航空公司提供飛航服務。目前華航直飛紐西蘭的航線為台北–奧克蘭，CI59班機每週1班從桃園國際機場第二航廈起飛，飛行時間為10小時45分鐘。而在沒有直飛的日期，最方便的是每週約3班的CI53班機，中途會在澳洲布里斯本(BNE)短暫停留約2小時，之後仍是原班機飛抵奧克蘭，全程14小時15分鐘。

其他選擇還包括搭乘CI51班機在澳洲雪梨(SYD)，或CI57班機在澳洲墨爾本(MEL)轉機。要特別注意的是，搭乘中停澳洲的航班，若轉機時間超過8小時、抵達及離境不在同一天、或會入境澳洲，則須事先辦妥澳洲過境簽證或持有效期限內之ETA。

至於南島的基督城，比較可惜的是目前已無直飛航班，最快抵達的方式，是搭乘直飛奧克蘭的CI59班機，再轉搭紐航的NZ563班機，全程只要13小時40分鐘(中轉候機時間1小時25分鐘)。而在沒有直飛奧克蘭的日子，可在布里斯本或雪梨轉機，只是航程時間會被拉長到19小時左右。

中華航空公司
⌂台北市南京東路三段131號
☎(02) 412-9000
🌐www.china-airlines.com

紐航班機不遑多讓

　　為了提升飛行的舒適性，紐航全面採用波音787-9夢想客機飛行這條航線，並以紐西蘭名廚設計的機上無國界美食料理、多款獲獎的紐西蘭葡萄酒、互動性的機上娛樂系統等，提供旅客最舒適且獨具紐西蘭風情的服務，打造高空精緻享受。

紐澳之間的行程，避免攜帶蜂蜜入境

　　許多人遊玩紐澳時，都曾購買麥蘆卡蜂蜜當做伴手禮，但如果你的行程會同時入境紐西蘭和澳洲，就要特別注意了，因為蜂蜜屬於動物製品，進入這兩個國家的海關都是需要申報的。因此若想帶罐麥蘆卡蜂蜜回台，建議留在行程的最後一段再買。

紐航之外的其他選擇

　　紐西蘭的國內航線大部分都由紐航營運，不過也有少數其他選擇，譬如澳航旗下的捷星航空(Jetstar)、在許多次級城鎮有航點的查塔姆航空(Air Chathams)、專飛大屏障島的巴瑞爾航空(Barrier Air)等。雖然這些航空公司佔有的航線不多，但在旅遊旺季期間會視情況增加航點及航班。

捷星航空
🌐 www.jetstar.com
查塔姆航空
🌐 www.airchathams.co.nz
巴瑞爾航空
🌐 www.barrierair.kiwi

紐西蘭航空

　　從2018年11月開始，紐西蘭航空正式重啟台北與奧克蘭之間的直飛航線，讓國人前往紐西蘭有了更多直航選擇。紐西蘭航空的NZ0078航班，每週3班直飛奧克蘭，飛行時間也是10小時45分鐘。而這個航班與同是星空聯盟的長榮航空共掛班號，因此長榮直飛奧克蘭的BR2362，即是這班由紐航所營運的班機。

　　而在沒有直飛的日子，亦可搭乘長榮、國泰的航班，經首爾、東京或香港轉機，全程約15~19小時。

紐西蘭航空
☎ 0080-185-2038
🌐 www.airnewzealand.tw

國內航空 Domestic Flights

　　在紐西蘭旅行，點與點之間最方便省時的移動方式，非空中交通莫屬。紐航在南、北島各大主要觀光城鎮，包括皇后鎮、威靈頓、羅托魯瓦、基督城、但

尼丁等，共有多達20個航點，可為旅客省下不少寶貴的光陰。

此外，在紐西蘭搭乘國內線，分外省時且高效率。紐西蘭航空在其航線內的各個機場，皆設置有多台自助辦理登機的機器，並具備包含中文在內的引導說明，只要依照指示一步步執行下去，很快就能輕鬆完成登機手續。

同樣地，自助登機手續也包含順暢的行李托運，原則上旅客抵達機場後，幾乎不需要任何地勤人員幫助，就可以自己列印登機證、托運好行李、從容地等待搭機。當然，如果需要協助，現場還是可以找到地勤櫃檯，他們也會很樂意為你服務。

另外，國際線接駁國內航線如果行李直掛的話，國內線可享有國際線的行李額度，但若需要經常搭乘紐西蘭國內航班的話，就要注意自己的行李是否有超額了。紐航國內段的3種票價中，基本的seat+bag與可更改航班的flexichange，都是只能托運1件行李；而可全額退票的flexirefund則可托運2件行李。如果行李太多的話，直接買flexirefund的機票會比加購超額行李要便宜一些。

紐西蘭航空
www.airnewzealand.com

機場至市區交通

紐西蘭因為人口稀少，只有第一大城和首都人口比較密集，所以除了奧克蘭和威靈頓可以看到所謂的機場巴士SkyDrive、Airport Express，基督城、皇后鎮、羅托魯瓦有市區公車可以進城外，絕大多數城鎮沒有方便的大眾交通工具。如果沒有打算租車或搭乘計程車，最方便也是最常見的進城方式，當屬「共乘」概念的接駁巴士(Shuttle Bus)。

紐西蘭許多城鎮都有地區性的接駁巴士，而經營範圍涵蓋全國的，大概就只有Super Shuttle了。Super Shuttle的車子通常會配合航班時間停靠在機場外側的候客區，無需預訂便可上車，可以載著旅客直接抵達市區內的飯店門口，不必逐站停靠，旅客也不用擔心自己究竟應該在何處下車，比機場巴士還要方便。

收費方面，第一位乘客會被收取基本費用，其他同行者則是每人再付少許金額，因此同行人數愈多愈划算。不過即使是只有獨自一人，多半也還是比叫計程車來得便宜。

至於要前往機場的話，則需事先上官網預約，即可在指定的時間地點上車出發。如果不方便上網，也可請住宿飯店代為預訂，不過那樣有可能會被飯店加收一筆叫車費用。

Super Shuttle
(09) 522-5100、0800-748-885
www.supershuttle.co.nz

長途巴士 Coaches

紐西蘭的公路運輸網綿密且完善，因此搭乘長途巴士便成了一般自助旅者的主要交通方式。以往主要的長途巴士公司有InterCity和Nakedbus兩家，但是專走廉價路線的Nakedbus已於2018年7月結束營運，因此成了InterCity一家獨大的局面。

InterCity

InterCity行駛路線幾乎涵蓋全國各個城鎮(部分路線與Newmans聯營)，如果你不打算租車來開，或是購買巡遊巴士通行券，那你就一定得認識InterCity。

InterCity
☎ (09) 583-5780
🌐 www.intercity.co.nz

◎購買車票

巴士票可上官網預訂，或在當地有代理票務的地方(如i-SITE或YHA青年旅館)購買。由於從大城市出發的車次常會客滿，因此提前上網預訂會是最理想的方式。在官網首頁輸入出發地、目的地、日期及票數後，即會出現當日班次與最低票價，此時要注意的是這些班次有哪些是直達(Direct Service)，哪些需要轉車(Transfer)，以便掌握行程時間。票價分為較便宜的標準票(Standard)與稍貴一點的彈性票(Flexi)，購買彈性票若於出發前2小時之前取消行程，可獲得除訂位費外的全額退款，更改行程(需於原班次出發前2小時前)只加收訂位費，不需額外支出票價；而標準票取消行程無法獲得退款，更改班次也會被收取附加費用。

部分班次行駛的是雙層巴士，這類車型會有其中一層是升等豪華級的Gold車廂，不但使用柔軟的皮革座椅，還有獨立的USB插座與免費Wifi網路，當然票價也比較貴一點。

除票價之外，若事先上網預訂，還要支出一筆4.99元的訂位費，訂位費以交易次數計算，與票數無關。

購票付款之後，巴士公司會將確認單寄到你的電子信箱，這時只需記下訂票號碼即可。發車前15分鐘到車站或站牌check-in，司機會核對乘客姓名與訂票號碼，即算完成報到手續，無需購票證明。

◎行李規定

大部分巴士路線，每位乘客可攜帶2件25公斤以下，且長寬高總合不超過158公分的托運行李(若是雙層巴士的車次，則每件行李不得超過20公斤)。超額或過大的行李可能會被拒載，即使空間許可，還是得向司機支付每件10元的附加費。

至於隨身行李，每人可帶1件上車，其最大尺寸為長40公分、寬28公分、高20公分，重量不得超過5公斤。

渡輪 Ferries

渡輪是聯絡北島威靈頓與南島皮克頓間最主要的交通方式，主要的渡輪公司有Interislander與Bluebridge兩家，他們在皮克頓使用同一處航站大樓，但在威靈頓卻有各自的碼頭，需特別注意。

搭乘渡輪的方式與飛機類似，先在航站櫃檯以網路購票確認單或訂票號碼check-in，托運行李並取得登船證後即可登船。若要開車上船，則需聽從工作人員指示，將車開上停車甲板，開船後這層甲板將會上鎖，因此隨身物品請記得拿下車。靠岸前會有廣播請駕駛取車，再依工作人員指示開車下船。不過，一輛車的船票比人還貴，因此若不趕時間的話，建議上船前一日先還車，靠了岸後再租另一台即可。

Interislander

Interislander的渡輪船隊共有Kaitaki、

Kaiarahi、Aratere三艘船，渡船規格不盡相同，但設施大同小異。從威靈頓搭乘Interislander渡輪往返皮克頓，每日有3~5個船班，船程約3.5小時。乘客需於開船前45分鐘前check-in，車輛需於開船前1小時前check-in。

📞(04) 498-3302、0800-802-802
🌐www.interislander.co.nz

◎購買船票

船票分為3種：最便宜的是Saver，這種票若要更改船班，每人需多支付20元手續費，每台車則需30元手續費，而取消預訂不得退款；中等價位的是Flexible，這種票在開船前1小時前更改船班不用手續費，但取消預訂不得退款；最貴的是Refundable，這種票可免費更改船班，在開船前1小時前取消預訂可獲全額退款，但開船前1小時內才取消預訂則一樣不得退款。

除了船票的彈性程度會影響價錢外，出發時間早晚也會讓票價浮動，一般來說，成人單程約為70~81元，2~17歲35~42元，60歲以上65~76元，低於1.8公尺的小型車約153~226元。

◎行李規定

每人可托運2件行李，並隨身攜帶1件小型行李及1只提包。托運行李每件須在32公斤以下，且長寬高總和不得超過200公分；隨身行李每件須在7公斤以下，且長寬高總和不得超過118公分。多餘的行李，每件加收5元超額費用。

若開車上船，行李可留在車上，則沒有托運上的限制。

◎渡輪碼頭

Interislander在威靈頓的渡輪航站位於市區北邊，從渡輪站前往市中心火車站的免費接駁巴士，於渡輪靠岸後20分鐘發車；而前往渡輪航站的接駁巴士，則於開船前50分鐘自火車站的9號月台外發車。不過免費接駁巴士服務只在每日08:30~18:00之間，在這個時間之外要往返渡輪碼頭，只能搭乘計程車。

📍1 Aotea Quay, Pipitea

Bluebridge

Bluebridge的渡輪船隊共有Straitsman和Strait Feronia兩艘船，從威靈頓開往皮克頓，每日05:45(週六除外)、11:45、17:15、24:00(週六除外)開船；從皮克頓開往威靈頓，每日02:30(週日除外)、07:45(週六除外)、14:00、19:15開船，船程約3.5小時。乘客需於開船前45分鐘前check-in，車輛需於開船前1小時前check-in。

📞(04) 471-6188、0800-844-844
🌐www.bluebridge.co.nz

◎購買船票

船票分為3種：最便宜的是Saver Sail，這種票若要更改船班，每人每車需多支付20元手續費，而取消預訂不得退款；中等價位的是Super Sail，這種票在開船前1小時前更改船班不用手續費，但取消預訂不得退款；最貴的是Flexi Sail，這種票可免費更改船班，在開船前1小時前取消預訂可獲全額退款，但開船前1小時內才取消預訂則一樣不得退款。

除了船票的彈性程度會影響價錢外，出發時間早晚也會讓票價浮動，一般來說，成人單程約為60~70元，2~17歲28~34元，60歲以上57~64元，長度5公尺左右的小型車約134~204元。

◎行李規定

每人可托運2件行李，並隨身攜帶1件小型行李及1只提包。托運行李每件須在30公斤以下，隨身行李每件須在7公斤以下。多餘的行李，每件加收10元超額費用。若開車上船，行李可留在車上，則沒有托運上

的限制。

◎**渡輪碼頭**

　Bluebridge在威靈頓的渡輪碼頭就位在火車站旁的港口邊。

⌖50 Waterloo Quay

鐵路系統Railway

Great Journeys New Zealand

　受限於複雜多變的地形，紐西蘭的鐵路網並不發達，主要路線只有3條，分別為連結奧克蘭與威靈頓的北島探索者號(Northern Explorer)、連結皮克頓與基督城的太平洋海岸列車(Coastal Pacific Train)、連結基督城與西岸格雷矛斯的阿爾卑景觀列車(TranzAlpine Train)。這3條路線皆由Kiwi Rail旗下的Great Journeys New Zealand營運，由於紐西蘭公路體系非常發達，因此鐵路大多作為觀光之用。

☏(04) 495-0775、0800-872-467
🌐www.greatjourneysnz.com

◎**班次時刻**

北島探索者號：南下列車，每週一、四、六，早上07:45從奧克蘭出發，晚上18:25抵達威靈頓；北上列車，每週三、五、日，早上07:55從威靈頓出發，晚上18:50抵達奧克蘭。

太平洋海岸列車：每週四至週日行駛，早上07:00從基督城出發，中午12:40抵達皮克頓；下午13:40再從皮克頓出發，晚上19:30回到基督城。

阿爾卑景觀列車：每週五至週一行駛，早上08:15從基督城出發，中午13:05抵達格雷矛斯；下午14:05再從格雷矛斯出發，晚上19:00回到基督城。

　各列車於發車前20分鐘完成check-in。

◎**購買車票**

　車票可在火車站購買，但因車廂不多，最好事先上網預購。北島探索者號成人單程219元，2~14歲153元；太平洋海岸列車成人單程159元，兒童111元；阿爾卑景觀列車成人單程219元，兒童153元。

◎**行李規定**

　由於是景觀列車，車廂裡擁有大面積觀景窗或透明圓頂天窗，因此希望隨身上車的行李愈小愈少愈好，以免阻擋賞景視野。原則上，隨身行李以重量7公斤，長寬高總合不超過118公分為限，但所有硬殼或

附帶輪子的行李箱，無論大小都必須托運。

而托運行李為每人1件，重量須在23公斤以下，長寬高總合不得超過158公分。若超過數量，每件加收20元，而過重的行李則必須分開打包成兩件，並支付超額費用。

©紐西蘭旅遊局（Sam Mahrani）

租車 Rental Cars

租車公司

在機場、火車站、渡輪航站，都能找到多家租車公司櫃台，而各大城鎮也都有租車公司的服務據點。較知名的租車公司有Hertz、Avis、Budget等，這些大公司的車雖然比較貴，但服務據點分布較廣，車型也較完整，如果你想甲地租、乙地還的話，比較容易找到還車據點。若是要在奧克蘭、威靈頓等交通便利的大城市停留幾天，這裡的建議是先把車還掉，要離開的時候再租車，一方面節省幾天租車及保險費用，一方面也省下城裡的停車費。

旅客可事先透過網站預訂租車，到了機場再憑預訂號碼取車即可。由於紐西蘭是右駕，除非你自認用左手換擋可以和右手一樣流暢，否則這裡建議租用自排車。駕駛人需年滿21歲，取車時出示國際駕照、台灣駕照與預約時用的那張信用卡。若要甲地租、乙地還，或是以租車搭配國內線飛機，可在租車時就先說明，抵達下個取車地點時便可直接再取車。此外，取車時記得檢查油箱是否加滿，還車前也別忘了先加滿油，否則會被收取費用。

Hertz
📞(03) 358-6789、0800-654-321
🌐www.hertz.co.nz

Avis
📞(09) 526-2847、0800-655-111
🌐www.avis.co.nz

Budget
📞(09) 884-6855、0800-283-438
🌐www.budget.co.nz

道路規定

紐西蘭的駕駛方向與台灣不同，為右駕車靠道路左側行駛，因此轉彎時需特別注意。尤其郊外因為車流量較少，許多路口都以圓環取代紅綠燈，切記一定要靠左側順時針方向通行，並禮讓右方來車，如果太依賴習慣的話，很容易就一不小心就逆向。而路口也常會看到「Stop Sign」，在台灣可能沒多少人理會這些寫著「停」的標誌，但在紐西蘭記得一定要讓車輛完全靜止後再起步，否則視同闖紅燈，可是會被警察問候的。

一般來說，紐西蘭的道路相當狹窄，大部份道路都是單線道，就連高速公路也多只有雙線，只有在幾座大城市裡才看得到多線道。因此計算車程時可能會比預想的更慢，若作公路旅行，不妨把行程排得稍微寬鬆一點。有時單線道的道路上，每隔一段距離便會有超車道，如果前車過慢，請保持耐心，等超車道出現再超過去；若是發現自己就是那台慢車，也可視狀況稍微靠邊，讓後車先通過。路上偶爾也會出現單線道的橋樑，橋頭的交通標誌上會有個較小的紅色箭頭，指示應該讓車的一方，如果自己就是紅箭頭的方向，就要先停下來等對向來車通過。

速限方面，鄉間幹道如果沒有特別指示，速限皆為時速100公里，而市區則是50公里。若租的是大型露營車，時速要再減低10公里。假如行經沒有鋪設柏油的碎砂石路，請務必要放慢速度，因為揚起的砂土會妨礙視線，彈起的碎石更有可能擊傷擋風玻璃。

另外，在紐西蘭開車，駕駛與乘客都必須繫上安全帶，而7歲以下孩童也須乘坐安全座椅。

收費道路

紐西蘭收費道路只有3條，而且都集中在北島：

Northern Gateway Toll Road：位於奧克蘭北方的1號公路上，大約是Silverdale與Pūhoi之間的路段，若開車前往島嶼灣時有可能會經過。收費金額為2.4元。若想避開，可在Silverdale下交流道，沿著海岸繞過Ōrewa地區。

Tauranga Eastern Link Toll Road：位於陶朗加東方的2號公路上，大約是Pāpāmoa與Paengaroa之間的路段，若開車前往吉斯本時有可能會經過。收費金額為2.1元。若想避開，可走Te Puke的公路替代。

Takitimu Drive Toll Road：位於陶朗加南方的29號公路上，大約是從與2號公路的匯流道至與36號公路的匯流道之間，若開車前往羅托魯瓦時有可能會經過。

收費金額為1.9元。若想避開，這一段可走平面道路替代。

◎**如何繳費**

這些收費道路都已改用車牌辨識系統的電子收費，若真的不小心開上去的話，須在5天之內把通行費繳清。繳費方法是上紐西蘭交通局官網，開通一個一次性繳費的帳號，再以信用卡支付。

紐西蘭交通局

🚗 www.nzta.govt.nz/roads-and-rail/toll-roads

巡遊巴士 Hop-On Hop-Off Bus

巡遊巴士概念

巡遊巴士是當前紐西蘭最流行的背包客旅行方式，它既是交通巴士，也是旅行團。具體一點地說，巡遊巴士像旅行團一樣有固定的路線，司機就是你的導遊，負責沿途解說，並為你打點一切，而你也會和相同的人生活在一起，大家就像團員，彼此交朋友。但它又不像旅行團那麼死板，每天都匆忙地趕行程、把大家都綁在一起，巡遊巴士的好處是你終究是名背包客，可以決定住在哪裡、吃些什麼、參加什麼樣的活動。於是既有自助旅行的自由，又有跟團旅行的方便，既不用像自助旅行要為很多事費神，也不會像跟團旅行般失去深度。最棒的是，你還可以自己決定旅行的長短，在某個城鎮多待幾天，甚至幾個月，只要在效期內把行程跑完即可，而這效期長達一年。

簡單地說，巡遊巴士就是個隨上隨下的Hop-On Hop-Off Bus，只不過行駛的範圍不是一個城鎮，而

國際駕照

要到紐西蘭開車，第一個步驟不是租車，而是先去監理所申請國際駕照。

申請文件：國民身分證正本、國內駕照正本、護照影本、6個月內2吋照片2張

申請費用：新台幣250元

申請時間：臨櫃辦理，約2分鐘就可取件

駕照效期：3年或國內駕照到期日

是一整個國家。

巡遊巴士搭乘方式

◎購買通行券

巡遊巴士的產品是通行券(Pass)，每種Pass都有各自的路線行程，短的行程最少只需2天，長的行程最少得玩30天以上，價錢也從不滿100元到上千紐幣不等。你可以先上各巡遊巴士的官方網站瀏覽各Pass的行程，第一個要看的是Pass的起訖地點，大部分行程皆由奧克蘭或基督城出發，有的Pass也可以選擇從路線上的任一城鎮開始；第二個要看的是路線，看看路線上的過夜城鎮是否投你所好；第三個要看的是最少天數，因為巴士會在過夜城鎮停留一個晚上，所有乘客非得下車住宿一晚不可，因此行程天數不會少於過夜城鎮的數目；第四個要看的是價錢，因為行程決定之後就要線上付款了，總要知道自己到底刷了多少錢。

付款成功後你會取得一個「購票證明號碼」(PNR)，通常訂購時會先選擇一個出發日期，而這張Pass的效期便是從這個日期開始計算。

◎搭乘方式

出發前，最好先和巡遊巴士公司聯絡，確保當天的座位沒有問題，如果你要更改出發日期，須於24小時前通知，確認你所要更改的日期當天尚有空位。接下來就和搭乘一般巴士一樣，只不過你的司機會身兼導遊，凝聚整車團員的情感，司機也會幫忙預約住宿飯店、活動行程，並提供旅遊建議，幫大家打點好一切，絕對不會有人沒地方住，淪落到睡在車上。

若你想在過夜城鎮多留幾天，跟司機講一下就行，他會替你安排下一個日期的位子。如果你要待上一段時間，甚至在當地打點零工，尚不確定繼續旅程的確

切時間，只要等日期確定後，在24小時前打電話給巡遊巴士公司，請他們預留座位即可，屆時你又會和另一批新團友共同旅行。而許多巡遊巴士公司也有推出手機APP，讓行程規劃更加便利。

不過要注意的是，每張Pass都有固定的路線，除了少數Pass可搭乘重覆的路線外，每個過夜城鎮之間的交通只能使用一次，必須照著路線方向前進。

◎住宿與活動

Pass並不包含住宿，不過了過夜城鎮，司機一定會幫所有乘客把住宿訂到好。通常訂的是青年旅館，不但本身就很便宜，對於巡遊巴士乘客還提供折扣，而且大家住在一起，也能相約採買搭伙，可以省下不少錢，交起朋友也更容易。當然，如果你想住豪華一點的旅館，或是有特別想投宿的地方也沒問題，只要事先和司機說一聲，他就能幫你搞定。

活動行程也是一樣，在旅途中已有包含一些景點行程，若想參加特別的活動，也可請司機幫忙預約，並載送到活動地點。司機也會提供不少建議，而憑車票參加活動，有許多都能享有折扣優惠。

巡遊巴士公司

◎Kiwi Experience

光看Kiwi Experience的車子，草綠色的車身漆著大大的字，字體充滿活力，大概可以猜的出來，他希望上這台車的旅客是心態年輕、敢於冒險、勇於嘗試，還要能欣賞司機一路放的搖滾樂。後者全視個人品味，也歡迎乘客自備CD，只要音樂不要爛到引起公憤，司機是很樂意播放的。

Kiwi Experience希望為自助旅者提供一種彈性的交通工具，路線連接紐西蘭的景觀和活動，讓旅客不只是從大城市到小鄉鎮，還有機會到城鄉之間的山

林美景中走走，或是找到有興趣的活動體驗。Kiwi Experience夏天時每日都有一班車開出，冬季一週至少也有五班。他們會告訴你，我們跟別人最大的不同在於，絕對不走兩點間最快的直線距離，那太無聊了，Kiwi走的是上上下下的曲折路線，便捷和安靜不是我們的指導原則，一定要繞路彎去看每一處隱世絕景，每天一定要有些新鮮事。

Kiwi的另一個特點，是擁有獨家景點和主題活動，像是River Valley，一處介於威靈頓和陶波間的山谷，Kiwi幾乎把整個地方包了起來，除了是絕佳的泛舟地點，穿越牧場的騎馬經驗也比其他觀光景點真實許多。Kiwi甚至還會舉辦化妝舞會，由司機下廚給全車的人吃，他還得帶頭打扮，男扮女、女扮男，一起Party，難怪有些正襟危坐的人會覺得Kiwi玩得太瘋了。

另外，Kiwi也提出諸多保證，例如定期發車、隨時可以更改行程、專業的導遊兼司機，和特約廠商的保留訂位及優惠折扣，例如高空彈跳、高空跳傘、賞鯨等活動，就算是在超級熱門的日子裡也保證有名額，而且還能拿到特別折扣。而在某些網咖或是服飾店中，出示巴士登車證也可打折。

☎(09) 336-4286
🌐 www.kiwiexperience.com

◎Stray

這是家新興起的巡遊巴士公司，標榜深入與獨特，曾在2010年時一舉拿下當年度紐西蘭最佳旅遊運輸業大獎。Stray巡遊巴士每台車不超過30人，團體小的優點在於更容易深入其他人難以到達的祕境、更容易與拜訪的對象打成一片，在行程安排上也更加靈活。部分Pass行程中，巴士還會在某些特殊的停留點過夜，帶領乘客投宿在毛利人的村落、高原上的牧場與原始雨林中的小木屋。行程本身也已包含許多活動，像是高空彈跳、跳傘、浮潛、泛舟等，都一定玩得到，無需另外再去預訂行程。同時，Stray也會安排一些特殊的活動讓乘客參與，譬如教導遊客如何切割綠玉，或是設計出自己的毛利刺青圖騰等。而

Stray的導遊司機，也都是群熱情有勁的kiwi，迫不及待想要把他們心中最棒的紐西蘭分享給來自世界各地的旅客。

☎(09) 526-2140
🌐 www.straytravel.com

◎InterCity

長途巴士公司InterCity其實也有推出多款Pass，並分為TravelPass和FlexiPass兩種，TravelPass就像其他家巡遊巴士的Pass一樣，有固定路線與過夜城鎮點，規則也大同小異；FlexiPass比較像是通票，購買的不是路線，而是路程時間，例如購買20小時的票券，便可搭乘InterCity不限路線的長途巴士，直到車程坐滿20小時為止。因此InterCity的Pass，運輸功能大於旅遊性質，司機的角色就是單純開車，適合只想安安靜靜自得其樂的遊客。其另一項最大優點就是便宜，而且由於GreatSights與awesome NZ遊覽公司也是InterCity的相關企業，行程搭配上也非常方便。

☎(09) 583-5780
🌐 www.intercity.co.nz

關於詳細時刻及資訊，
仍以官網公告為準

疫情期間，包括各家航空公司、巴士公司、渡輪公司、鐵路公司，其班次和班表變動幅度較大，許多皆為因應疫情而縮減。本書所蒐集到的為2022年11月以前的訊息，實際相關資訊仍以各公司官網即時公告為準。

紐西蘭百科
New Zealand Encyclopedia

New Zealand History
紐西蘭歷史

文●墨刻編輯部　攝影●周治平

毛利人到來

西元950年左右，毛利人庫普(Kupe)划著獨木舟，自南太平洋中的哈瓦基(Hawaiki，有一說指哈瓦基即是台灣)來到紐西蘭，並將此地命名為Aotearoa，意指「白雲之鄉」。到了1300年左右，第一批毛利族人從北島登陸，以耕種、狩獵、捕魚為生，正式在這片土地上定居。

航海大發現

1642年，荷蘭東印度公司船長艾貝爾塔斯曼(Abel Tasman)奉命尋找南方的未知大陸，卻意外發現了太平洋上的這片土地。他帶來的繪測師把家鄉澤蘭省的名字畫在地圖上，於是白雲之鄉又有了新稱呼：Nova Zeelandia。艾貝爾塔斯曼試圖在南島北端登陸，但遭到毛利人攻擊，數名船員身亡，因而登陸失敗。

又過了一百多年，英國探險家詹姆斯庫克(James Cook)於1769年奉命前往大溪地觀察金星，再繼續南行尋找南方大陸。他在太平洋上看到北島東岸，之後成功繞行北島，並繪製地圖，同時把荷蘭文的地名翻譯為New Zealand。庫克後來又於1772與1776年兩度重返紐西蘭，日後陸續也有其他歐洲人前來探險。

歐洲殖民時期

19世紀初，歐洲各國船隻到紐西蘭獵捕海豹與抹香鯨，隨後也有傳教士渡海而來，試圖對毛利人傳教。雖然歐洲人帶來的疾病摧毀了一些毛利部落，零星的衝突也時有所聞，但大致說起來，毛利人與歐洲人的關係還算和平良好。當時毛利各部落之間經常發生戰爭，因此毛利人非常渴望得到英國人的毛瑟槍，而英國人則覬覦毛利人的土地與在周邊海域捕鯨的權利；另一方面，也傳出法國對殖民紐西蘭感到興趣。於是雙方為了各自的利益，也為了阻擋法國勢力入侵，45位毛利首長與英國王室代表於1840年簽署了《懷唐伊條約》(Treaty of Waitangi)，紐西蘭正式成為英國殖民地。此後，由紐西蘭公司所組織的大批移民，開始陸續抵達紐西蘭定居。

不過雙方對於《懷唐伊條約》的內容，始終存在認知上的差異。1840至1860年代，隨著歐洲移民愈來愈多，新移民與毛利人之間的土地糾紛也開始出現，衝突愈演愈烈，最終爆發紐西蘭土地戰爭。戰爭的結果以毛利人戰敗告終，紐西蘭以毛利人為主體的社會於焉瓦解。

淘金熱與經濟成長

1860年代，但尼丁附近發現金礦，掀起一股淘金熱潮，大批懷抱發財夢的人們湧入南島南部，促成但尼丁、皇后鎮等地的開發。1870年代，在朱利沃格爾(Julius Vogel)擔任殖民地財政部長時期，積極推動鐵路、電信、公路等公共建設，也為日後的經濟成長奠定基礎。

1882年，第一艘運用冷凍技術的船隻成功將肉品運送至英國，加上國際市場上的羊毛價格看漲，使得紐西蘭的畜牧產業穩定發展。1907年，紐西蘭成為英國的自治領地。

世界大戰

作為英國殖民地，紐西蘭在兩次世界大戰中都有派兵參戰，並與澳大利亞軍聯合編制為紐澳聯軍(ANZAC：Australia–New Zealand Army Corps)。在紐軍參與的諸戰役中，尤以1915年在土耳其的加里波利登陸戰最為慘烈，這也是日後紐澳軍人節的由來。

獨立

紐西蘭國會根據1931年的英國西敏寺條款(Statute of Westminster)，於1947年11月通過法案，正式獨立。獨立後的紐西蘭仍是大英國協的一份子，英國國王保有紐西蘭國王頭銜，為紐西蘭名義上的元首。紐西蘭總督由國王任命，為紐西蘭的實際元首，不過國家權力則掌握在總理手上，這個職位由國會中多數黨的黨魁擔任。

World Heritages of New Zealand
紐西蘭世界遺產

5億年前的岡瓦那大陸，在8千萬年前分離而獨立出的陸塊，便是紐西蘭的最早樣貌，此後陸塊下沉，幾乎全沉到海面底下，再經過地殼擠壓作用，將陸塊抬起，除了隆起高山外，也造成火山噴發。位於南島的南阿爾卑斯山便是由這次造山運動所形成，由於當時正值冰河時期，因而造就了南島聞名的冰河景觀。古老的陸塊，再加上地殼擠壓、造山運動等作用，紐西蘭這塊土地記錄了數億年來地質上的演變，古老與年輕的地貌兼備，北島的火山、南島的冰河，以及近南極洲的島嶼，在地理與生態上各具地位。

文●墨刻編輯部

蒂瓦希普拿姆
Te Wahipounamu

登錄時間：1990年　遺產類型：**自然遺產**

　　位於紐西蘭南島西南部，範圍涵蓋庫克山國家公園、峽灣國家公園等地，由於持續進行的冰河作用，蝕刻出曲折的峽灣、嶙峋的岩岸、險峻的崖壁及湖泊瀑布等景觀，都是觀察冰河地景的最佳代表。此外，由於大部份區域都維持原始狀態，未受人為破壞，三分之二的地域均覆蓋著南山毛櫸與羅漢松，而全球僅存的高山啄羊鸚鵡與瀕臨絕種的南秧雞，也在此區分布棲息。

©紐西蘭旅遊局

●蒂瓦希普拿姆國家公園

▶東加里羅國家公園
Tongariro National Park

登錄時間： 1990、1993年　遺產類型：**自然、文化遺產**

　　位於北島中部的東加里羅國家公園，境內分布多座活火山與休火山，形成火山口、火山錐、火山坑等完整的火山地景，並伴隨著特殊的植被與動物生態，因而於1990年被登錄為世界遺產。此外，也由於東加里羅國家公園中心地帶的山群，象徵著毛利社會與自然環境的精神聯繫，其人文上的豐厚價值，讓教科文組織將其同時列名為文化遺產。

●東加里羅國家公園

次南極洲島嶼
New Zealand Sub-Antarctic Islands

登錄時間：1998年　遺產類型：**自然遺產**

　　位於紐西蘭南島東南方的太平洋海域、南緯47～52度間，次南極洲島嶼包括斯納爾群島(Snares)、邦提群島(Bounty Islands)、安提波德斯群島(Antipodes Islands)、奧克蘭群島(Auckland Islands)與坎貝爾島(Campbell Island)，總陸地面積約7萬6千公頃。地處南極與亞熱帶海域間，第四紀的冰河在數座島嶼上遺留淺谷、冰磧石等地理景觀。而由於未受外來品種與人為干擾，此區也孕育了豐富的動植物資源，其中又以鳥類與無脊椎動物最為豐富，也有不少為該區的特有種。

©紐西蘭旅遊局

●次南極洲島嶼

New Zealand Indigenous Species
紐西蘭原生動物

文●墨刻編輯部
攝影●周治平・墨刻攝影組

人類到來紐西蘭之前，南、北島上沒有哺乳類動物，在海洋隔絕下，發展出獨一無二的生態圈系統。可惜人類的出現，引進大量外來物種，導致原生生態橫遭蹂躪，許多特有種紛紛絕跡，僅存的也面臨絕種危險。近年來在人們有意識地保育下，部分物種逐漸恢復數量，不過遊客也只能在特定保育區裡，才能一睹其芳蹤。

奇異鳥 Kiwi

奇異鳥是紐西蘭的國鳥，中文學名為鷸鴕，Kiwi之名得自於它獨特的叫聲。這些嘴喙細長、全身毛茸茸的可愛鳥類，是紐西蘭僅存的無翼鳥，目前全島數量約在7萬隻之譜。

啄羊鸚鵡 Kea

這種大型鸚鵡身長可達48公分，羽毛呈橄欖綠色，生活在南島的高山中，是世界上唯一生長於高山雪地的鸚鵡。啄羊鸚鵡生性活潑，且聰明調皮、大膽好奇，在許多觀光活動盛行的山區都能看到其身影。它們不懼怕人類，經常破壞人類的物品取食。早年曾有這種鸚鵡會攻擊羊群的傳聞，引起牧場主獵殺，導致數量銳減，直到近年才被有意識地加以保育。

南秧雞 Takahe

南秧雞有著紅色的嘴喙、紫藍色的身體與紅色的長腿，雄雞翅膀為翡翠色，雌雞為褐色，色彩鮮豔，十分美麗。南秧雞雖然有翅膀，但因退化嚴重，無法飛行，曾在1898年被認定為絕種動物，所幸在1948年又被發現於南部的峽灣地區，現在雖然復育成功，但數量還是非常稀少，大約只有220隻左右，比奇異鳥還要珍貴。

卡卡鸚鵡 Kaka

卡卡鸚鵡是啄羊鸚鵡的表親，體型較啄羊鸚鵡略小，生活在海拔較低的森林中。不像啄羊鸚鵡喜歡在地面或岩石上跳躍行走，卡卡鸚鵡更多是棲息在樹上。其羽毛色澤偏向灰褐，頸部與下腹略帶紅棕，部分羽毛也呈棕綠、棕黃，看上去有些斑駁，並不算好看。不過當它們展翅飛翔時，會露出翅膀內側鮮紅色的覆羽，相當耀眼。今日卡

皇家信天翁
Royal Albatross

皇家信天翁是信天翁裡體型最大的一種，翅膀展開來，全長可長達3公尺。牠們的身體和嘴喙呈白色，翅膀後部則呈黑色，飛行時有如滑翔翼，得等起風時才能順勢帶起，飛行時速可高達100公里。

卡鸚鵡的保育區多在本島周邊的幾座小島上，如卡皮蒂島、小屏障島等。

圖伊鳥 Tui

圖伊鳥是一種紐西蘭特有的鳥類，屬於雀形目吸蜜鳥科，乍看似乎全身黑，然而頸部下方一綹白色的羽毛顯得分外搶眼，而且仔細看會發現牠身上背面和側面也閃耀著藍、紫等色彩，正面也呈現黃、橙色，愈看愈漂亮。常見於低海拔的闊葉林，在芒格努伊山健行就很有機會看到牠們。

喙頭蜥 Tuatara

Tuatara在毛利語中是「峰背」的意思，用來形容這種蜥蜴背上的尖刺。說它是蜥蜴其實並不正確，這個物種早在2億年前就已存在，和它同種的生物如今已滅絕一空，只剩蜥蜴和它血緣較親。喙頭蜥保留許多原始物種的特徵，例如前額上的第三隻眼。其下顎的一排牙齒剛好咬合在上顎的兩排牙齒之間，這種齒列方式也是現存所有物種中僅見。由於受到外來物種衝擊，喙頭蜥已瀕臨絕種，今日大多生存在庫克海峽的無人島上。

黃眼企鵝 Yellow Eyed Penguin

黃眼企鵝的體型在全球企鵝裡排名第三，重約5公斤，約有半個人高，最明顯的特徵是眼睛周遭的一圈黃毛。黃眼企鵝和其它較常見的企鵝不太一樣，牠們不喜歡成群結隊，比較習慣獨來獨往，所以往往會看到偌大的沙灘上竟然只有一隻企鵝踽踽獨行，相當瀟灑。

藍企鵝 Blue Penguin

藍企鵝是世界上體型最小的企鵝，牠們喜歡在奧塔哥半島面海的懸崖洞穴裡築巢，每天黃昏，結束在海裡的行程後，牠們會成群結隊地回家。在基督城的國際南極中心可以近距離欣賞牠們。

©Destination Kaikoura
©Destination Kaikoura

紐西蘭毛皮海豹 New Zealand Fur Seal

紐西蘭毛皮海豹有著小小的耳朵和翹鼻子，因身上覆有兩層毛皮而得名。雌海豹身長可達1.5公尺，平均體重30~50公斤；雄海豹體型更大，身長可達2.5公尺，平均體重90~150公斤。其繁殖期為11月中旬至1月中旬，12月上產下小海豹。通常白天是牠們玩耍的時刻，晚上才會認真覓食，由於海豹多在岩岸棲息，想要接近觀察牠們並不容易。

虎克海獅 Hooker's Sea Lion

要看到紐西蘭原生種的虎克海獅並不難，牠們多半懶懶躺在沙灘上，但這不代表牠們不珍貴，事實上牠們是海獅中最罕見的，全球只有1萬多隻，95%棲息在南島以南300公里的奧克蘭島，偶有幾隻會溜到奧塔哥半島與蘇瑞灣閒逛。

Adventures in New Zealand
紐西蘭冒險活動

文●蔣育荏・墨刻編輯部
攝影●周治平・墨刻攝影組

面對大山大水的自然美景，紐西蘭人就是不能安安靜靜地單純欣賞，他們總要費盡心思、想盡點子，在山水自然之間找點刺激來做，於是各種你想像得到、想像不到的挑戰活動，在紐西蘭都變成理所當然。如果你也是個天不怕、地不怕的冒險王，來紐西蘭應該如魚得水，盡情燃燒你的腎上腺素吧！

©Agroventure

高空彈跳 Bungy Jumping

1987年，一位奧克蘭年輕人爬上車輛熙來攘往的港灣大橋，在腳上綁好彈力繩索後隨即縱身一躍，接著，他就被警察逮補了。在此之前，他也曾到巴黎艾菲爾鐵塔做過相同的事，他就是高空彈跳之父——AJ Hackett。雖然再次進出警局，但港灣大橋一跳更堅定了Hackett的信心，一年之後，他便以皇后鎮的卡瓦魯橋為據點，開設了世界第一個商業高空彈跳，不但讓皇后鎮發展成「世界冒險之都」，更將高空彈跳推廣到全世界。

高空彈跳其實並非Hackett所發明，據說最初源於萬那杜的傳統活動，只不過島民們用的是樹藤，也沒有任何防護措施，而Hackett將之改良為可伸縮的彈力繩索，除了更為安全，也多了反彈的樂趣。

哪裡可以玩？

地點	網址
奧克蘭	www.bungy.co.nz
羅托魯瓦	velocityvalley.co.nz
陶波	www.bungy.co.nz
皇后鎮	www.bungy.co.nz

©AJ Hackett Bungy

峽谷鞦韆 Canyon Swing

　　峽谷鞦韆是將繩索的支點架在峽谷中央的上方,而躍下的地點卻在峽谷一側的平台上,因此跳下之後不是垂直反彈,而是往前擺盪。除了直接一躍而下外,有些地方還有許多創新的瘋狂跳法,像是騎著、躺著、倒立著,甚至連椅子、桶子、三輪車、溜滑梯等道具都能派上用場,變化多端。除了自己一個人跳之外,也可以拉親朋好友一起下水,不過兩個人跳並不會比較壯膽,只是兩個人的尖叫加起來會比較大聲。

哪裡可以玩?

地點	網址
陶波	www.bungy.co.nz
羅托魯瓦	www.skyline.co.nz
皇后鎮	www.bungy.co.nz
皇后鎮	www.canyonswing.co.nz

高空飛索 Zip-Lining

　　所謂高空飛索,就是在高聳的樹幹上架設平台,平台之間以鋼索相連,參加者穿戴安全吊帶後,在教練協助下將扣環固定在滑索上,接著就一路飛向對岸。在凌空飛翔的同時,你大可以張開雙臂,像老鷹一樣展翅高飛,也可以頭下腳上來個倒掛金鉤;若仍嫌不夠過癮,不妨向教練討教兩招,他們可是有數不盡的壓箱絕活,等著要秀給你看!

哪裡可以玩?

地點	網址
羅托魯瓦	www.skyline.co.nz
皇后鎮	ziptrek.com
皇后鎮	www.bungy.co.nz

51

高空跳傘 Skydiving

和高空彈跳相比起來，跳傘真的沒那麼恐怖。儘管跳下的高度是高空彈跳的幾十倍，但因為高度夠高，跳下時有股空氣的浮力把你往上推，反而沒有高空彈跳那種急速下墜的感覺，而眼前不可思議的高空美景更讓你壓根兒忘了恐懼這回事。況且沒有跳傘證書的一般遊客，必須和專業教練綁在一塊兒跳，成為教練暫時連體嬰的你，根本沒有躊躇猶豫的空間；而跳下之後，你也無需做任何處置，反正何時開傘、如何開傘，都由教練控制，遊客只要專心欣賞美景就行了。

由於開傘的高度是固定的，因此跳下的高度愈高，自由落體的時間就愈長。或許在想像中，自由落體好像很恐怖，但實際跳了之後，你會巴不得自由落體的時間再長一些，因為紐西蘭的獨特地貌，把整個地形變成一幅美妙的圖畫，依行程地點不同，你會看到海灣、冰河、火山、湖泊、森林，每一種都壯麗無法名狀，教人永誌不忘。

哪裡可以玩？

地點	網址
島嶼灣	www.skydivebayofislands.com
陶波	www.taupotandemskydiving.com
庫克山	www.skydive.co.nz
法蘭茲約瑟夫	www.skydivefranz.co.nz
皇后鎮	skydivesouthernalps.co.nz
皇后鎮	www.nzoneskydive.co.nz
瓦納卡	www.skydivewanaka.com

駕駛飛機 Flying a Plane

在紐西蘭，幾乎每個地方都有搭乘飛機或直昇機賞景的觀光行程。不過，你想不想自己開開看呢？

你或許會疑問：駕駛飛機難道不需要特殊的執照嗎？就常理上來說，要的，但在紐西蘭，沒什麼常理可言，參加駕駛行程無需任何經驗，甚至連駕照也不用。當然，並不是說給你一台飛機，任你自己飛上天，飛機的副駕駛座也能進行操控，教練從頭到尾都會坐在你旁邊，最困難的起飛和降落都由教練代勞，升空之後才由遊客接手，這時飛行就變得簡單許多，就像在打電動一樣。遊客可以隨心所欲地自由飛翔，若是真的遇到緊急狀況，教練也能立即掌握，因此安全無虞。

哪裡可以玩？

地點	網址
瓦納卡	www.u-flywanaka.co.nz

黑水漂流 Black Water Rafting

「黑水」是相對於地面上溪流「白水」的說法，指的就是在黑暗洞穴裡的伏流。參加者先穿上潛水用的防寒衣、戴起探照燈頭盔，套上大橡皮圈後跳進水裡，利用橡膠圈的浮力，由水流帶著漂行在黑暗的石灰岩洞穴中。有時水道寬如小河，也有時窄如一根管子，地底的水流時急時緩，比起白水泛舟更加捉摸不定、難以預測，最後還得來一段攀岩逆瀑布而上，更讓刺激指數倍增。進階一點的行程還會在地洞中加入攀爬、跳水、飛索等項目，絕對和在地面上是完全不同的感受，直讓人以為印地安納瓊斯系列又要開拍續集，而領銜演出的就是你！

而就在水流稍緩處，抬頭就可看到滿滿的藍色光點，讓人可以在喘口氣的同時，直接躺在水面上欣賞傳說中的螢火蟲。

哪裡可以玩？

地點	網址
懷托摩	www.waitomo.com
查理斯頓	caverafting.com

©紐西蘭旅遊局/Chris McLennan

©紐西蘭旅遊局/Chris McLennan

©紐西蘭旅遊局/Tourism Holdings

©Black Water Rafting

©紐西蘭旅遊局/Tourism Holdings

地底垂降 Caving & Abseiling

紐西蘭常見的碳酸鈣石灰岩地質，使這個國家的地底形成許多溶洞，溶洞中有空間寬廣的地下洞室、壯觀的鐘乳石、湍急的暗流，以及璀璨發亮的螢火蟲。想一探深藏在森林下的岩洞究竟，得先確定自己沒有懼高症，綁好繩子、套上安全鎖後，然後直線下滑深入地表深處。到了彷如教堂般的洞穴入口，穿著橡膠鞋開始在岩石塊上跳躍跋涉，接著深入地底洞穴，觀看壯觀的鐘乳石洞，以及坐在地底河流旁，關掉所有手電筒燈光，靜靜欣賞螢火蟲閃爍，最後則要爬上一個長長的鐵梯從地底直達地面。而進階行程則有攀爬、在水中逆流而上等更多冒險，在這個行程中會發現古老的鯨魚骨和牡蠣化石，以及欣賞到壯觀的瀑布。整趟旅程就在不斷發現大自然的驚奇中度過。

哪裡可以玩？

地點	網址
懷托摩	www.waitomo.co.nz

噴射飛船 Jet Boating

噴射飛船是紐西蘭相當風行的活動項目，船身半浮在水面上，位於尾端的螺旋槳推進器從下方吸水後，再往後猛力噴出，以此作為前進動力。由於緊貼著水面漂行，沒有水的阻力，因此速度更快，轉彎也更容易。駕駛最喜歡隨時來個360°甩尾，一陣天旋地轉之後，緊接著落下的，是剛才被甩起的巨大水花，以及大家的歡呼聲(或驚呼聲)；不甩尾的時候，駕駛也會故意將船頭貼近岩壁，全速往前衝，製造驚險氣氛，有時也會停下來講解沿途風光或人文典故。這樣在河湖裡橫衝直撞，可要比遊樂場的衝浪飛船好玩一百倍！

哪裡可以玩？

地點	網址
奧克蘭	www.aucklandadventurejet.co.nz
羅托魯瓦	www.katoalakerotorua.co.nz
羅托魯瓦	www.riverjet.co.nz
陶波	www.hukafallsjet.com
基督城	alpinejetthrills.co.nz
阿卡羅阿	www.akaroajet.co.nz
皇后鎮	www.shotoverjet.com
皇后鎮	www.kjet.co.nz
皇后鎮	www.dartriver.co.nz

©紐西蘭旅遊局/Chris McLennan

©Frogz White Water Sledging

©Frogz White Water Sledging

激流泛舟 Rafting

泛舟算是傳統的冒險活動，並非紐西蘭所獨有，不過紐西蘭適合泛舟的名山大川，卻遠非其他國家所能及，不但峽谷夠深、湍流夠急、山勢夠險，衝下的瀑布也夠多，既有絕世奇景作為場景，又有驚險刺激填滿內容，絕對是泛舟愛好者理想中的天堂。

若是覺得這還不夠刺激，或是缺乏團隊合作的默契，紐西蘭人還發明了進階版—— 急流衝浪，說穿了，就是個人版的泛舟，有時是一片趴著的浮板(River Surfing或River Boarding)，有時是坐著的「水橇」(Sledging)，無論哪一種，都比泛舟和水更親近，因此也需要更多技巧，不會游泳的人可別輕易嘗試。

哪裡可以玩？

地點	網址
羅托魯瓦	www.kaitiaki.co.nz
羅托魯瓦	www.raftabout.co.nz
羅托魯瓦	www.riverrats.co.nz
基督城	www.rafts.co.nz
皇后鎮	www.raft.co.nz
皇后鎮	www.realnz.com
皇后鎮	www.riverboarding.co.nz

划輕艇 Kayaking

輕艇(kayak)和獨木舟(canoe)略有不同,前者是封閉式艇面,單柄雙槳,以雙臂旋轉擺動的方式左右輪流划水;而後者是開放式船面,單柄單槳,像划船一樣握槳,一次一邊地划水。現在比較常見的划船行程都是輕艇,最熱門的地點是在艾貝爾塔斯曼國家公園,那裡不但有金黃色的美麗沙灘、鬼斧神工的海岸怪石,同時還是海豚和紐西蘭毛皮海豹的棲息地。

米佛峽灣也是眾所稱道的輕艇勝地,靠自己的雙手前進人間仙境,與神奇的大自然感覺分外親近;還有北島的陶波湖,划著輕艇去看刻在崖壁上的毛利岩雕是經典行程之一;更酷的是划輕艇去尋訪夜色裡的螢火蟲,應該是只有紐西蘭才能享受到的特殊體驗,就在陶朗加西郊的懷羅阿河等著你。

哪裡可以玩?

地點	網址
艾貝爾塔斯曼	www.abeltasman.co.nz
艾貝爾塔斯曼	www.kahukayaks.co.nz
米佛峽灣	www.realnz.com
凱庫拉	www.kaikourakayaks.nz
陶波	www.tka.co.nz
羅托魯瓦	www.kayakrotorua.com
陶朗加	www.waimarino.com

與海豚共泳 Swimming with Dolphins

紐西蘭海岸生態豐富,出海賞鯨看海豚是非常普遍的活動項目,不過好動的紐西蘭人當然不以此為滿足,他們覺得光是坐在船上觀看,並不算與海豚親近,於是,與海豚一起游泳的行程便一個接著一個出現了。這類賞鯨船的後方甲板,皆設計成可以直接下水的平台,船上也提供整套浮潛裝備,包括面鏡、呼吸管、蛙鞋等(不過泳衣、泳褲和毛巾需要自己準備)。船長會將船開往海豚群聚集的地方,讓遊客下水與海豚同樂,而這些海豚也早已習慣觀光客的陪伴,並不會刻意閃躲人類,牠們時而圍繞著泳客悠游,時而在泳客面前表演漂亮的跳躍,像是在歡迎人類與牠們共享美麗的大海。

哪裡可以玩?

地點	網址
島嶼灣	www.dolphincruises.co.nz
島嶼灣	www.sailingdolphins.co.nz
島嶼灣	www.exploregroup.co.nz
凱庫拉	www.dolphinencounter.co.nz
阿卡羅阿	blackcat.co.nz
馬爾堡	www.e-ko.nz

攀登冰河 Glacier Hiking

　　南島西岸的法蘭茲約瑟夫冰河與福斯冰河，都開放讓遊客上去攀爬，不過攀登冰河必須參加行程，在有經驗的嚮導帶領下進行，因為一般遊客無法判斷和掌握冰層的穩定狀況，私自攀爬容易發生危險。由於冰河逐年消融，現在已無法再像從前那樣可以從冰河前緣開始往上爬，而是得坐上直昇機，直接來到冰河頂端。除了在冰河上健走的行程外，想要更賣力一點的人也可以嘗試攀爬冰牆，跟著專業教練一起拿著冰斧和繩索，一步一步慢慢爬上雄偉的冰牆，更能體會冰河的壯麗無垠。

哪裡可以玩？

地點	網址
福斯冰河	www.foxguides.co.nz
法蘭茲約瑟夫	www.franzjosefglacier.com

攀爬峽谷 Canyoning

　　峽谷冒險結合了健行、攀岩、漂流、垂降、跳水，有時還有飛索，玩法相當全面。行程通常是由河谷上游開始，在河谷下游結束，這中間的高度落差少則1百多公尺，多則3、4百公尺，從高處到低處的過程走的是最直接的路徑——順著水流一路向下；而克服落差用的也是最單純的方法——一鼓作氣跳下去。當然除了跳水之外，也有其他方式，不過同樣直截了當，最多的是漂流，也就是把瀑布當作溜滑梯，直接沖下去；若是落差太大，則會以繩索垂降的方式繼續行程。在某些峽谷中，還會架設飛索滑行，過足冒險犯難的癮。

哪裡可以玩？

地點	網址
奧克蘭	www.canyonz.co.nz
奧克蘭	awoladventures.co.nz
皇后鎮	www.canyonexplorers.nz
瓦納卡	deepcanyon.co.nz

四輪越野摩托車 Quad Biking

四輪越野摩托車的英文為ATV，即全地形車（All-Terrain Vehicle）的縮寫，在紐澳又常被稱為「Quad Bike」。這種車的操作非常簡單，並不需要打檔和踩離合器，只要按住把手上的油門按鈕，就可以一路狂野往前衝。

ATV最大的樂趣，就在於它能輕易克服各種地形，不但穩，而且馬力強大，因此在行程路線上你別想看到康莊大道，有的盡是滿坑的泥漿和凹凸的窟窿，當你遇上它們時，千萬不要故作秀氣，無所畏懼地勇往直前就對了！最好還能在泥坑裡來個小甩尾，搞得泥花四濺，過窟窿時瞬間加速，來個四輪離地，這才是真正過癮的玩法，唯一需要顧慮的，就是當晚有沒有洗衣服的地方。

哪裡可以玩？

地點	網址
奧克蘭	www.4trackadventures.co.nz
凱庫拉	www.4wheeladventures.co.nz
格雷矛斯	www.onyerbike.co.nz
法蘭茲約瑟夫	www.acrosscountryquadbikes.co.nz
皇后鎮	www.offroad.co.nz
皇后鎮	www.nomadsafaris.co.nz

©紐西蘭旅遊局(David Wall)

©紐西蘭旅遊局

熱氣球 Ballooning

搭乘熱氣球首先要面對的挑戰，就是要在三更半夜起床，不過早起絕對是有報償的，因為覺可以回籠再睡，初升的朝陽可不為遊人等待。搭乘熱氣球升空是一種奇妙的體驗，儘管四野萬籟俱寂，卻無法平靜半分心中雀躍，隨著地面上的景物愈來愈小，風吹動樹梢的搖曳也變得不易察覺，遠方的山脈在晨霧半遮半掩下，神似遊仙詩中的瑤池閬苑；初升的太陽將大地照出亮亮的綠色，幾何圖形的田疇也開始顯現清晰的輪廓。雖然眼前美景早已讓惺忪睡眼完全清醒，卻又帶領眾人走進另一場超現實夢境，這麼無邊無際地飄遊下去，彷彿就要飄到綠野仙蹤的奧茲國境。

哪裡可以玩？

地點	網址
基督城	ballooningcanterbury.com
基督城	www.adventureballoonsnz.com
皇后鎮	www.ballooningnz.com
漢米爾頓	www.kiwiballooncompany.co.nz

Maori Culture
毛利文化

文●墨刻編輯部
攝影●墨刻攝影組

毛利人不是紐西蘭的原住民，幾乎每個紐西蘭人都會告訴你這件事，中世紀的紐西蘭只有鳥類和植物，而毛利人是最早的一批外來移民，他們自己也承認這點。和其他地方原住民不同的是，毛利人在紐西蘭擁有不小的話語權，他們的文化和語言早在紐西蘭建立之初，就已獲得明文保障。

　　想要瞭解紐西蘭，得先從認識毛利人開始。毛利族跟許多民族一樣，是父系世襲社會，以部族為中心，強調家庭，重視傳統和祖先，然而他們卻沒有太多歷史包袱，而是用歌聲和舞蹈傳承一個接一個故事。

白雲之鄉

　　包括毛利人在內，所有南島民族都有個共同傳說，就是他們的祖先來自一個名叫哈瓦基(Hawaiki)的地方。而在毛利人的傳說裡，第一個來到紐西蘭這片土地的人名叫Kupe，時間大約是距今1千多年前。Kupe因為愛上了有夫之婦，不小心殺了她的丈夫，為了逃避其族人的報復，於是划著獨木舟遠走他鄉，最終來到一座白雲籠罩的島嶼，便將該地命名為Aotearoa，意即「白雲之鄉」，而這便是紐西蘭的第一個名字。

　　Kupe後來回到家鄉，將Aotearoa的事告訴給族人，百多年後毛利人開始有計劃地向白雲之鄉遷徙移民，成為這塊土地最初的人類主人。

　　至於哈瓦基究竟在哪裡，今日早已不可考，不過有愈來愈多論述主張，傳說中的哈瓦基可能就是台灣！一方面因為同為南島語系的台灣原住民，卻沒有關於哈瓦基的傳說，另一方面也因為毛利人無論文化、習俗、建築，都和台灣原住民有著高度共通點，甚至雙方即使操著不同語言，卻能相互明白對方的意思。

傳說之土

　　毛利人是一個充滿想像力的民族，從開天闢地到紐西蘭的形成，再到紐西蘭境內每一處山水，都有各自的故事要述說。

　　傳說中，這個世界之始是來自一對相愛的父母，天空之父Rangi因為太愛大地之母Papa，長久以來緊密依偎，使他們的孩子們被困在父母之間的狹窄縫隙裡，過著沒有光也沒有自由的

日子。最後他們終於受不了了，於是便密謀要把父母分開。首先上陣的是農作物之神Rongo-ma-tane，他試著用肩膀推開父親，無奈Rangi一動也不動，接著海神Tangaroa、戰爭與人類之神Tūmatauenga、蕨類之神Haumia-tiketike也一起加入，結果仍是徒勞。最後森林和鳥類之神Tāne抵住呼吸，用強壯的雙腿把縫隙撐開，才終於讓天地分離。

　　雖然強行拆散了父母，但Tāne其實是很愛雙親的，他立刻用自己的森林孩子為母親打扮，又為父親妝點了紅色的太陽和銀色的月亮，接著他又找到一件紅色的外袍披在父親身上，但隨後又不滿意，整件扯掉，只留下一角在天空的盡頭，變成了晚霞。為了讓父親在晚上一樣好看，Tāne請求光之神Uru送他幾個閃亮的小孩，他把其中5個小孩排成十字形鑲在父親胸前，這就是南半球才看得到的南十字星。

　　然而Rangi對於和摯愛分開依然感到悲傷，從天空落下的雨水就是他的眼淚，而Papa也總是掙扎著想回到Rangi身邊，這便是大地經常震動的原因。而暴風之神Tāwhirimātea也對他兄弟拆散父母的行為感到不滿，而與他的孩子們以各種氣候災害襲擊森林、海洋、作物與人類。

　　另一則傳說是關於南、北島的形成，傳說的主角Māui因為早產而體弱多病，他的母親Taranga以為他就要死去，遂用自己的長髮把Māui裹起來丟到海裡去。天空之神看到後，把Māui撿起帶到天上撫養，並賜予他力量，成為半神。Māui長大後回到地面，與Taranga和他的4個兄弟同住。他有一個心愛的魚鉤，是用其祖母的下巴骨磨成的，上頭鑲嵌著珠母貝和一撮狗毛。一日他和兄弟們一起划著獨木舟去釣魚，然而划了很遠仍是一無所獲，由於他的兄弟和他素來不和，不願出借羽毛來做餌，Māui只得握緊拳頭猛打自己的鼻子，將流出來的鼻血抹在魚鉤上，沒想到真的釣到了大魚。

　　Māui本想把大魚帶回當做祭品，可是魚實在太大了，只好

留在海上，化為紐西蘭的北島，所以毛利語稱此島為Te Ika a Māui，意即Māui的魚，威靈頓港是魚嘴，陶波湖是魚的心臟，北地半島是魚尾，霍克斯灣則是Māui的魚鉤。至於南島，就是他乘坐的船，毛利語為Te Waka o Māui，最南邊的斯圖爾特島即是船錨。

戰士之舞

說起毛利人的舞蹈，人們的第一印象便是Haka。其實說Haka是戰舞倒也不盡然，因為Haka的原意泛指一切為祭祀神明而獻上的儀式之舞。最有名的Haka是Ka Mate，這是大約在19世紀初時，由北島Ngāti Toa部落的酋長Te Rauparaha所創，他是部落之間「毛瑟槍戰爭」中的重要角色，曾被歐洲人稱為「南方的拿破崙」。在某次戰役中，他遭到敵人追擊，九死一生地躲進收藏食物的洞穴裡，當時他以為自己就要死了，便開始低聲吟唱，描述躲在地下忐忑不安的心情，所幸後來遇到一位與他友好的酋長Te Wharerangi (也就是歌詞中多毛的人)，幫助他走出地洞，而歌詞的最後便是在慶祝自己逃過一劫、重回光明。

Ka Mate之所以名聞遐邇，很大程度上是拜紐西蘭橄欖球國家代表隊(All Black)所賜，因為他們每次開賽前都會朝對手跳這支戰舞，大大提升了Haka在國際間的知名度，而其瞪眼吐舌的猙獰表情，的確也很有威嚇敵人的效果。

除了Haka外，毛利的女人們也會拿著用亞麻編成、裡頭塞進蘆葦的球，跳起一種名為Poi的球舞，只是不同於戰舞具有激勵士氣的作用，球舞只是單純為了娛樂或歡迎客人。

拜訪毛利村落

在紐西蘭境內有許多毛利部落開放給遊客參觀，不過在參觀之前得先有一個基本認知，那就是這些毛利部落並不是為了觀光才成立的樣版，也不是弱勢種族的保護區，這些都是毛利人真實的生活環境，是出於毛利人喜歡與人做朋友，分享其文化，才讓外人進入的，因此別把村中族人當成演藝人員對待，對毛利人的儀式與文化也要認真，不得嬉笑胡鬧。別忘了，毛利人雖然好客，卻同時也是好戰的民族。

進到毛利部落後，在正式歡迎儀式時，毛利人和觀光客得各派一位男性當代表，毛利戰士會先來一段歡迎詞和舞蹈，然後丟下禮物，毛利人相信撿起禮物後，會盯著毛利人眼睛後退的是朋友，背過身去的則是敵人。接著，村裡會教導遊客一些簡易的毛利語，毛利語是紐西蘭政府明文規定的官方語言之一，紐國所有官方文件皆以英文和毛利文並列書寫，小學也將毛利語列為選修課程，因此多數紐西蘭人都能來上幾句毛利語，而外國旅客入境隨俗也一定得學會這句Kia Ora (哈囉)。

至於碰鼻禮(Hongi)，則是毛利族最獨特的打招呼方式，如果覺得重心不太穩，手可以扶在對方肩膀上，但千萬不要伸手互擁，那可能會把毛利人嚇一大跳。記得，行碰鼻禮時，稍稍觸碰鼻頭即可，不需要整個鼻子都貼上去。

最後，在這類行程中還會包含一頓毛利大餐(Hangi)。毛利人以往烹調食物的方法，是先花個把鐘頭用大火將河邊石頭燒紅，再放到新挖好的地洞裡，堆上淋溼的樹葉，製造大量的煙和蒸氣，接著把食物放在樹葉上，鋪上層層土壤，燜烤3到4個小時，有點像是焢窯，食材多半是魚、肉、蕃薯、馬鈴薯和蔬菜等。

而擅長雕刻的毛利人，雕刻主題多半是祖先和神靈，常在頭部和身軀有誇張表現，這是故意讓它看有起米不像人，以示尊重神靈造人。最常拿來雕刻的材料包括骨頭和木材，又以質地堅實的考里樹最常被使用，雕出的圖騰柱或小木雕，多拿來當作屋子的樑柱或裝飾。

分區導覽
Area Guide

How to Explore New Zealand
如何玩紐西蘭各地

文●墨刻編輯部　攝影●墨刻攝影組

© 紐西蘭旅遊局 /Stirling Images

南島South Island

◎馬爾堡地區

馬爾堡是紐西蘭最知名的葡萄酒產區之一，最大城市布蘭尼姆附近便是酒莊聚集地，可自行前往或參加酒莊行程，品嚐當地美酒滋味。

◎尼爾森及其周邊

尼爾森是紐西蘭日照最多的地區，陽光、美酒、美食魅力無窮，吸引不少藝術家來此定居創作，玻璃工藝與陶藝更是發達。

◎西岸及庫克山區

來到西岸攀爬冰河，早已成了紐西蘭行程的「Must Do」；蒂卡波湖和瑪瑟森湖之美令人悠然神往；庫克山國家公園更是世上少數有遊船行駛的冰河湖泊。

奧克蘭周邊
Around Auckland

奧克蘭Auckland

陶朗加Tauranga

懷托摩
Waitomo

羅托魯瓦
Rotorua

陶波Taupo

東加里羅國家公園
Tongariro National Park

納皮爾Napier

威靈頓周邊
Around Wellington

尼爾森Nelson

威靈頓●Wellington

馬爾堡地區
Marlborough

西岸及庫克山區
West Coast and Mount Cook

法蘭茲約瑟夫冰河
Franz Josef Glacier

基督城Christchurch

米佛峽灣
Milford Sound

蒂阿瑙
Te Anau

皇后鎮Queenstown

但尼丁Dunedin

斯圖爾特島
Stewart Island

◎皇后鎮及其周邊

皇后鎮是南島最重要的觀光據點，除了悠閒的湖光山色外，更有各項冒險活動，想找刺激、比膽量、盡情瘋狂，這裡天天實地上演特技畫面。

◎但尼丁及其周邊

但尼丁是一座瀰漫著蘇格蘭大學城氣氛的城市，距離約50分鐘車程的奧塔哥半島，就像大型的野生動植物保護區，生態之旅是這裡最主要的觀光賣點。

◎基督城及其周邊

「花園城市」基督城，與周邊的法國風情小鎮阿卡羅阿，以及以賞鯨聞名的凱庫拉等，都是熱門的觀光區域。

北島 North Island

◎奧克蘭周邊

雷恩格角的滑沙、伍德山森林的四輪摩托車，皆可體驗俯衝的速度快感；在島嶼灣能與海豚共泳，以及從事各式各樣的水上活動；科羅曼德半島同樣以戲水勝地聞名。

◎奧克蘭

奧克蘭是紐西蘭唯一稱得上國際大都會的城市，同時也是著名的帆船之都。城內有許多氣氛優雅怡人的特色街區，以及國家規模的博物館，同時也不乏高空彈跳、攀爬大橋等冒險活動。

◎陶朗加與豐盛灣

陶朗加東端長達20公里的海岸線，可從事帆船、衝浪、出海賞鯨等，還可報名西郊懷羅阿河划皮艇賞螢火蟲的行程。

◎羅托魯瓦及其周邊

羅托魯瓦有地熱、溫泉和最完整的毛利部落，包括自然奇景、刺激的戶外活動、原住民文化、觀賞奇異鳥等紐西蘭必體驗項目，在這裡就能完成大半。

◎陶波及其周邊

陶波可以從事划皮艇、噴射飛船、高空彈跳等活動；再往南的東加里羅國家公園有壯麗的火山景觀與獨特的生態，吸引大批人們來此健行。

◎懷托摩

懷托摩的地下伏流，在地底鑽出一個又一個溶洞，營造出獨特的生態圈，以螢火蟲洞和地底黑水漂流等刺激活動，滿足大家想當印第安納瓊斯的癮。

©Waitomo Glowworm Caves Waikato

◎納皮爾及其周邊

納皮爾以「裝飾藝術之都」聞名，鄰近的霍克斯灣更是紐西蘭最古老的葡萄酒產地之一。

◎威靈頓

貴為紐西蘭的首都，卻有一種地方小鎮般的悠閒，這裡以美食、美酒和咖啡自豪，近年又多了電影重鎮的頭銜，以《魔戒》為主題的行程仍然備受歡迎。

◎威靈頓周邊

懷拉拉帕堪稱威靈頓的後花園，這裡的行程以酒莊巡禮為主角，所產橄欖油也是品質精純。

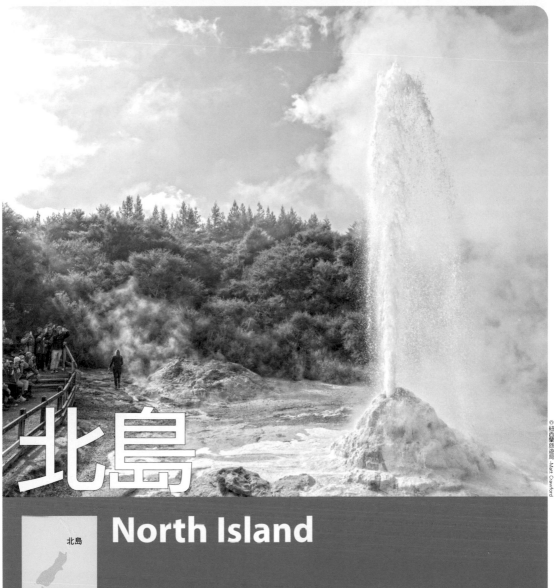

© 紐西蘭旅遊局 -Matt Crawford

北島

北島

North Island

北島面積雖然比南島來得小，但紐西蘭有超過70%的人口居住在這裡。北島不但擁有最強大的毛利族群，歐洲人對紐西蘭的殖民也是從北島開始，使得北島在歷史及文化上的底蘊遠較南島來得深厚。而整座北島上幾乎處處可見火山地形，東加里羅壯觀的火山群、陶波美麗的火口湖、羅托魯瓦不斷冒煙的地熱景觀，共同譜成北島的地理特色。

　　奧克蘭是紐西蘭唯一稱得上國際大都會的城市，同時也是著名的帆船之都，要想體驗帆船出海的樂趣，在奧克蘭可以有很多機會。羅托魯瓦雖然只是個小鎮，但觀光價值卻地位顯赫，除了地熱和溫泉外，還有全紐西蘭最完整的毛利部落。從羅托魯瓦出發，往西可以到懷托摩，往南可以到陶波與東加里羅，往北可以到豐盛灣，都在一日往返的距離內。

　　北島南方的威靈頓雖貴為首都，卻有地方小鎮般的悠閒。從威靈頓出發，懷拉拉帕地區的酒莊行程是這一帶的基調，綠油油的葡萄園甚至一直延伸到霍克斯灣的納皮爾去。

北島之最
Top Highlights of North Island

天空之城 Sky City
　　天空之城是奧克蘭重要的娛樂據點，其天空之塔也是奧克蘭天際線中最醒目的地標，登塔不但可以登高望遠，還能從事高空彈跳、空中漫步等刺激活動。(P.75)

島嶼灣 Bay of Islands
　　北地的島嶼灣是歷史上懷唐伊條約的簽訂地，今日成了紐西蘭人的度假勝地，乘船出海探訪石中洞，以及與可愛的海豚一起游泳，都是這裡的著名行程。(P.100)

懷歐塔普地熱區 Wai-O-Tapu Thermal Wonderland
　　這是紐西蘭最具多樣性的地熱景觀區，包括泥漿池、間歇泉、蒸氣湖和石灰岩台地等，都在18平方公里的園區範圍內，四處皆塗灑著奇幻的色彩。(P.120)

懷托摩螢火蟲洞
Waitomo Glow Worm Caves
　　北島最著名的螢火蟲洞就位於懷托摩，乘著小船進入伸手不見五指的黑暗洞穴中，接著無數螢光如繁星般亮起，璀璨的景象令人畢生難忘。(P.125)

©紐西蘭旅遊局 -Corin Walker Bain

東加里羅國家公園
Tongariro National Park
　　活躍的火山地形和多元的生態環境，讓東加里羅有著詭奇多變的地理景觀，走一遭全長19.4公里的越嶺步道，假想自己是魔戒遠征隊的一員。(P.132)

© 奧克蘭旅遊局

奧克蘭●

奧克蘭
Auckland

文●蔣育荏・墨刻編輯部
攝影●周治平・墨刻攝影組

奧克蘭是全紐西蘭最繁忙、最像大都會的城市了，跟紐約、東京等大都市一樣，市中心的高樓大廈和購物中心林立、交通繁忙、時有塞車問題、路上穿著西裝的行人行色匆匆、走路速度可能也居紐國之冠。

1840年以前，奧克蘭是紐西蘭的首府，當時的總督威廉・哈布森(William Hobson)以他海軍指揮官之名，為此地取名為奧克蘭，25年後因考量到首府得兼顧南北兩島，才移至北島最南端的威靈頓。

失去了首府的政治角色，奧克蘭在經濟上的地位卻未曾減損，奧克蘭國際機場還是每小時起降一班，每年超過130萬名外國旅客以此為門戶，第一眼看到的紐西蘭就是奧克蘭。這座城市充滿活力和繁華，商業活動熱絡欣榮，市區內最精華的地段，便是從港邊延伸到皇后街兩旁的狹長街區，人街上緊湊排列著速食店、免稅商店、星級飯店與購物中心，足與其他國際都會的商業大道相頡頏。

同時，奧克蘭更擁有「帆船之都」的美稱。面對著太平洋的奧克蘭，擁有帆船的人口比率高居全球之冠，平均每3個人就有2人擁有一艘帆船，出海航行早已成為當地人生活的一部分，這也難怪奧克蘭能代表紐西蘭成為美洲盃帆船賽(American Cup)中，繼美國之後拿過最多冠軍的勁旅。沿海港口密密麻麻的桅杆，與遠方的天空之塔相呼應，也成了奧克蘭最鮮明的地標景象。

奧克蘭地區圖

圖例：◎景點 ⛵碼頭 🎡娛樂
✈機場 🛣公路 🏛博物館

港灣大橋
Auckland Harbour Bridge
維多利亞山
Mt. Victoria
德文港
Devonport
北角
North Head
懷特瑪塔港
Waitemata Harbour
奧克蘭動物園
Auckland Zoo
奧克蘭市區
伊甸山
Mt. Eden
獨樹山
One Tree Hill
交通技術博物館
MOTAT
Hillsborough Bay
麥廬考港
Manukau Harbour
蝴蝶溪樂園
Butterfly Creek
奧克蘭國際機場
Auckland International Airport

神聖島
Motutapu Island
朗伊托托島
Rangitoto Island
Browns Island
豪拉基灣
Hauraki Gulf
凱利達頓海洋生態館
SEA LIFE
Kelly Tarlton's Aquarium
使命灣
Mission Bay
半月灣
Half Moon Bay
Tamaki River
奧克蘭植物園
Auckland Botanic Gardens
彩虹盡頭遊樂園
Rainbows End Theme Park

國際與國內航廈間輕鬆行

由於國際線與國內線航廈間的距離很近，等待接駁車的時間內可能就已經走到了，所以不少人寧可乾脆拖著行李箱散步前往另一個航廈，只要循著地面所畫的綠色標示線前進，完全不必擔心迷路問題。

基本資訊

地理位置：位於北島的西岸偏北，北距雷恩格角車程約422公里，南距首都威靈頓車程約650公里。
面積：1,086平方公里(市區)
人口：約165萬
區域號碼：(09)

如何到達

航空

從桃園國際機場第二航廈，有中華航空和紐西蘭航空的班機直飛奧克蘭機場國際線航廈。華航的CI59班機每週一班直飛奧克蘭，航程10小時45分鐘；而CI53班機則是每週約3班，不過中途會在澳洲布里斯本(BNE)短暫停留約2小時，之後再原班機飛抵奧克蘭，全程14小時15分鐘。其他選擇還包括搭乘CI51班機在澳洲雪梨(SYD)，或CI57班機在澳洲墨爾本(MEL)轉機。要特別注意的是，搭乘中停澳洲的航班，若轉機時間超過8小時、抵達及離境不在同一天、或會入境澳洲，則須事先辦妥澳洲過境簽證或持有效期限內之ETA。

紐西蘭航空的NZ0078航班，亦提供每週2班直飛奧克蘭的航線；若是長榮會員，長榮航空直飛奧克蘭的BR2362，即是這班由紐航所營運的班機。

此外，亦可搭乘國泰航空、新加坡航空、澳洲航空等班機，經香港、東京、大阪、新加坡或雪梨等第三地轉機前往奧克蘭。

奧克蘭國際機場(AKL)位於市中心南方約20公里處，是紐西蘭國內航線的樞紐，有國際線與國內線兩個航站，航站之間每15分鐘有一班免費接駁巴士，若是沿著地面上的指標步行，路程約為10分鐘。

奧克蘭國際機場
🔼P.67A3
🌐www.aucklandairport.co.nz
◎機場至市區交通
大眾運輸 Auckland Transport
在國際線航廈外的巴士站A與國內線航廈外的巴士

站B，於橘色的巴士站牌可搭乘AirportLink接駁巴士至Puhinui火車站，再轉乘Southern線或Eastern線火車前往市中心的布里托瑪火車站，全程約1小時。車票需使用AT Hop Card，初入境者可在國際線航廈的Take Home便利商店，或國內線航廈的Air Go便利商店購買。

- � AirportLink巴士於04:30~24:40間，每10分鐘一班
- ⑤ 成人全程5.4元，兒童全程3.1元

機場巴士SkyDrive

SkyDrive巴士由Ritchies Transport營運，可從機場搭乘前往市中心的天空之城，車程約30分鐘。車票可在官網預訂，也可上車向司機購買，車上不收現金，只能用信用卡付費。

- ⌂ 國際線航站上車地點在8號門外馬路中隔島，國內線航站上車地點在4號門外的巴士站A。
- ⊽ 每日05:30~22:30，每30分鐘一班
- ⑤ 成人17元，長者12.5元，兒童8元
- 🌐 www.skydrive.co.nz

接駁巴士Super Shuttle

如果2人以上同行，不妨選擇專業機場接駁的Super Shuttle，可以直接載客至市區內的飯店門口或其他指定地點，2人同行的價格有時甚至比SkyDrive還便宜。車子通常會配合班機時間停靠在機場外側，不必預訂、不必逐站停靠，旅客更不必擔心自己究竟該在何處下車。回程可事先上網預約，或請住宿飯店代為預約，即可在指定時間上車前往機場。

- ⌂ 國際線航站的上車處在8號門外，國內線則在4號門外
- ☎ (09) 522-5100、0800-748-885
- ⑤ 2人同行，到市中心最低20元
- 🌐 www.supershuttle.co.nz

計程車 Taxi

國際線航站的計程車招呼站在8號門外，國內線則在4號門外。由於各家車行跳錶費率不同，從機場到市中心的車資約為38~90元不等。另外，從機場搭車的附加稅為5元，搭車到機場的附加稅為3元。

租車Rental Cars

機場內有Avis、Budget、Europcar、Hertz、Thrifty、Ezi等6家租車公司櫃檯，國際線航站位於地面樓層，國內線航站位於航站對面的停車場內。

火車

從威靈頓出發，可搭乘北島探索者號(Northern Explorer)景觀列車前往奧克蘭(途經東加里羅國家公園)。奧克蘭火車站自2015年起已移往帕內爾北端，因鄰近主幹道The Strand，因而名為Auckland Strand車站。

奧克蘭Strand火車站

- 🔺 P.73E3
- ⌂ Ngaoho Place, Parnell, Auckland, 1010
- ⊽ 每週三、五、日，早上07:55從威靈頓出發，晚上18:50抵達奧克蘭
- ⑤ 成人219元，2~14歲153元
- 🌐 www.greatjourneysnz.com

長途巴士

◎InterCity

從北島各主要城鎮，均可搭乘InterCity長途巴士前往奧克蘭，從懷托摩與陶朗加車程約3.5小時，從羅托魯瓦約4小時，從陶波約5小時，從納皮爾約7.5小時，從威靈頓約11.5小時。

奧克蘭長途巴士總站

- 🔺 P.74B4
- ⌂ 102 Hobson St, Auckland 1010(天空之城旁)
- 🌐 www.intercity.co.nz

市區交通

奧克蘭的大眾交通系統由奧克蘭運輸局(Auckland Transport，簡稱AT)營運管理，包括巴士、火車和渡輪。巴士和火車的票價依跨越的區段數計費，成人單區4元，跨兩區6元，跨三區8元，一般遊客不太有機會跨越三區以上。

如果經常搭乘大眾交通，購買一張感應式的儲值票卡AT Hop Card是相當划算的，不但單程車資享有優惠，每趟行程不論轉乘幾次，都只扣款一次，且當日車資上限20元，超過便不再扣款。同時，在平日06:00前、09:00~15:00、18:30後的離峰時段，與週末假日全天，用AT Hop Card都可額外再享9折優惠。

AT Hop Card可在火車站及渡輪碼頭的售票機、遊客中心、與市內多家便利商店購買，卡片本身為10元，不可退款，要搭乘需另外儲值。

奧克蘭運輸局
at.govt.nz

巴士

市區巴士路線涵蓋大奧克蘭地區，較常為觀光客搭乘的，是市中心的3條循環巴士(Link Bus)。其中紅色車身的City Link主要行駛在皇后街上，連結北端的布里托瑪火車站、魚市場和南端的K-Road；而綠色車身的Inner Link與橘色車身的Outer Link，則分別是行駛於市中心區與市中心外圍地區的環狀路線。

搭乘City Link，全票為1元，使用AT Hop Card為0.6元；其他Link Bus則適用一般分區段的收費標準。若是從其他公車或大眾運輸轉乘Link Bus，則車

資免費。由於車上無法使用現金，因此買張AT Hop Card還是比較方便。

火車

奧克蘭市通勤火車共有4條路線，以布里托瑪火車站與新市場火車站為樞紐，分別通往城南、城東、城西與奧尼湖加區(Onehunga)，其車資計算方式與巴士相同。

渡輪

奧克蘭航運大廈(Downtown Ferry Terminal)位於Quay St.上，可由此搭乘渡輪前往懷赫科島、德文港、半月灣等地。大部分渡輪航線皆可使用AT Hop Card，也可在航運大廈內購買單程船票，票價根據目的地碼頭而有所不同。

計程車

計程車收費各家車行不一，大致說來，起錶價為3元，每公里跳錶約2.5元(夜間會有加成)，若使用電話或網路預訂，則加收預訂費1元。
Alert Taxis
(09) 309-2000
www.alerttaxis.co.nz

Auckland Co-op Taxis
📞(09) 300-3000
🔗www.cooptaxi.co.nz
Corporate Cabs
📞0800-789-789
🔗www.corporatecabs.co.nz

港區電車 Auckland Dockline Tram

港區電車的古董車廂分別造於1926及1927年，目前由交通技術博物館(MOTAT)負責營運，行駛於維達港西側的Wynyard Quarter(魚市場一帶)，全長約1.5公里，行駛一圈約12到15分鐘，趣味性遠多於交通性。
🕐週日及假日10:00~16:00
💲成人2元，兒童1元，5歲以下免費
🔗www.motat.nz/experiences/auckland-dockline-tram
❗無法使用AT Hop Card

觀光行程

觀光巴士

◎Auckland Explorer Bus

Auckland Explorer Bus是隨上隨下(Hop-On Hop-Off)的市區觀光巴士，沿途停靠維達港、天空之城、奧克蘭戰爭紀念博物館、新市場、帕內爾村、凱利達頓海洋生態館等景點。車票可在i-SITE或上車向司機購買，也可在官網購買電子票券。
📞0800-439-756
🕐每日09:00~16:00，每30分鐘一班(末班車於17:00返回)
💲24小時票：成人50元，5~14歲25元，兩大兩小的家庭票130元。48小時票：成人60元，兒童30元，家

庭票160元
🔗www.explorerbus.co.nz
🎫可購買與個別景點的套票

旅遊諮詢

◎**奧克蘭旅遊局**
📞(09) 365-9918
🔗www.aucklandnz.com
◎**天空之城i-SITE**
📍P.74B4
🏠Victoria St.與Federal St.轉角(天空之城中庭)
🕐週三至週日10:00~17:00
◎**王子碼頭i-SITE**
📍P.74B1
🏠Shop 2, Shed 19, 137 Quay St.
🕐目前暫時關閉中
◎**國際航站i-SITE**
🏠入境大廳
🕐目前暫時關閉中

城市概略City Guideline

儘管奧克蘭已經是全紐西蘭最大的城市，但是熱鬧的區域相當集中，以皇后街為中軸線，北往航運大廈和維達港、南到市政廳、東往布里托瑪區、西達奧克蘭魚市場，都可以靠雙腳走透透。只是，奧克蘭的地形起伏有些大，因此不少路段會出現較陡的坡路，所以決定靠腳探索市區的人請先確定自己擁有足夠的體力，並穿上一雙好走的鞋。

逛遍鬧區之餘，如果還想見識一下帕內爾、新市場、伊甸山或港灣大橋，除了可以利用網絡密集的各線巴士外，還可以規劃一下時間、路線，借重隨上隨下的觀光巴士順著行駛方向玩下去。只是觀光巴士班次不像公車那麼密集，要留意最後一班的回程時間。

奧克蘭行程建議
Itineraries in Auckland

◎**如果你有3天**
首先深度探索奧克蘭市中心區。建議以最熱鬧的皇

后街為起點,登上天空之塔好好認識一下這個城市的概略面貌、逛逛大街小巷裡的美食、購物中心,然後一路步行到港口,在維達港帆船出海,或是爬上港灣大橋玩高空彈跳。之後,在帕內爾或龐森比逛街,參觀凱利達頓海洋生態館或奧克蘭戰爭紀念博物館,或是到伊甸山看巨大的火山坑。

◎如果你有5~7天

何妨將觸角伸遠一點,選擇奧克蘭的郊區,包括港灣對岸的德文港、北郊的叢林與海灘漫遊、伍德山森林四輪越野摩托車之旅,或是更遠一點的懷赫科島、島嶼灣等,每一個角落都各具特色,可以更深刻認識奧克蘭的不同面向。

奧克蘭散步路線
Walking Route in Auckland

長達2.5公里的①**皇后街**是奧克蘭最熱鬧的街道,縱貫南北將市區一分為二,兩旁盡是購物中心、星級酒店、紀念品店和精品名牌專賣店等,是用腳探索奧克蘭的最佳起點。從布里托瑪火車站附近向東走,則來到新開闢的②**布里托瑪區**,齊集具有流行潛力的前衛服飾店、時尚設計精品、風格酒吧、文藝咖啡館,以及富於情調的高級餐廳,無論白天或晚上,總是充滿活潑、多元的城市氣氛。

③**航運大廈**是當地的海上交通樞紐,想去德文港、懷赫科島等地,就到這裡搭船。④**維達港**則是奧克蘭另一處吸引人潮的休閒中心,港灣內泊滿了帆船,隨時都能看到帆船進出港嘴,若有興趣,也可以從這裡搭乘帆船出海,體驗馭風而行的暢快。

沿著海岸繼續往西走,不久後可來到⑤**奧克蘭魚市場**,市場內及Jellicoe St上有許多不同價位的餐館,能吃到最新鮮的海產,超級市場裡可買到各種調味料、醬汁、蔬果配菜、食譜,以及各種適合搭配海鮮的葡萄酒。新近整修完成的⑥**維多利亞公園市場**,曾經是座垃圾焚化爐,化腐朽為神奇後,成為工藝品、紀念品、服飾零售的集散地。從這裡走到⑦**天空之城與天空之塔**,就又回到奧克蘭的蛋黃區,高328公尺的天空之塔無疑是奧克蘭最顯眼的地標,不妨搭乘電梯登上3層密閉的玻璃觀景台看風景,或是參加驚險刺激的跳塔活動或空中漫步,見識紐西蘭人無所不在的冒險精神。

距離:約6公里
所需時間:約3小時以上

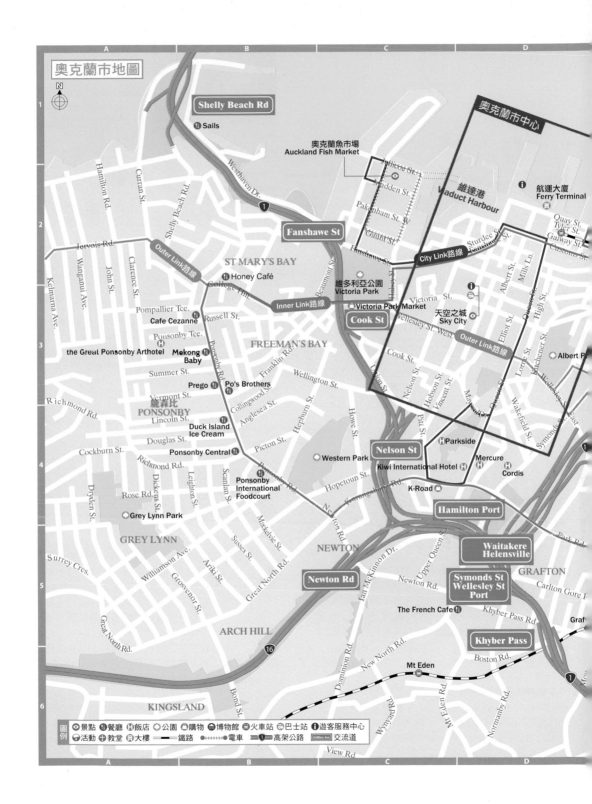

奥克蘭市地圖

N

Shelly Beach Rd
🍴 Sails

Westhaven Dr.

奥克蘭魚市場
Auckland Fish Market

Jellicoe St.

Madden St.

維達港
Viaduct Harbour

奥克蘭市中心

ℹ 航運大廈
Ferry Terminal

Pakenham St. W

Gaunt St.

Fanshawe St

Fanshawe St.

Quay St.
Tyler St.
Galway St.
Customs St.

Sturdee St.

Jervois Rd.

Outer Link路線

ST MARY'S BAY

Beaumont St.

City Link路城

Albert St.
Mills Ln.
High St.

Hamilton Rd.
Curran St.

Shelly Beach Rd.

Honey Café

College Hill

維多利亞公園
Victoria Park

Victoria St.

ℹ

Wanganui Ave.
John St.
Clarence St.

Inner Link路線

Victoria Park Market

天空之城
Sky City

Elliot St.
Queen St.

Kelmarna Ave.

Pompallier Tce.

Russell St.

FREEMAN'S BAY

Cook St

Wellesley St. West

Outer Link路線

Lorne St.
Kitchener St.

Albert P

Cafe Cezanne

Ponsonby Tce.

Cook St.

Nelson St.
Hobson St.
Vincent St.

the Great Ponsonby Arthotel

Mekong Baby

Ponsonby Rd.

Franklin Rd.

Wellington St.

Symonds St.

Summer St.

Vermont St.

Collingwood St.

Howe St.
Hepburn St.

Pitt St.

Wakefield St.

Richmond Rd.

麗森比
PONSONBY

Lincoln St.

Prego 🍴 Po's Brothers

Anglesea St.

Picton St.

Nelson St

Parkside

Duck Island Ice Cream

Douglas St.

Cockburn St.

Richmond Rd.

Ponsonby Central 🛍

Ponsonby International Foodcourt

Dickens St.
Leighton St.
Scanlan St.

Western Park

Kiwi International Hotel 🏨

Mercure 🏨

Cordis

Hopetoun St.

K-Road

Hamilton Port

Rose Rd.

Grey Lynn Park

Dryden St.

GREY LYNN

Surrey Cres.

Williamson Ave.

Grosvenor St.

Ariki St.

Great North St.

Mackelvie St.

Sussex St.

NEWTON

Ian McKinnon Dr.

Upper Queen St.

Newton Rd

Newton Rd.

Waitakere Helensville

GRAFTON

Carlton Gore Rd.

Symonds St
Wellesley St
Port

Great North Rd.

ARCH HILL

Bond St.

16

KINGSLAND

Dominion Rd.

New North Rd.

The French Cafe 🍴

Khyber Pass Rd.

Mt Eden

Boston Rd.

Mt Eden Rd.

Khyber Pass

Graf

1

Wynyard Rd.

View Rd.

Gillies Ave

Normanby Rd.

圖例 ◉景點 🍴餐廳 🏨飯店 ○公園 🛍購物 🏛博物館 🚉火車站 🚌巴士站 ℹ遊客服務中心 ◆活動 ✝教堂 🏢大樓 ━━鐵路 ●●●●電車 ━━高架公路 Gillies Ave 交流道

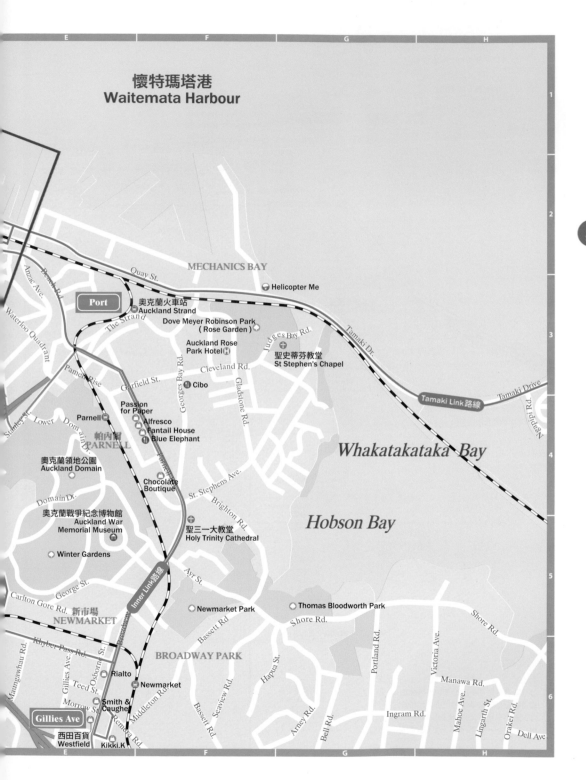

懷特瑪塔港
Waitemata Harbour

MECHANICS BAY

Quay St.

Helicopter Me

Port

奧克蘭火車站
Auckland Strand

Dove Meyer Robinson Park
(Rose Garden)

The Strand

Auckland Rose
Park Hotel

Cleveland Rd.

聖史蒂芬教堂
St Stephen's Chapel

Judges Bay Rd.

Tamaki Dr.

Tamaki Link 路線

Tamaki Drive

N Oripipi Rd.

Anzac Ave

Beach Rd

Waterloo Quadrant

Parnell Rise

Garfield St.

Georges Bay Rd.

Gladstone Rd.

Cibo

Passion
for Paper

Parnell

Alfresco
Fantail House
Blue Elephant

Whakatakataka Bay

奧克蘭領地公園
Auckland Domain

帕內爾
PARNELL

Stanley St.

Lower Domain Dr.

Parnell Rd.

Chocolate
Boutique

St. Stephens Ave.

Brighton Rd.

Hobson Bay

Domain Dr.

奧克蘭戰爭紀念博物館
Auckland War
Memorial Museum

聖三一大教堂
Holy Trinity Cathedral

Winter Gardens

Inner Link 路線

Ayr St.

Carlton Gore Rd.

George St.

新市場
NEWMARKET

Newmarket Park

Thomas Bloodworth Park

Shore Rd.

Shore Rd.

Khyber Pass Rd.

Maungawhau Rd.

Gillies Ave.

Teed St.

Osborne St.

BROADWAY PARK

Bassett Rd

Hapua St.

Portland Rd.

Victoria Ave.

Manawa Rd.

Rialto

Smith &
Cougher

Newmarket

Middleton Rd.

Seaview Rd.

Arney Rd.

Bell Rd.

Ingram Rd.

Mahoe Ave.

Lingarth St.

Orakei Rd.

Gillies Ave

Mortow St.

Remera Rd.

Bassett Rd.

Dell Ave.

西田百貨
Westfield

Kikki.K

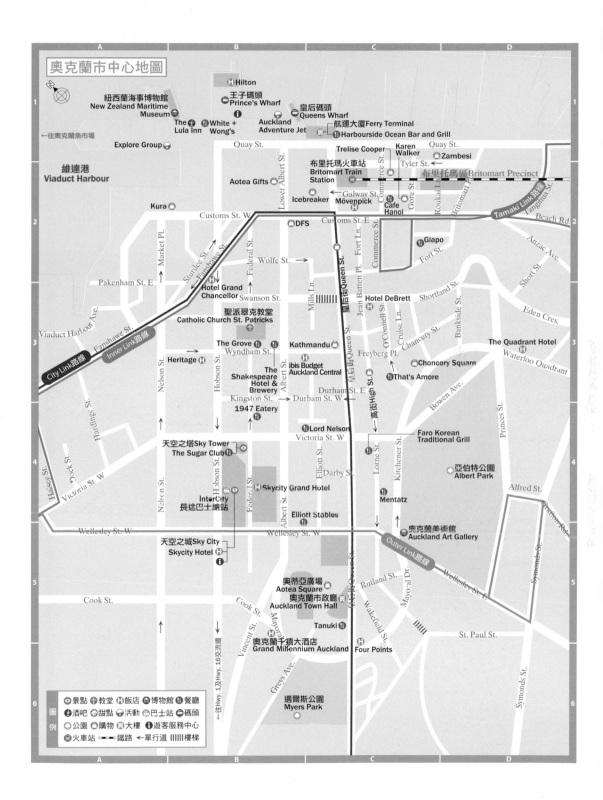

奥克蘭市中心地圖

New Zealand Maritime Museum 紐西蘭海事博物館

←往奥克蘭魚市場

維達港 Viaduct Harbour

The Lula Inn
White + Wong's
Hilton
王子碼頭 Prince's Wharf
皇后碼頭 Queens Wharf
Auckland Adventure Jet
航運大廈 Ferry Terminal
Harbourside Ocean Bar and Grill

Explore Group

Quay St.

Trelise Cooper
Karen Walker
Quay St.
Zambesi

Aotea Gifts
布里托瑪火車站 Britomart Train Station
布里托瑪區 Britomart Precinct

Kura

Icebreaker
Galway St.
Mövenpick
Cafe Hanoi

Tamaki Link 路線
Beach Rd.

Customs St. W
DFS
Customs St. E

Giapo

Wolfe St.

Market Pl.

Pakenham St. E

Sturdee St.
Fanshawe St.
Federal St.

Hotel Grand Chancellor
Swanson St.

Mills Ln.
皇后街 Queen St.

Hotel DeBrett

Viaduct Harbour Ave.
Fanshawe St.
Inner Link 路線

聖派翠克教堂 Catholic Church St. Patricks

Shortland St.

The Quadrant Hotel
Eden Cres.
Waterloo Quadrant

City Link 路線

Heritage

The Grove
Wyndham St.

Kathmandu

ibis Budget Auckland Central

Chancery Square

That's Amore

Bowen Ave.

Princes St.

The Shakespeare Hotel & Brewery
Kingston St.
1947 Eatery

Durham St. E
Durham St. W

高街 High St.

Faro Korean Traditional Grill

天空之塔 Sky Tower
The Sugar Club

Lord Nelson
Victoria St. W

亞伯特公園 Albert Park

Alfred St.

Hardinge St.
Haesey St.
Cook St.
Victoria St. W
Nelson St.
Hobson St.
Albert St.
Federal St.

Elliott St.
Darby St.
Lorne St.
Kitchener St.

Mentatz

Skycity Grand Hotel

InterCity
長途巴士總站

Elliott Stables

奥克蘭美術館 Auckland Art Gallery

Wellesley St. W
Wellesley St. W

Outer Link 路線
Wellesley St. E

天空之城 Sky City
Skycity Hotel

奥蒂亞廣場 Aotea Square

Cook St.
Cook St.

Rutland St.
Mayoral Dr.

奥克蘭市政廳 Auckland Town Hall

Tanuki

Wakefield St.

St. Paul St.

Vincent St.
Mayoral Dr.

奥克蘭千禧大酒店 Grand Millennium Auckland

Four Points

Greys Ave.

邁爾斯公園 Myers Park

←往Hwy. 1及Hwy. 16交流道

圖例
景點　教堂　飯店　博物館　餐廳
酒吧　甜點　活動　巴士站　碼頭
公園　購物　大樓　遊客服務中心
火車站　鐵路　單行道　樓梯

©奧克蘭旅遊局

©SkyCity

MAP ▶ P.74B4

天空之城

SkyCity

奧克蘭天際線上最醒目的地標

⊕Federal St.與Victoria St.轉角　☎(09) 363-6000、0800-759-2489　ⓦwww.skycityauckland.co.nz　❗須年滿20歲才能進入賭場

掃地圖

天空之城開幕於1996年，是奧克蘭首屈一指的觀光景點，由於2016年才重新整修，因此一點也看不出已有近30年歷史。天空之城其實是一處複合式的綜合遊樂中心，當中最主要的部分是擁有超過2,100台角子機與150張賭桌的大型賭場，這也是奧克蘭地區唯一的合法賭場。其他設施區域還包括15家餐廳、酒吧與咖啡館、1間有700個座位的劇院，另外還有5星級酒店The Grand by SkyCity、4星級酒店SkyCity Hotel、以及即將開幕的全新5星級酒店Horizon by SkyCity。不過，最顯眼也是最讓遊客感興趣的，還是那座高達328公尺的天空之塔，不但登高能飽覽奧克蘭的城市全景，還有各種刺激活動可以參加。

入口複雜，先確認目的地

因為觀景台、高空彈跳、空中漫步等活動的門票價格不一，直達電梯的入口也不一樣，入口處實施嚴格控管，所以先確定自己想體驗哪些活動，並事先買好票，才能決定要從哪個電梯口進去。例如前往觀景台的電梯，只能直上51樓或60樓的觀景台和位於50樓的咖啡廳，並不能臨時起意想從事高空彈跳或空中漫步；若計畫在53樓的The Sugar Club或52樓的Orbit 360°Dining用餐，也記得事先預約，才能得其門而入。

天空之塔 Sky Tower

🔽 每日10:00~18:00 (最後登樓時間為17:30) 💲 觀景台：成人32元，6~14歲13元。天空溜滑梯：成人47元，8~14歲28元(含登塔門票)。維塔工作室：成人49元，5~14歲25元。All Black體驗：成人50元，5~15歲30元 ❗ 有可能因天氣因素而不預期關閉

　　想要冒險刺激(但又不是在賭桌上的冒險刺激)，建議朝天空之塔走。天空之塔是南半球最高的建築物，比巴黎的艾菲爾鐵塔還要高一些。旅客可以搭乘電梯登上51樓，從3層密閉式的玻璃觀景台觀賞風景，在這離地186公尺高的主觀景台內有一塊透明的強化玻璃地板，可以站在上頭往下看看，測試一下自己有沒有懼高症；沒有的話，還更更上9層樓，從220公尺處的天空平台(Sky Deck)眺望整個奧克蘭市區，包括皇后街、布里托瑪區、維達港、奧克蘭港灣大橋、獨樹山等地標皆歷歷在目。天公作美的話，甚至連更遠處的德文港、懷赫科島等風景也能盡收眼底。

　　在主觀景台也可以體驗空中溜滑梯(SkySlide)，這是以天空之塔塔尖外部為背景，使用VR設備進行的虛擬實境高空滑梯體驗。如果覺得虛擬的東西不夠過癮，那就乾脆到53樓，看是想沿著外圍步道進行驚險刺激的空中漫步，還是要直接從塔上跳下來都悉聽尊便。

　　至於塔底也有許多新奇樂子，像是包含45分鐘導覽的All Black Experience，讓遊客暫時成為紐西蘭國家橄欖球代表隊的一員，接受各種互動式的技巧訓練與測試。另外還有維塔工作室進駐於此的Wētā Workshop Unleashed，展示豐富的電影道具和互動式逼真場景，帶領遊客進入四處潛伏著機器人、巨人與怪物的奇幻世界。

空中漫步與高空彈跳
SkyWalk & SkyJump

🏠 天空之塔53樓　☎ (09) 368-1835、0800-759-925　🕐 每日10:00~17:00 (空中漫步行程約1.5小時,高空彈跳行程45分鐘)　💲 空中漫步:成人160元,10~15歲130元。高空彈跳:成人235元,10~15歲185元　🌐 www.bungy.co.nz　❗ 參加者需年滿10歲

　　天空之塔的高空刺激活動由AJ Hackett經營,其中的空中漫步是讓遊客綁上安全繩索,依照指示一個人接一個人地沿著建築外緣——高192公尺的懸空步道,360度繞行天空之塔,沒有扶手、沒有欄杆,只有風,親身從高處俯瞰奧克蘭市區及海港的壯闊美景,還有導遊向大家訴說建設天空之塔時的神奇故事,是兼具刺激性質又能飽覽奧克蘭風光的最佳方式。

　　而天空之塔的高空彈跳曾經是世界最高的跳塔活動(澳門旅遊塔可以說是完全複製了天空之塔的模式),從192公尺垂直落下的感覺,對有些人來說可能比跳傘還要驚嚇100倍!穿上專用的服裝,綁上控制纜索,就可以往下跳,約以時速85公里的速度下墜,不到10秒就能到達地面,當然之後還得反彈一段時間。整個過程保證安全無虞,唯一需要克服的,便是跨出塔緣那一刻的心理障礙。

天空咖啡廳 Sky Café

🏠 天空之塔50樓　🕐 10:30~18:00　🚫 週二、三

　　位於天空之塔50樓的天空咖啡廳,離地高達182公尺,是奧克蘭最高的咖啡廳。這裡提供點心、冰淇淋、飲料等簡單餐飲,無須預約,只要購買觀景台的票,就可以在這層樓悠閒地居高臨下欣賞奧克蘭。

MAP ▶ P.74C1-C6

皇后街
Queen Street
市區最繁華的商業大道

掃地圖

　　長達2.5公里的皇后街是奧克蘭最熱鬧的街道，不但在地理上縱貫南北，將奧克蘭市區一分為二，同時也在精神上標誌著這座城市的重心。皇后街的北端即是港灣旁的航運大廈，交通樞紐布里托瑪火車站也位於這一頭，從這裡往南到維多利亞街(Victoria St.)的路口，兩旁盡是購物中心、星級酒店、紀念品店和精品名牌專賣店，像是LV、Gucci、Lacoste、Icebreaker等，都位於這個區段，DFS免稅店也離此不遠。過了Victoria St.後，則大多是餐廳和娛樂場所，最大的地標就是奧蒂亞廣場(Aotea Square)和Imax電影院。往南繼續再走不到1公里，則會來到以色彩鮮明著稱的K-Road。

MAP ▶ P.74C1-D2

布里托瑪區
Britomart Precinct
傳統與時尚融合的新天地

⌂Customs St. E.到Quay St.之間，涵蓋Tyler St.、Galway St.、Scene Ln.等街區 ⓦbritomart.org

掃地圖

　　從布里托瑪火車站向東走，會突然眼睛一亮，視野裡連續出現造型摩登優雅的建築物，跨越好幾條街道的行人徒步區內，開滿了風情迷人的花園餐廳、酒吧、設計師精品店，甚至還有可以懶洋洋躺下來的草坪綠地，這就是奧克蘭市區裡嶄新的布里托瑪區休閒商圈，無論白天夜晚，總是充滿活潑、多元的城市氣氛。

　　布里托瑪區位於繁華的皇后街和港灣碼頭後側，是一片闊達6.5公頃的地區，在航運興盛的年代，曾經是當地富商們設置囤貨倉庫的所在地，所以有著不少老房子，直到1980年代，城市發展重心轉移，這一帶逐漸沉寂，成了被忽略的地區。

　　從2004年開始，長期擁有本區產權的布里托瑪集團決定著手進行重整計畫，陸續整修了18座老樓房，並加入7棟嶄新的「綠建築」。2011年時正式落成，吸引各式各樣的餐飲、知名設計師品牌及公司行號進駐，因為聚集了人潮，規模持續擴大，目前進駐的商家已超過200家。

維達港
Viaduct Harbour

具體展現帆船之都的氣度

🌐 www.viaduct.co.nz

掃地圖

維達港雖然建港已久，但維達區(Viaduct Basin)卻直到21世紀初才忽地興起，這一切都跟紐西蘭主辦美洲盃帆船賽(America's Cup)有關。美洲盃帆船賽是世界上最古老的運動錦標賽，一艘船的造價從紐幣100萬到1億2千萬不等，每艘船皆來自各大名流企業贊助，像是Prada、Oracle、LV等，優勝國可取得下次比賽的主辦權。

當時紐西蘭連著舉辦1999~2000、2002~2003兩屆比賽，那些帆船選手為了加強訓練，多半長期留在奧克蘭當地，因應這批人的

消費和飲食，比賽場地維達港旁的維達區，便因此從工業區搖身成為主題餐飲區，各家Pub、餐廳林立，尤其入夜後氣氛更是熱鬧。

維達港的港灣內泊滿了帆船，隨時都能看到帆船進出港嘴，遊客若對搭乘帆船出海心生嚮往，這兒也有業者經營帆船體驗活動，好讓遊客上船親自試試御風而行的暢快。

北島…奧克蘭 Auckland

紐西蘭海事博物館
New Zealand Maritime Museum

用生動的方式追尋航海歷史

🏠 Quay St.與Hobson St.轉角　☎ (09) 373-0800　⏱ 博物館：每日10:00~17:00(售票至16:00)。遊港帆船：有2~3艘船可供選擇，可上網查詢航行時間　💲 博物館：成人20元，5~14歲10元，60歲以上17元。博物館加遊港帆船套票：成人53元，兒童27元，長者42元　🌐 www.maritimemuseum.co.nz
❗ 欲搭乘遊港帆船，建議事先上網預約

掃地圖

位於維達港的紐西蘭海事博物館，是追尋紐西蘭航海歷史的最佳地點，博物館內以模型、佈景、船上實物、多媒體、遊戲等方式，生動有趣地介紹從前的造船與航海技術，讓人一窺昔日海上生活。長廊上及展示廳中則有一整排各式類型的實體船隻，包括毛利人的獨木舟、競賽小艇、動力快船等，其中最受矚目的，是1995年為紐西蘭拿下第一座美洲盃冠軍的競賽帆船NZL-32，由於船身太過巨大，以至於得鋸掉上半截桅杆才放得進展覽館內。

這間海事博物館最棒的地方在於，它真的能讓遊客實際體驗出海！博物館擁有4艘遊船，Ted Ashby是傳統的雙桅艦船，Nautilus是有百年歷史的小型馬達汽艇，每天兩次帶領遊客繞行懷特瑪塔港灣，可購買套票搭乘；Breeze是19世紀航行在紐西蘭海岸的國內商船，搭乘需額外購票；SS Puke是建於19世紀晚期的蒸汽小艇，為尚在運行的同類型船隻中年代最久遠者，船票已含在博物館門票內。

帆船出航

MOOK Choice

Explore Group

體驗同舟共濟的默契

🏠 在維達港畔　📞(09) 359-5987、0800-397-567
www.exploregroup.co.nz/auckland

掃地圖

乘著帆船出海是來到帆船之都的必體驗，在維達港旁的Explore Group售票亭，可預約多種行程，其中以美洲盃競賽帆船與奧克蘭港灣巡航最具特色。

美洲盃競賽帆船 America's Cup Sailing

🔵 每日11:00、14:00出航，航程約2小時　💲成人195元，10~15歲135元　❗不建議10歲以下兒童參加

帆船的樂趣究竟何在？為何能讓一大群富商巨賈願意投資鉅額來參加美洲盃帆船賽，跟著Explore出海一趟，就能理解帆船的迷人之處，尤其在天氣惡劣的情況下，抓住風頭有賴更多經驗和技巧，與大海狂風奮戰的刺激程度無可比擬，加上需要團隊全體的努力和默契，玩過一次的人很難不上癮。

Explore Group的兩艘帆船都具有實戰經驗，NZL 41在1995年時代表日本隊參加第四屆路易威登盃帆船賽，當時以第四名的成績打進準決賽。另一艘NZL 68則於2003年代表德國隊出賽，後來被紐西蘭隊買下，作為2007年賽前的訓練船。

由於競賽帆船是一項團體活動，船上有許多活可以幹，乘客必須聽從船長指令，隨時轉動轆轤以調整風帆位置，或是協助張帆，或是幫忙找風向，甚至每個人都有機會輪流掌舵。於是在大家齊心協力下，船帆對準了風頭，速度馬上加快，很有乘風破浪的快感。

奧克蘭港灣巡航 Auckland Harbour Sailing

🔵 每日10:30、15:15出航，航程約1.5小時　💲成人99元，5~15歲兒童60元

如果只是想好好地出海一趟，體驗海上航行的逍遙自在，不想親自動手參與勞動，那麼可以選擇港灣巡航行程。因為是專為海上觀光、用餐打造的船隻，因此即使在風強浪大的天候下，也能保持穩定航行。旅客上船後，可以坐在船艙裡或到甲板上來，靜靜享受帆船出航的樂趣，船上也備有小點心與咖啡、紅茶、熱可可等飲品供乘客悠閒品嚐。假如還是很想試試看駕馭帆船，水手們也很歡迎旅客協助操控航行方向，感受實際參與之樂。

MAP ▶ P.74C2-C4

高街

High Street

優雅老街如今煥然一新

高街和皇后街近在咫尺，但呈現出截然不同的購物風情，許多人甚至喜愛高街更甚於皇后街。儘管高街上沒什麼國際知名的連鎖名牌，卻有著更多只屬於這裡的獨特個性。這條狹窄的街道連同附近的Chancery St.、O'Connell St.、Lorne St.和小巧的Vulcan Lane，兩旁原先盡是有點年紀的老房子，由於街區位處鬧區，並且建築外觀優雅，加上租金相對低廉，曾經吸引不少年輕設計師進駐，使這裡一度成為奧克蘭最潮流的地段，許多在國外走紅的設計師，回國後也將品牌設計店開設在這裡。

不過隨著布里托瑪區興起，許多品牌先後遷移，高街一帶為了保留人氣，也紛紛展開改建工程，呈現出新的風貌。像是新興的Chancery Square，吸引了一些時髦餐廳、咖啡廳、精品店進駐，成為另一區年輕人聚集的熱點，足以和布里托瑪區互別苗頭。

MAP ▶ P.72C2

奧克蘭魚市場

Auckland Fish Market

海鮮漁獲琳瑯滿目

🚌搭乘City Link至Wynyard Quarter站(1061)即達 🏠22 Jellicoe St, Wynyard Quarter, Auckland 1010 🕐各家商販開店時間不一 🌐www.afm.co.nz

奧克蘭魚市場的根基，建立在這座城市對於海鮮料理的自負上，除了販賣新鮮打撈上岸的活魚、貝類，以及遠洋的冷凍海產外，最特別的是連帶販賣所有和海鮮料理相關的材料。在市場中央不算小的超級市場裡，有各種調味料、醬汁、蔬果配菜、食譜，甚至還有一間酒窖，收藏所有適合搭配海鮮的葡萄酒。位於市場旁的，則是當地著名的海鮮學校，有興趣的人可在此報名課程。市場內及Jellicoe St上，也有許多不同價位的餐館，能吃到最新鮮的海產，因此來這裡就算不買漁獲，也能大開眼界。

MAP ▶ P.73E5

奧克蘭
戰爭紀念博物館

MOOK Choice

Auckland War Memorial Museum

紐西蘭文化完整呈現

🚇搭乘Inner Link或Outer Link至Parnell Library站(7197)，步行約6分鐘 🏠奧克蘭領地公園(Auckland Domain)內 📞(09) 309-0443 🕐平日10:00~17:00(週二至20:30)，週末09:00~17:00 💲成人28元，5~13歲14元 🌐www.aucklandmuseum.com

掃地圖

奧克蘭博物館不但在紐西蘭，同時也是南半球最重要的博物館之一，其重要性來自於豐富的毛利文化收藏。在地面層展館裡，可以深入認識毛利人的所有面向，小自毛利人日常生活使用的器具、武器、工藝品，大至整間毛利會館、首領居所、大型獨木舟等都有展示。其繁複的雕刻工藝，在原民的粗獷中又帶有幾何線條的精緻，難怪雕刻家們在毛利社會中享有崇高的地位。這裡保存的毛利文化不只是物質上的，還有許多非物質的文化和技藝，除了介紹毛利人的歷史、神話、宗教觀外，也有毛利婦女現場示範編織工藝，以及毛利民族最著名的戰舞表演。

博物館2樓是有關紐西蘭自然歷史的展覽，從火山、海洋、到海岸、陸地，都有許多多媒體的互動性展示，同時這裡也能看到在紐西蘭本地挖掘出的大型恐龍化石，以及絕種動物恐鳥(Moa)的復原模型。而3樓則是紀念紐西蘭人心中傷痛的戰爭博物館，紀錄從紐西蘭戰爭、波耳戰爭、一次世界大戰到二次大戰的完整始末，最重要的展品為兩架二戰中的空中主角，一架是英軍主力的噴火式戰機，另一架則是被紐西蘭軍隊俘獲的日本零戰。

MAP ▶ P.73E3-G5

帕內爾
Parnell

英式風格的藝術商圈

🚌 可搭乘Inner Link或Outer Link巴士前往，也可搭乘通勤火車Southern或Western線至Parnell站即達　🌐 parnell.net.nz

掃地圖

位於市中心東南方距離約3公里的帕內爾，是奧克蘭最古老的歐洲移民區之一，以帕內爾路(Parnell Rd.)為中心，街道兩旁多半是二、三層樓高的建築，採英國殖民時期的建築風格，簡潔而穩重。這裡聚集了許多設計師名店、二手衣店、藝廊和主題咖啡館，很多賣的是紐西蘭當地的藝術作品或手工藝品，是當地市民假日休閒最愛的去處。

除了逛街喝咖啡，每年10月到翌年4月在Dove-Myer Robinson Park的玫瑰花園，可以看到將近5,000叢玫瑰花盛開。而奧克蘭的

第一間教堂——聖史蒂芬禮拜堂(St. Stephen's Chapel)，以及聖三一大教堂(Holy Trinity Cathedral)都很值得一遊，尤其後者的彩繪玻璃將基督畫成玻里尼西亞人，並加上許多太平洋民族的圖騰畫像，相當獨特。

MAP ▶ P.73E5-F6

新市場
Newmarket

南區的精品購物商圈

🚌 可搭乘Inner Link或Outer Link巴士前往，也可搭乘通勤火車Southern、Western或Onehunga線至Newmarket站即達　🌐 newmarket.co.nz

掃地圖

位處帕內爾南邊的新市場，型態就像市中心皇后街與高街的混合體。這一帶以百老匯大道(Broadway)上的火車站為中心，兩旁雲集了國際時尚精品名牌、老牌百貨公司Smith & Caughey，還有Rialto Centre購物中心也位於火車站對面。而紐西蘭本土設計師的店面則大都開設在Teed St.與Osborne St.的轉角一帶，像是Zambesi、Karen Walker、Kate Sylvester、Annah Stretton、Angela Lewis等人的作品，都可以在這裡買到。

K-Road

笑看繁華浮沉起落

🚌 可搭乘City Link或Inner Link巴士前往　🔵www.karangahaperoad.com

　　K-Road是Karangahape Road的暱稱，這裡最初作為奧克蘭市區南緣，在20世紀上半葉曾經是條繁華的購物大街，商店、百貨公司、大型物業⋯⋯第

綠燈就架設在這條路上。但1960年代快速道路的興建，其周遭遭人口外流，附近新市鎮興起，K-Road也迅速沒落，最後竟淪為奧克蘭的紅燈區。不過近30年來在市政府努力下，此地又重新整頓為文化聚集地，街道上如雨後春筍開起了各式異國料理餐廳，藝廊、次文化商品、Live酒吧、刺青店也在這一帶建立起版圖。只是受到紅燈區遺風影響，這裡還是可以看到一些鋼管夜店和神秘夜總會。

龐森比

Ponsonby

西區的優雅休閒商圈

🚌 可搭乘Inner Link巴士前往　🔵iloveponsonby.co.nz

　　和帕內爾相似，位於市中心西邊2公里的龐森比也是個充滿人文氣息的區域。這裡在奧克蘭建城初期，原是有錢人居住的地方，現在住在這一帶的，則大多是城裡中上階層的中產階級。

　　以龐森比路(Ponsonby Rd.)為主要道路，兩旁優雅的古典建築，如今以餐廳、咖啡館、高價位精品和酒吧夜店聞名。每天下午時分，路邊的咖啡座裡總是坐滿了喝下午茶的人們，而錯落在咖啡館之間的藝廊，也讓這一帶更富有藝術氣質。同時，這裡也是奧克蘭的藝術家與GLBT喜歡聚集的地方。

MAP ▶ P.67A2

港灣大橋
Auckland Harbour Bridge

MOOK Choice

上天下海向膽量挑戰

📞 可打電話或用官網上的即時通訊預約Bungy Bus接駁巴士 ☎(09) 360-7748、0800-462-8649 🌐www.bungy.co.nz/auckland/auckland-bridge ✿提早預定享有折扣 ❗體重需在35~150公斤之間，不得攜帶相機、手機及穿著拖鞋、涼鞋上橋

掃地圖

港灣大橋建於1959年，是奧克蘭的地標建築，橫跨懷特瑪塔港 (Waitemata Harbour)，連結奧克蘭市區與北岸間的陸路交通。橋身全長1,020公尺，重達6,000噸，花了近4年時間才完工。

這座橋不僅是交通要道，更是冒險天堂。為了讓大家更瞭解這座大橋，港灣大橋自2001年12月正式開放戶外活動公司進駐，投資了紐幣700萬，在港灣大橋裡架設起安全護欄、人行步道和樓梯，並在大橋下方裝設一個像太空艙的房間，可以想像當時的人一定很好奇，裝設這些東西到底作何用途，不過真相隨即大白，原來護欄和步道是為了爬橋的需要，而那太空艙房竟是高空彈跳的基地！說起來毫不意外，因為經營這些項目的，正是高空彈跳界的鼻祖——A.J. Hackett。

高空彈跳 Auckland Bridge Bungy

🔽 每日09:30、10:30、11:30、13:30、14:30出發，全程約2小時 💲成人175元，10~14歲145元 ❗參加者須年滿10歲

　　至於高空彈跳，那又是另一個境界了，同樣也是爬橋行程，只是這回不是爬上橋頂，而是一頭鑽進橋底艙房，穿戴好裝備後，直接跳下懷特瑪塔灣，如果你願意的話，還可要求「碰水」，十分刺激過癮。

攀爬大橋 Auckland Bridge Climb

🔽 每日09:30、11:30、14:30出發，全程約2小時 💲成人135元，7~14歲95元 ❗參加者須年滿7歲

　　攀爬大橋的行程會先帶大家走到港灣大橋的結構體裡，由於來往車潮眾多，噪音很大，教練必須透過對講機來解釋大橋的建造歷史。從橋底一路往上，繞行橋面下的結構，穿越車來車往的橋面，最後到達距離水面65公尺的橋頂。登頂時記得舉手向來往車輛狂吼致意，善良的奧克蘭人會很配合地按喇叭回應。

MAP ▶ P.67B2

凱利達頓
海洋生態館

（MOOK Choice）

SEA LIFE Kelly Tarlton's Aquarium

與企鵝鯊魚面對面

🚇可從布里托瑪區搭乘藍色車身的Tāmaki Link巴士，至Kelly Tarlton's站(7320)即達 🏠23 Tamaki Dr, Orakei, Auckland 1071 🕐09:30~17:00 (16:00後停止入館) 🈲學校學期日的週二、三 💲成人41元，3~15歲29元，65歲以上33元 🔗www.kellytarltons.co.nz 🎫官網購票享8折優惠 ❗建議線上預約時段門票，館內不收現金

企鵝護照體驗
🕐週五至週日10:30，行程約1小時 💲每人199元(含門票) ❗每場4人，建議線上預約，參加者需年滿14歲

鯊魚共潛體驗
🕐週末10:00、11:30，行程約1小時 💲每人99元(含門票) ❗每場6人，建議線上預約，參加者需130公分以上

掃地圖

想近距離看看模樣可愛的企鵝嗎？在奧克蘭，這裡是唯一可以感受到南極風貌的地點。館內大致區分為海底世界與南極冰天雪地兩區，走進透明的海底隧道，大大小小的魚兒就在身邊、頭頂游來游去，其中還包括鯊魚等大型海洋生物。

膽量夠大的話，可報名與鯊魚共潛的行程(Shark Cage Adventure)，在籠子當中浮潛，籠外就是兇猛的鯊魚，雖然保持著安全距離，但還是能感受到來自掠食者的壓力。如果實在不想與鯊魚靠得這麼近，幾乎每小時都有的餵食秀也是很受歡迎的節目。

這裡的南極冰天雪地(Antarctic Ice Adventure)則是完全模仿南極自然環境所營造出的空間，遊客可以乘坐特殊的體驗列車，進入冰天雪地的場景觀看企鵝活動；此外，這裡還搭建出一棟南極探險隊的小屋(Scott's Hut)，展示探險家們所使用的器具物品，重現極地探險的情境。

如果對企鵝情有獨鍾，還可以報名參加企鵝護照體驗(Penguin Passport)，與國王企鵝、巴布亞企鵝等亞南極區域的可愛動物們近距離面對面接觸。

伊甸山
Mt. Eden

觀賞奧克蘭市容的絕佳地點

🚌 在布里托瑪火車站旁的Commerce St上搭乘27H、27T、27W號公車，至Tahaki Reserve站(1870)，下車後往前走到路口即可看到Mt. Eden的指標，依指標上山即達，步行約15分鐘

奧克蘭境內有48座火山，伊甸山是最高的一座，在青草碧綠的山頂上，有個深達50公尺的圓形火山坑，提供此地曾是座火山的最佳證明。毛利人很早就曾開墾此地，他們將這裡稱為Maungawhau，今日火山坑外圍還能看到如等高線般的平台輪廓，就是早年毛利人開闢梯田的痕跡。至於其英文名字則是來自19世紀的英國海軍大臣喬治伊甸，他是第一代奧克蘭伯爵，雖然他本人從未來過紐西蘭，但這座城市卻是以他的頭銜來命名的。

山頂上可以沿著步道繞行火山坑邊緣一圈，當然來到這裡不盡然是為了看火山坑，而是因為其海拔196公尺高的視野，加上與市中心之間只有短短3公里的直線距離，自然成為觀賞奧克蘭市容與港灣的絕佳地點，尤其到了傍晚，景色更是迷人。

©奧克蘭旅遊局

©奧克蘭旅遊局

獨樹山
One Tree Hill

種族爭議與樹何干

🚌 在新市場火車站附近的Broadway上搭乘30號公車，至Maungakiekie/One Tree Hill Domain站(8728)，往回走一點進入公園，再循指標上山，步行約半小時

獨樹山標高183公尺，曾經是毛利人最繁榮的部落所在。其名字由人稱「奧克蘭之父」的約翰坎貝爾(John Logan Campbell)所取，因為當時這裡真的只有一棵樹，而坎貝爾死後也被葬在山頂上，今日山上的方尖碑就是為了紀念他而豎立的。

最初坎貝爾看到的那棵樹，是紐西蘭原生種的Totara松樹，這棵樹於1852年被白人殖民者砍下後，坎貝爾便從海外引進一批蒙特利松樹，試著在這座山丘上造林。然而不知是外來種水土不服，還是毛利人祖靈顯威，造林結果慘不忍睹，只有兩棵樹活了下來。1960年，倖存的其中一棵樹慘遭人為砍伐，於是這裡又成了貨真價實的獨樹山。但隨之而來的又是一波抗爭，起因於毛利人認為蒙特利松象徵殖民主義，數年來不斷嘗試將之砍掉，市府只好在樹上綁了數根鋼纜加以保護，只是到了1999年仍為電鋸所傷，市議會終於決定基於安全理由，在2000年讓這棵爭議之樹壽終正寢，於是獨樹山現今也就成了「無樹山」(No Tree Hill)。

MAP ▶ P.67A2-B2

德文港

Devonport

隔海眺望奧克蘭天際線

🚢 從航運大廈搭乘渡輪前往　⏱ 渡輪約30分鐘一班，船程約10分鐘　💲 渡輪全票8元（使用AT HOP Card為5.4元），兒童4.5元（使用AT HOP Card為3.1元）　🌐 www.devonport.co.nz

掃地圖

要觀看一座城市視野最好的地方，通常是其炮台所在，而奧克蘭的炮台便位於港灣對面的德文港。步出德文港碼頭後，即會看到前往Victoria Rd.的路標，這是德文港最主要的觀光街道，但與對岸的皇后街截然不同，這裡的建築大都散發出維多利亞時代的古色古香，店面以骨董藝廊、設計師品牌、咖啡座與小酒館為主，絲毫不見都會的忙碌氣息。沿著Victoria Rd.往山坡上走，右轉進Kerr St.，再順著指標上山，即是奧克蘭的賞景勝地——維多利亞山（Mt. Victoria），山頂架設了一尊「隱藏式」的升降巨炮，可在裝填彈藥時收起，和一旁的要塞共同構成奧克蘭的防

衛佈署，不過這口炮只在演習時擊發過一次，當時震破許多居民門窗，結果引來不少民怨。炮台四周是個環形步道，因此四面八方皆有景可賞：從這裡向西南望去，正對著奧克蘭市中心，以天空之塔為首的奧克蘭天際線清晰可見；再往東北看，則是朗伊托托島（Rangitoto Island）雲霧繚繞的神祕火山錐，引人悠然遐想，原來繁華都會與原始自然的風景竟只在轉頭之間。

而沿著山下的King Edward Parade往東走，則會到達東端的「北角」（North Head），這裡也是個要塞所在，可更靠近地欣賞朗伊托托島和奧克蘭東郊的使命灣（Mission Bay）。

MAP ▶ P.74C1 **Harbourside Ocean Bar Grill**

🏠99 Quay St. (航運大廈2樓) ☎(09) 307-0556 🕐每日12:00~23:30 🌐www.harbourside.co

Harbourside曾經有「奧克蘭海鮮之冠」的美譽，又因位於航運大廈內，餐廳景觀強人一等，多年來一直是當地頗負盛名的高檔餐廳。2012年，紐西蘭當地的Good Group餐飲集團買下Harbourside，把內外重新整修一番，保留它原有的優良條件，並加入現代化的元素，開闢出寬大的戶外陽台，可坐在窗邊一面悠閒地欣賞港景、一面享用主廚烹調出的佳餚。這裡的餐點以海鮮及排餐為主，其海鮮拼盤及生蠔吧尤其有名，也有用新鮮漁獲做成的生魚片壽司捲及海鮮巧達濃湯等。

MAP ▶ P.74C2 **Giapo**

🏠12 Gore St. ☎(21) 412 402 🕐週四、五18:00~22:00，週六14:00~22:30，週日14:00~21:00 休週一至週三 🌐www.giapo.com

如果說，奧克蘭也有所謂的排隊小吃名店，那麼Giapo冰淇淋店大概就是人氣最旺的一間，不論何時從它身邊經過，都能看到人群從小小的店門中爆滿到馬路上來。Giapo也確實好吃，它遵循義大利傳統冰淇淋工法，但在口味上有所創新，不下20種口味中，光是巧克力就有多款選擇，而其水果口味都是使用新鮮水果製作，當然也包括紐西蘭的招牌——奇異果和麥廬卡蜂蜜。這裡的冰淇淋不添加人工化學成份，符合現代人的健康需求，口味也不會太甜。而店家也打著「普通冰淇淋就是無聊」的旗號，在造型上極盡誇張之能事，像是把甜筒上的冰淇淋做成直昇機、自拍棒、甚至南極大王魷魚的模樣，令人不得不佩服主廚天馬行空的創意。

MAP ▶ P.74C2 Cafe Hanoi

🏠27 Galway St. 📞(09) 302-3478 🕐
平日12:00~15:00、17:00~21:00(週
五至22:00)，週六12:00~22:00，週日
17:00~21:00 💻cafehanoi.co.nz

　位於布里托瑪區一幢舊倉庫改建的
房舍裡，外觀低調得讓人懷疑有無營業，但是打開大門
後，內部洋溢工業風的室內設計、半開放式的廚房，昭
示它是一間新潮的餐廳。

　以「河內」為店名，因為這裡的菜色以北越街頭小吃
為基礎，加上紐西蘭在地的食材與西式烹調手法，變身
成為當地主流、東西混血的創意佳餚，調和的口味頗能
符合台灣人的飲食習慣。來自世界各地包括紐西蘭本地
的酒單也很豐富，是中價位餐廳中不錯的選擇。

MAP ▶ P.74B4 1947 Eatery

🏠60 Federal St. 📞(09) 377-0033
🕐週二17:00~22:00，週三至週日
12:00~22:00 (週五、六至23:00) 🚫週
一 💻1947eatery.co.nz

　1947 Eatery是由3個從印度移民至奧
克蘭的年輕人，基於對印度飲食文化的熱愛，決定在
這個城市共同創業，提供最具現代化口味的道地印度料
理。1947 Eatery的烹調，以孟買皇室貴族和街頭小吃為
基礎，運用各式各樣的香料、優格等，端出一道道美味
的咖哩、坦都里、香飯、饢餅，從排隊的人龍看來，頗
受當地年輕人喜愛。

MAP ▶ P.74C3 That's Amore

🏠1 Courthouse Lane (在Metropolis的2樓)
📞(09) 302-0645 🕐每日17:00~21:30 💻www.
thatsamore.co.nz

　「製作出完美披薩的要訣，就在麵糰！」
That's Amore老闆兼主廚的Alessandro Bollino如
是說，從他濃濃的口音，就知道他來自19世紀時將披薩發揚光
大的拿坡里。Alessandro年幼時被家人送進拿坡里披薩名店幫
廚，後來因為一名廚師離職，老闆於是對他施以魔鬼訓練，沒多
久他已能獨當一面，甚至周遊列國至各大餐廳擔任披薩主廚。最
後，Alessandro決定在奧克蘭落腳，並於2008年開了一間自己的
店，店面雖然小巧樸實，但菜單上的披薩卻多達38種，從經典
款的Margherita到終極版的That's Amore，全都是Alessandro堅持
的道地拿坡里原味，開店後迅速打敗各大星級餐館，成為市民口
碑中排名第一的奧克蘭披薩店。

The Shakespeare Hotel & Brewery

MAP ▶ P.74B3

📍61 Albert St. 📞(09) 373-5396 ⏰24小時，21:00後不供餐
🌐shakespeare.nz

坐落在Albert St.和Wyndham St.街角的The Shakespeare建於1898年，是一幢超過百年歷史的旅館兼英式啤酒屋，更是全紐西蘭第一間啤酒屋，目前可喝到8種生啤酒，其中3種在地現釀，從吧檯就可看到後面的釀酒設備和過程。位於地面樓的餐廳提供牛排、漢堡、三明治等西式餐飲，每逢體育賽事進行時，總是擠滿球迷圍坐在大螢幕電視前熱血激昂。天氣好的時候，坐在露天陽臺俯瞰過往行人車輛，頗有笑看凡塵的閒情逸致。

Faro Korean Traditional Grill

MAP ▶ P.74C4

📍5 Lorne St. 📞(09) 379-4040
11:30~14:30、17:30~21:30 (週五、六至22:30) 🌐www.faro.co.nz

紐西蘭有為數相當多的韓國移民，所以街頭到處看得到韓式餐館，其中位於美食集中區Lorne街上的Faro，被譽為奧克蘭最好吃的韓式餐廳，連李敏鎬、李瑞振等韓星造訪奧克蘭時，也光臨到此，還有港星甄子丹也在此留下簽名。因為生意太好，近年又在新市場開設了分店。

Faro以傳統的韓國烤肉為招牌，搭配泡菜等各色韓式小菜，口味道地。如果生意不是太忙，服務人員還會幫忙處理烤肉，十分周到。同時，這裡也點得到燒酒、濁酒等經典韓國酒品。不吃烤肉的話，也可品嘗泡菜鍋、煎餅、拌飯、冷麵等道地的韓式料理，平日的商業午餐則是18.5元起就能吃到。

Mentatz Japanese Noodle Restaurant & Bar

MAP ▶ P.74C4

📍28 Lorne St. 📞(09) 357-0960
平日11:30~22:00 (週五至24:00)，週六18:00~24:00，週日18:00~22:00

在奧克蘭想吃日本口味的拉麵，不妨到Mentatz (麵達)來。這家氣氛輕鬆的小吃店，利用自家製作的麵條搭配豚骨與雞骨所熬煮成的高湯，湯頭口味濃郁。麵條頗具口感，牛、豬、海鮮等口味選擇豐富，也有生魚片和蓋飯等餐點，價格又實惠，所以生意總是興隆，連日本遊客都很推薦。

MAP ▶P.74B4 | The Sugar Club

🏠天空之塔53樓 ☎(09) 363-6365 ▼週五至週日17:00~22:00 (酒吧16:00起) 🚫週一至週四 📶www.skycityauckland.co.nz/restaurants/the-sugar-club

Peter Gordon是紐西蘭出身的國際名廚，他早年在澳洲墨爾本學藝，後來周遊列國，並曾在亞洲居住1年，最後在英國倫敦成名。2001年他終於自立門戶，一連開了數家餐館，但直到4年後才回到故鄉紐西蘭，以dine by Peter Gordon之名，將事業進駐到天空之城中。2013年，dine by Peter Gordon的任務告一段落，他又傾全力打造位於53樓的The Sugar Club。

環遊世界的經歷，讓Peter Gordon以創新融合為樂，他喜歡研究食物的味道特性與質地結構，運用天賦的創意靈感，將食材特性發揮到極致，烹調出人們前所未見的新式料理。雖然目前Peter Gordon仍以倫敦作為事業重心，但他一年至少會回紐西蘭4趟，配合季節更換菜單，並將新的菜色和創意教導給手下團隊，使The Sugar Club開業之後，連年獲得料理大獎。

MAP ▶P.73F4 | Blue Elephant

🏠237 Parnell Rd. ☎(09) 358-3095 ▼午餐：週四、五11:30~14:30。晚餐：週二至週日17:30~22:30 📶www.blueelephant.co.nz

Blue Elephant之名來自其座落的建築物Elephant House，在這典雅的老房子裡，來自泰國的老闆Karen和她的紐西蘭夫婿Wayne營造出一個舒適的用餐空間。這是家泰國餐廳，但Karen並不希望它只是家尋常的泰國餐廳，於是投注許多心力，終於讓Blue Elephant在奧克蘭眾多東方料理中脫穎而出，成為一流名店。在餐品上，除了呈盤講究、材料豐富外，最重要的口味也很細緻，像是在吃一道道高級西餐料理，最好還能配點紅酒，事實上，這裡真的有葡萄酒單供應。同時，Karen也認為心情是增進味覺的條件之一，於是在環境安排和服務態度上，都能讓人感到極其用心。

MAP ▶P.74C5 | Tanuki

🏠319 Queen St. ☎(09) 379-5353 ▼17:00~22:00 🚫週一、二 📶tanuki.co.nz

港灣城市奧克蘭向來以海鮮料理聞名，如果將這些新鮮海產運用在生魚片上，想必會有驚人美味。如果你想印證以上的想法，建議可以走到皇后街中段，這裡以一家日本食材店為中心，開了不少日本料理餐館，其中又以Tanuki(狸)最具名氣。Tanuki是一間居酒屋，有充滿日本情調的木質裝潢，功力洗練的日本師傅、日本原裝進口的清酒，配上以紐西蘭當地海產做成的生魚片或握壽司，有讓人來到日本海邊居酒屋的感覺。只是份量不是很多，吃飽可能得花上一筆錢。如果預算有限，Tanuki的地下室是其姐妹餐廳Cave，這家平價日本料理主打串燒和丼飯，15元上下就能吃上一頓。

MAP ▶ P.74C2　Icebreaker

🏠21 Queen St. (Commercial Bay 2樓)　☎(09) 218-4861　⏰週一至週三10:00~18:00，週四至週六10:00~19:00，週日10:00~17:00　🌐www.icebreaker.com

創立於1994年的Icebreaker，如今已是走紅國際的戶外服飾名牌。Icebreaker最大的賣點，就是百分之百使用紐西蘭南方山區的美麗諾羊毛(Merino Wool)，這種羊毛和一般羊毛比起來，不但更加輕柔、透氣、保暖，而且還具有快乾的優點，即使大量流汗也不會留下異味。在貼身穿著時，也不像一般羊毛衣物會有刺刺癢癢的感覺，清洗上也很容易，直接丟進洗衣機水洗即可。由於美麗諾綿羊數量不多，因此價格也不便宜，為了確保品質，Icebreaker首創Trace Me產地追蹤制度，以確保消費者買到的每一件衣服，都是來自紐西蘭的美麗諾綿羊。

MAP ▶ P.74C3　Kathmandu

🏠151 Queen St.　☎(09) 309-4615　⏰平日09:00~18:00，週末10:00~17:00　🌐www.kathmandu.co.nz

Kathmandu是國際知名的戶外服飾裝備品牌，雖然以「加德滿都」為名，卻是紐西蘭的本土品牌。1987年時在澳洲墨爾本開設了第一家店面，直到4年後才回到基督城建立本國的第一個據點。紐西蘭人熱愛戶外活動，Kathmandu旨在以舒適、安全為基調，生產各類型服飾、用品和裝備，讓人們在從事戶外活動時得以更自在，並獲得更適當的保護，即使處於人煙罕至的叢林或是惡劣的天候環境，也能覺得活動自如。

MAP ▶ P.74C2　Karen Walker

🏠31 Galway St. (The Hotel Britomart 1樓)　☎(09) 309-6299　⏰平日10:00~18:00，週六10:00~17:00，週日11:00~17:00　🌐www.karenwalker.com

Karen Walker是紐西蘭最出名的服裝設計大師，她成名於澳洲，並因為她將個人首次時裝發表會舉辦在香港，使得她在亞洲地區也享有高度盛名。她的作品強調簡約俐落的現代風格，捨棄華麗的元素，同時帶有叛逆少女的個性氣質，適合街頭混搭。Karen Walker在紐西蘭的6家專賣店，有4家位於奧克蘭，除了布里托瑪區這家外，另外3家位於皇后街、新市場和龐森比。

Zambesi

🏠56 Tyler St. ☎(09) 303-1701 🕐平日10:00~18:00，週六10:00~17:00，週日10:00~16:00 ⓊＴwww.zambesi.co.nz

掃地圖

Zambesi同樣是紐西蘭本國的設計品牌，在簡約的線條中，常常畫龍點睛地加入一些誇張元素，讓人眼睛為之一亮，也是目前紐西蘭相當受到年輕上班族群喜好的品牌。Zambesi在奧克蘭有2家分店，另外一家位於龐森比，此外在首都威靈頓也有一家。

Kikki. K

🏠22 Nuffield St, Newmarket ☎(09) 520-0976 🕐平日09:30~18:00，週六09:30~17:30，週日10:00~17:30 ⓊＴwww.kikki-k.com

掃地圖

Kikki. K是一間結合時尚與設計的文具店，販賣深具北歐風格的筆記本、日月曆、辦公用品、皮包、卡片等。綽號Kikki的Kristina Karlsson是一位來自瑞典的澳洲人，當她決定開設一間住家工作室時，一度懷疑這個決定是否正確，但如今Kikki. K已在紐、澳、新加坡、香港一連開設了32家分店，還曾拿下澳洲零售業大獎，在國際間建立起個人品牌。Kikki. K的設計延續瑞典的極簡主義，因為kikki認為，簡單是雋永的基本元素，雖然簡單，但十分有型，成功地把時尚感帶進居家和辦公的場域。

Aotea Gifts

🏠Lower Albert St. ☎(09) 379-5022 🕐每日10:00~18:00 ⓊＴwww.aoteanz.com

掃地圖

Aotea是紐西蘭規模相當龐大的特產紀念品店，幾乎所有你想得到的紐西蘭產品，都可以在這裡找到。從1979年開業至今，已經在奧克蘭、羅托魯瓦、皇后鎮、蒂卡波湖、基督城等紐西蘭最重要的觀光城鎮開了8家分店，光是在奧克蘭就有兩間，而相當靠近港口的這間分店，乃是當年的創始店。

Aotea的店主是位道地的紐西蘭人，專門挑選有特色、高品質的商品，包括綿羊油、麥蘆卡蜂蜜、羊毛製品、火山泥製品、動物造型的絨毛娃娃、鮑魚殼首飾、毛利文化工藝品等，應有盡有。店內所販售的產品，有超過85%都是在紐西蘭製造，而像是麥蘆卡蜂蜜等產品，也都經過確實檢驗及可靠的認證後，才會擺在架上供人選購。近幾年更積極發展自有品牌Avoca，產品包括男女服飾、營養補充品、美容保養品等，成長十分迅速。

MAP ▶ P.74B2 **Kura**

🏠95A Customs St. W. 📞(09) 302-1151 ▼
平日10:00~17:00，週六11:00~16:00 ㊡週日
🆄www.kuragallery.co.nz

掃地圖

Kura是一家毛利藝術品專賣店，店名原意指的是毛利酋長身上穿的紅色羽毛衣，引申為名望和珍貴之意。這家店不但是交易的場所，同時也是展示的藝廊，提供一個讓毛利藝術家們發揮的舞台，激勵出許多融合原始與摩登的創意。藝品種類包括：繪畫、雕刻、陶瓷、珠寶、綠石、傢俱、擺飾等，價格從5塊錢的小首飾到5,000塊的大型裝飾品都有。當然，這裡也提供海外貨運的服務。

MAP ▶ P.74C2 **Trelise Cooper**

🏠2 Te Ara Tahuhu Walking St.(在 Britomart Pavillions內) 📞(09) 366-1964 ▼每日10:00~17:00 🆄www.trelisecooper.com

掃地圖

Trelise Cooper發跡於1985年，並在2009年3月成為第一位活躍於國際舞台的紐西蘭時裝設計師。她的剪裁以簡潔、高雅為主軸，並強調對人體健康與環境保育的重視，作品不但經常登上雜誌版面，甚至出現在熱門影集《欲望城市》裡，包括麗芙泰勒、茱莉亞羅勃茲、琳賽蘿涵等好萊塢一線明星，都是她的忠實支持者。目前其旗下有Trelise Cooper、Cooper、Coop和Little Trelise等多個服飾品牌。

MAP ▶ P.73F4 **Chocolate Boutique**

🚌可搭乘Inner Link或Outer Link巴士前往，也可搭乘通勤火車Southern或Western線至Parnell站，再步行約8分鐘 🏠323 Parnell Rd. 📞(09) 377-8550 ▼11:00~21:50 (週一18:00起) 🆄www.chocolateboutique.co.nz

掃地圖

Chocolate Boutique是紐西蘭最有名的巧克力店，其無遠弗屆的吸引力，連美國總統都禁不住誘惑，據說當年來奧克蘭參加經貿會議的柯林頓，步下飛機後的第一件事，就是朝這裡直奔而來。Chocolate Boutique販賣的巧克力種類超過上百種，絕大多數都是紐西蘭本地手工製造，其中最熱賣的當屬濃度70%的黑巧克力，而店家用來包裝的禮盒也非常別致，適合用來送禮。店內也有小巧的咖啡館，供應咖啡、茶、蛋糕、冰淇淋、冷熱飲等，絕對不能錯過的招牌是Italian Denso，這是店家獨門祕方的雙重香濃熱巧克力，幾乎嚐過的人都會一試成主顧。

MAP ▶ P.73F4 **The Fantail House**

📍可搭乘Inner Link或Outer Link巴士前往，也可搭乘通勤火車Southern或Western線至Parnell站，再步行約5分鐘 🏠237 Parnell Rd. ☎(09) 218-7645 🕐每日10:00~17:00 🌐www.thefantailhouse.co.nz

The Fantail House大概是全奧克蘭品項最齊全的紀念品店，這裡販賣超過200位藝術家與廠商的製成品，從毛利人的木雕、骨雕、玉石、白鑞器皿、鮑魚殼藝品、羊毛織品、玻璃工藝、拼花、毛皮、瓷盤、玩具、傢飾、衣服、T恤等紀念品，到麥廬卡蜂蜜、蜂膠、奇異果乳液、糖果、餅乾等，幾乎是該有的都有了。如果你在離開紐西蘭前還是兩手空空，不知該帶些什麼回國的話，來這裡走一趟，肯定會有收穫。

MAP ▶ P.73F4 **alfresco**

📍可搭乘Inner Link或Outer Link巴士前往，也可搭乘通勤火車Southern或Western線至Parnell站，再步行約5分鐘 🏠223 Parnell Rd. ☎(09) 309-3643 🕐10:00~17:00 (週六至16:00) 🚫週日 🌐alfrescoliving.co.nz

alfresco是一間傢飾設計公司，創始人本身也是一位設計師，專門製造高品味的居家用品。他同時也代理引進英國知名的床組品牌Society Limonta，旨在幫助人們營造舒適怡人的生活空間。alfresco旗下產品線眾多，舉凡床組、燈飾、室內和戶外桌椅、鍋碗杯盤、園藝用品等，樣樣令人愛不釋手，他們並且也很樂意幫消費者量身訂製更具個性化的家居用品。

MAP ▶ P.73E4 **Passion for Paper**

📍可搭乘Inner Link或Outer Link巴士前往，也可搭乘通勤火車Southern或Western線至Parnell站，再步行約4分鐘 🏠217 Parnell Rd. ☎(09) 379-7579 🕐10:00~17:00 (週六至16:00) 🚫週日 🌐www.passionforpaper.co.nz

光從店名就可知道，這是一家關於紙的專賣店，店主Kim Helas基於對紙藝的熱愛，1996年在帕內爾一幢建於1880年的悠久建築裡開業，可說是紐西蘭最早的精緻文具專賣店。Passion for Paper的產品，以義大利所產的書寫紙、包裝紙、卡片為主軸，Kim本身熱愛旅遊，經常從旅途中帶回新的紙藝商品，所以店裡與紙相關的創意商品愈來愈多，像是來自各國的筆記本、貼紙、日誌等，琳瑯滿目，喜歡精緻紙製品的人一定會樂不思蜀。

© 紐西蘭旅遊局 /Matt Crawford

奧克蘭周邊
Around Auckland

文●墨刻編輯部
攝影●墨刻攝影組

奧克蘭地區有3處港灣、2座山脈、48個火山錐、超過50座小島，以及拍打海岸的浪潮、廣袤的葡萄果園、參天的古木森林。想要從都會偷閒到大自然走一遭，這兒有森林、有海灘、有小島，任誰都可以沈浸在類似地中海的溫暖裡，品嚐一口新鮮葡萄酒，不管是電影導演珍康萍(Jane Campion)，還是為數眾多的藝術家們，都選擇此處做為他們靈感的繆思。

而從奧克蘭再往北行，北島極北的北地(Northland)是紐西蘭人口中的「國家出生之地」，這裡的島嶼灣在毛利文化與歷史上，都扮演著重要角色；而今日人們來到島嶼灣，則是為了能與海豚共泳的遊船行程，以及各式各樣的水上活動。至於位於奧克蘭東方的科羅曼德半島，也同樣是以戲水勝地聞名。

喜歡刺激冒險的人，在奧克蘭周邊也可以找到適合的活動：在北地雷恩格角的滑沙，可以體驗從沙丘上俯衝而下的速度快感；而在伍德

山森林則有四輪摩托車，讓你一會兒鑽行在樹林間、一會兒馳騁於沙灘上，一會兒衝下極陡的山坡，絕對讓人大呼過癮。

MAP ▶ P.97B3

叢林與海灘漫遊
Bush & Beach
奧克蘭西海岸的蠻荒與天然

ⓘ 可預約奧克蘭市區飯店接送 ☎(09) 837-4130 ◷每日10:00出發，17:00返回 ⓢ成人275元，兒童137.5元(含午餐及點心) ⓦbushandbeach.co.nz ❗最少2人成行

掃地圖

叢林與海灘漫遊的海岸與雨林行程(Coast and Rainforest Walk)從奧克蘭市區出發，先去阿拉塔基遊客中心(Arataki Visitor Centre)參觀數十公尺高的毛利圖騰柱，再到懷塔克雷山脈地區公園(Waitakere Ranges Regional Park)的雨林深處探險。沿路經過各種紐西蘭原生的奇特植物，包括麥盧卡茶樹和樹齡數百年的考里樹(Kauri)。接著沿火山背脊經皮哈路(Piha Road)而行，徒步走過一片短灌木

後，卡瑞卡瑞(KareKare)沙灘就在眼前。

2千萬年前的火山爆發後，在此地留下奇形怪狀的懸崖，黑色的沙灘和沙丘則是近5千年才形成的，磁性鐵等金屬氧化與白沙混合成的黑色沙石，被海潮帶來海灘，加上此地人跡罕至，滔天巨浪激起瀰漫水氣，海風刮起細沙，寂寥孤絕之感，印證珍康萍的電影《鋼琴師和她的情人》中，那幕一架鋼琴放在海灘上的孤寂情景。

MAP ▶ P.97B3

伍德山森林
四輪越野摩托車之旅
Woodhill Forest 4 Track Adventures
深入納尼亞傳奇的異世界

ⓘ 可預約市區接送(加收50元) ⓐ320 Wilson Rd, South Head 0874 ☎0800-487-225 ◷Trail Blazer每日08:30與15:30出發(行程約1小時)；Coastal Views每日10:00與13:00出發(行程約2小時) ⓢTrail Blazer：189元，Coastal Views：289元。5~13歲乘客半價 ⓦwww.4trackadventures.co.nz ❋全程導覽解說 ❗駕駛者需年滿14歲

掃地圖

位於奧克蘭西北方的伍德山森林，是電影《納尼亞傳奇》的拍攝場景，濃密的松林正營造出片中白女巫陣營的詭譎氣氛。對遊客來說，造訪伍德山森林有個更具刺激冒險的理由，那就是四輪越野摩托車之旅。

進入森林前，遊客得先在練習場學習操作這部360C.C.的摩托車，熟練後就可在教練帶領下，

穿行於林木掩蔽的茂密林間，而順著地勢變化，駕駛者還得隨時準備突如其來的刺激，時而衝過飛濺的泥漿，時而飆下陡降的土坡。記得別穿太名貴的衣服，玩這種東西不把衣服弄髒，就沒有那個味兒。

四輪越野摩托車之旅規劃有多種行程，1小時的行程只在茂密的伍德山森林裡穿梭，2小時的行程在穿過森林、看到海灘後折回。另外也可議價參加3小時的行程，沿著黑灰色的穆里懷海灘(Muriwai Beach)再奔馳一段路程。

©紐西蘭旅遊局/Camilla Rutherford

©紐西蘭旅遊局/Camilla Rutherford

MAP ▶ P.97B3

懷赫科島

Waiheke Island

MOOK Choice

藝術家與葡萄美酒之島

🚢 從奧克蘭航運大廈的Pier 11，搭乘渡輪至島上的Matiatia碼頭，船程約40分鐘。碼頭旁即有巴士站及租車中心，可前往島上各區域 ⏱ 去程船班：週一至週六06:00~23:45，週日07:00~22:15。回程船班：週一至週五06:00~24:30，週六07:00~24:30，週日08:00~23:05。約30~60分鐘一班。詳細時刻請上AT官網at.govt.nz/bus-train-ferry/timetables查詢 💲 渡輪船票：成人23元，兒童11.5元 (僅能使用AT HOP Card) 🌐 www.waiheke.co.nz

掃地圖

懷赫科島曾經是座與世隔離的小島，面積僅有92平方公里，比香港島略大一點，屬於奧克蘭外海的海灣群島(Gulf Islands)。原本這裡一直都以務農為業，到了1960、70年代，因為土地費用便宜，氣候類似地中海的溫暖多雨，加上未受汙染的純淨環境，成為藝術家和另類生活型態的藏身之處。而小農場近幾年也紛紛轉型栽種葡萄和橄欖，由於溫暖多雨的海洋氣候和透水極佳的火山土壤，讓此地成為紐西蘭北島重要的葡萄酒產地之一，像是島上石嶺酒莊(Stonyridge Vineyard)所產的Larose，就被評為全球前20名卡本內紅酒之一。

懷赫科島現今成為折衷的休閒觀光勝地，有釀酒廠、橄欖園和白領階級的度假小屋，一到夏天，島上人數就會暴增至3萬，絕大多數都是來此度過悠閒假日。

參加行程，交通不再傷腦筋

　　建議到懷赫科島上旅遊，若非自行開車，一定要參加旅遊行程，因為除了無價的山光水色外，像是藝術家工作坊、葡萄酒廠、橄欖園等，都需要事先預約，而且景點分布範圍相當廣闊，沒有交通工具很難行動。行程會先安排搭著小巴士繞行全島一圈，造訪長達42公里的海灘、幾處度假小屋、和滿山遍野的葡萄園，接著到藝術家工作坊，聽藝術家們暢談創作理念，或到釀酒廠品酒用餐，還能試著分辨出橄欖油的新鮮度。而這裡的自然美景和休閒節奏，也讓人在不經意間動作優雅緩慢了起來。

🌐 www.fullers.co.nz

島嶼灣

Bay of Islands

MOOK
Choice

全國最北端的度假勝地

航空：從奧克蘭機場，每日有5班紐航航班往返科里科里機場(Kerikeri Airport)，航程約45分鐘，再從機場搭乘Super Shuttle至派希亞。巴士：從奧克蘭搭乘InterCity長途巴士至派希亞，每日07:30、13:00發車，車程約4小時。開車：從奧克蘭開車前往派希亞，車程約3小時

島嶼灣i-Site

🏠69 Marsden Road, Paihia 0200(在碼頭上) ☎(9) 402-7345 ⏰每日08:30~17:00 🌐www.bay-of-islands.co.nz

Explore Group的島嶼灣行程

🌐www.exploregroup.co.nz/bay-of-islands

GreatSights的島嶼灣行程

🌐www.greatsights.co.nz/new-zealand-tour-destinations/bay-of-islands

R. Tucker Thompson帆船行程

🌐tucker.co.nz/sailing-in-the-bay-of-islands

掃地圖

島嶼灣所在的北地(Northland)，紐西蘭人稱之為「國家出生之地」，第一艘毛利獨木舟和第一位歐洲捕鯨者，都是從這裡登陸紐西蘭，而奠定紐西蘭成為英國殖民地的懷唐伊條約(Treaty of Waitangi)，也是1840年在這裡簽訂的。

絕大多數是私人小島，而派希亞(Paihia)是其對外的主要門戶，5分鐘船程便可到達紐西蘭最早的首府羅素鎮(Russell)，羅素鎮只當了不到一年首府，沒多久殖民地首府就遷往奧克蘭了。由於是紐西蘭緯度最低的地區，島嶼灣夏天平均氣溫為24℃，冬天也有16℃，因此水上活動相當盛行，成了紐西蘭人的度假勝地。

島嶼灣的行程主要有4種，一是海上巡遊的遊船行程，可以看到著名的石中洞(Hole In the Rock)，這是北島特有的火山生成黑岩，全世界只有2個地方有，而聳立於島嶼灣海中的黑色大石頭被海浪日夜侵蝕，形成一個可容船身通過的大洞，蔚為奇觀。另一個熱門行程是乘船賞海豚，許多船公司的行程也會讓遊客下水，體驗與海豚一起游泳的奇妙樂趣。如果不想乘坐一般遊船出海，包括R. Tucker Thompson在內的帆船每日待命，要帶遊客感受復古的帆船之旅。而最後一種行程則比較知性，是羅素歷史小鎮的迷你行程，造訪這個國家誕生的地方。大部分行程都是從派希亞和羅素出發。

MAP ▶ P.97A1

雷恩格角
Cape Reinga

波濤洶湧的國境之北

🚗從奧克蘭開車,車程約5.5小時。或在島嶼灣參加各家旅遊公司的一日遊行程

Awesome NZ的雷恩格角行程
☎0800-486-877　⏰每日07:00從派希亞出發,18:15返回
💲成人160元,兒童80元　🌐www.awesomenz.com/bay-of-islands-tours

雷恩格角滑沙行程
☎0508-386-374　⏰07:15從派希亞出發,行程約11小時
💲成人160元,兒童80元　🌐www.dunerider.nz

掃地圖

一般人常誤認雷恩格角是紐西蘭的最北端,但其實雷恩格角東方30公里的北角(North Cape)在緯度上要比雷恩格角再偏北一點點。對毛利人來說,雷恩格角象徵生命的結束與新生,亡靈便是從此地出發,回到祖靈的故鄉哈瓦基(Hawaiki,所有南島民族傳說中的母島,可能就是台灣)。

雷恩格角面對的哥倫比亞海岸(Columbia Bank),是太平洋和塔斯曼海(Tasman Sea)的海流匯流處,由於兩邊洋流有所落差,因此海面經常波濤洶湧。岬角上的燈塔前立有一座路程標示牌,指出各國的方位和距離,是著名的拍照景點;這裡還有一個郵筒,別忘了先準備好明信片,可以從這裡寄出做為紀念。

而雷恩格角所在的奧波里半島(Aupouri Peninsula),西岸為考里樹森林和90哩海灘(90 Mile Beach),考里樹是紐西蘭原生種,樹身既直且粗,是上好的傢俱木材;90哩海灘則因沙地硬實,滑沙(Dune Rider)活動相當盛行,參加者可以趴在滑板上,從沙丘頂端俯衝而下,非常過癮,凡是前往雷恩格角的旅遊團,大多都有把滑沙列入固定行程之內。

© 紐西蘭旅遊局 /Matt Crawford

© 紐西蘭旅遊局 /Matt Crawford

© 紐西蘭旅遊局 /Matt Crawford

MAP ▶ P.97B3

科羅曼德半島

MOOK Choice

Coromandel Peninsula

奧克蘭北部的戲水勝地

🚌 巴士：預約Go Kiwi Shuttle 巴士，每日13:15從奧克蘭皇后碼頭出發，17:00抵達哈黑，17:15抵達菲蒂昂加i-SITE。到哈黑，成人87元，兒童70元；到菲蒂昂加，成人74元，兒童59元。詳情請上官網www.go-kiwi.co.nz查詢。開車：從奧克蘭前往菲蒂昂加、哈黑或科羅曼德，車程約2.5小時

菲蒂昂加i-SITE

🏠 66 Albert St, Whitianga ☎ (7) 866-5555 ⏰ 08:30~16:00（週日至12:00）🌐 www.thecoromandel.com、www.whitianga.co.nz

掃地圖

科羅曼德半島東岸菲蒂昂加(Whitianga)旁的水星灣(Mercury Bay)，是紐西蘭最著名的戲水勝地，光看菲蒂昂加哈黑(Hahei)海灘地區的居民數從每年冬天的3千人，暴增到夏天的5萬人，即可見一斑。水星灣之名的由來，源自當年庫克船長經過此地時，剛好是水星行經月亮的日子，庫克特地記下時間，回到英國後再比對一次，以此來計算紐西蘭與英國兩地的時差。

附近另一處景點教堂洞(Cathedral Cove)則是位於距離菲蒂昂加市區半小時車程外的哈黑，從停車場走下教堂洞，還需步行約1小時。在互古以前，因為兩塊板塊相互擠壓，地底的石頭被推出海面，使教堂灣附近岩塊多為珊瑚等海洋生物形成的石灰岩，千萬年來降雨和浪潮不斷侵蝕石頭，使其或是成為佇立海中的龐大巨石、或是在岩壁上侵蝕出洞穴，景觀非常具有超現實的意境。

羅托魯瓦

羅托魯瓦及其周邊
Rotorua & Around

文●蔣育荏・蒙金蘭・墨刻編輯部
攝影●周治平・墨刻攝影組

在毛利語中，Roto是湖，rua是二，因此羅托魯瓦即意指兩座湖。羅托魯瓦是紐西蘭最大的毛利部落──蒂阿拉瓦族(TeArawa)的家鄉，這裡的毛利人有著高度民族自覺，極力維護毛利文化的傳承，政府的毛利政策在這裡執行得最為貫徹，凡告示文字皆是以英文與毛利文並列書寫。馬路上，褐膚健美紋面的毛利人到處可見，對毛利骨雕或木雕有興趣的人，一條街上就有數家紀念品店任君挑選。有心的毛利人還規畫了最完整和最好的毛利文化體驗，讓旅客一窺據說跟台灣原住民有點淵源的毛利人是怎麼過日子的。想要見識真實的毛利生活，這裡是全紐西蘭的不二選擇。

羅托魯瓦也是紐西蘭的地熱之鄉，有人將羅托魯瓦與庫克列島合稱為太平洋的火三角。毛利人叫這裡為「惡魔味道的地方」，因為地處火山活躍地帶上，城裡到處是高溫的熱水池，還有不斷冒出的硫磺氣，使整座城市瀰漫一股硫磺味。早在歐洲人初到紐西蘭時，這裡便以美麗的「粉紅階梯」(Pink and White Terraces，類似土耳其棉堡的景觀)吸引全世界的人們到此一遊，羅托魯瓦也成為紐西蘭第一個國際級觀光勝地，遊客絡繹不絕。可惜1886年的火山噴發，不但造成嚴重傷亡，粉紅階梯也隨之沉沒。不過今日羅托魯瓦仍有多處地熱景觀，從地表竄出的滾燙溫泉、沸騰的泥漿、巨大的火山坑等，在在是羅托魯瓦活躍火山作用的見證。

此外，羅托魯瓦北方的瑪塔瑪塔(Matamata)，則是新興的旅遊焦點，隨著電影《魔戒》在此拍攝哈比屯的場景，也引來全球無數魔戒迷們紛紛來此朝聖。

103

基本資訊

地理位置：位於北島中部偏北、羅托魯瓦湖的南岸，北距陶朗加約60公里，西北往奧克蘭約225公里，南往陶波約81公里。
面積：約90平方公里(市區)
人口：約6萬6千人(市區)
區域號碼：(07)

如何到達

航空

羅托魯瓦機場(ROT)位於市區東北9公里處，有班機往來奧克蘭、威靈頓、基督城與皇后鎮。
羅托魯瓦機場
🔺P.104B1
🔗www.rotorua-airport.co.nz
◎**機場至市區交通**
巴士Bus
從機場可搭乘cityride的10號巴士前往市中心，週一至週六06:50~17:53，週日07:53~16:53，每小時一班。車程約17分鐘，成人車資2.8元。
🔗www.baybus.co.nz
接駁巴士Shuttle Bus
多人同行，可向Super Shuttle預約從機場到市區及周邊地區特定地點的接駁服務。到羅托魯瓦市中心每趟93元，最多可乘坐11人。
☎(09) 522-5100、0800-748-885

<table>
<tr><td>

找到正確的巴士等候點

羅托魯瓦的所有巴士路線，不論前往哪個方向，都是從遊客服務中心(i-SITE)北側Arawa St.上的巴士總站出發，不過各路線巴士停靠的位置不太一樣，請注意地上的標示，以便找到正確的候車位置。

</td><td>

交通影響行程安排

羅托魯瓦雖然不大，但景點分散在不同區域，有些甚至搭巴士無法到達，必須仰賴景點派出的接駁車。無論巴士或接駁車，班次都沒有很密集，所以前往羅托魯瓦旅遊，安排行程時一定要先考量好交通方式、確認巴士或接駁車的發車時間，切勿把行程銜接得太緊湊。如果一定要把行程安排得很密集的話，不妨考慮以租車、Uber或計程車代步。

</td></tr>
</table>

www.supershuttle.co.nz

計程車 Taxi
Rotorua Taxis
(07) 348-1111
www.rotoruataxis.co.nz

租車 Rental Cars
　在羅托魯瓦機場內，可找到Hertz、AVIS、Europcar、RAD、Ezi、Ready2Roll等租車公司的櫃檯。

長途巴士

◎InterCity
　羅托魯瓦的InterCity站牌位於市中心的i-Site門前，有班車往來於羅托魯瓦與奧克蘭、陶波、威靈頓、納皮爾等地。從奧克蘭每天有2~3班直達巴士，車程約4小時，車資34~79元(依時間與彈性票種而異)。從威靈頓，每日有1~2班直達巴士，車程約7.5~9小時，車資54~90元。
www.intercity.co.nz

市區交通

巴士

　羅托魯瓦市中心不大，用徒步的方式可以走遍全城，若前往市中心外圍景點，如速度谷、空中纜車、蒂波亞、法卡雷瓦雷瓦等地，可搭乘cityride巴士。cityride在羅托魯瓦地區共有11條路線，串連起市區及周邊郊區，所有路線的起點皆為Rotorua CBD站(位於Arawa St.上)，且採循環路線，時間表及路線圖可於官網查詢，或至i-SITE索取。

　車資方面，除了上車付現，如果需要經常搭乘，也可購買一張儲值式的感應票卡BEE Card，卡片本身為5元，不但使用方便，每次扣款也會比較便宜。
　若有需要轉乘，可自搭乘起1小時內換乘其他公車(使用BEE Card為2小時)，轉乘間隔不得超過30分鐘，每趟行程只能換乘1次(使用BEE Card為2次)。
⏱週一至週六約07:00~18:00，30分鐘一班；週日約07:00~16:00，1小時一班
💲成人2.8元(BEE Card為2.24元)，5~15歲1.7元(BEE Card為1.34元)，5歲以下免費。1日券7元
www.baybus.co.nz

旅遊諮詢

羅托魯瓦i-SITE

- P.106B2
- 1167 Fenton St.
- (07) 348-5179
- 每日08:30~17:00
- www.rotoruanz.com

瑪塔瑪塔i-SITE

- 45 Broadway, Matamata
- (07) 888-7260
- 每日09:00~15:00
- matamatanz.co.nz

城市概略 City Guideline

　　羅托魯瓦雖然不大，但是因為擁有獨特的地熱景觀、濃郁的毛利文化等資源，儼然紐西蘭北島最重要的觀光大城。或許是因為觀光客都奔向溫泉、地熱區、毛利文化村等郊區景點，市中心反而並沒有想像中的擁擠人潮。整個市區大致以位於Arawa St.和Fenton St.路口的i-SITE為核心，往來於其他城鎮間的長途巴士、當地巴士、各個景點的接駁車都會停靠在i-SITE前的這兩條街上；順著Arawa St.向西走，與Fenton St.平行的Tutanekai St.可說是主要的觀光街道，往南走兩側都是精品店、紀念品店，往北走則幾乎是餐廳的天下，靠近戰爭紀念公園(War Memorial Park)這一區甚至集結成被稱為「Eat Street」的徒步美食街，齊集了美、義、墨、泰、印等各式各樣的風味料理，找吃的到這裡準沒錯。如果繼續走，穿越戰爭紀念公園，就可來到羅托魯瓦湖畔。

羅托魯瓦行程建議
Itineraries in Rotorua

如果你有3天

　　第一天先把羅托魯瓦市區內的重要景點作一番巡禮，包括羅托魯瓦湖、庫伊勞公園、羅托魯瓦天空纜

車等，晚上再到玻里尼西亞溫泉泡泡湯，或是參加米泰毛利村的毛利文化盛宴。第二天前往懷歐塔普地熱區，或是地獄門與蒂普亞，見識變化多端的地熱奇景。第三天去速度谷或Zorb滾球，體驗刺激的戶外活動，讓你腎上腺素直線飆升；如果並不是那麼熱愛享受刺激，那麼就去愛歌頓農場感受紐西蘭的農莊生活，或是到紅木森林樹頂步道走走，享受被芬多精包圍的舒暢感。

如果你有5~7天

　　距離羅托魯瓦約兩小時車程的懷托摩，以奇特的螢火蟲洞吸引大批觀光客，而參加「黑水漂流」或「失落的世界」等探險活動，不但挑戰自己的膽量，也讓螢火蟲洞變得分外有趣。或是到1個小時車程距離的陶波，體驗刺激的胡卡瀑布噴射快艇，愛爬山的人更不可錯過東加里羅國家公園越嶺步道；同樣1個多小時車程距離的陶朗加，也有爬山、沙灘戲水、划獨木舟訪螢火蟲洞等各種活動任君挑選。而電影《魔戒》的影迷們來到這裡，當然也別忘了到瑪塔瑪塔附近的哈比屯朝聖。

Where to Explore in Rotorua and Around
賞遊羅托魯瓦及其周邊

MAP ▶ P.121B1-B2

羅托魯瓦湖
Lake Rotorua

湖光山色水上活動中心

Katoa噴射飛船

ⓘP.106B1 ⌂1 Lakefront Dr. ☎(07) 343-7600 ⊙每日10:00~16:00，每小時一梯，行程約30分鐘 ⑤成人85元，兒童60元 ⓦwww.katoalakerotorua.co.nz

掃地圖

羅托魯瓦湖是北島的第二大湖，湖水面積有79.8平方公里，構成羅托魯瓦最美麗的水畔風景。沿著湖岸逶邐延伸的徒步區上，可以找到許多水上活動據點，像是拖曳傘、獨木舟、遊船等，如果要奢華一點，幾架賞景直昇機也是在這裡起飛。不過，湖面上最熱門的活動還是搭乘噴射飛船出遊，除了不時來幾下360°甩尾，還會經過神祕的湖中島——摩庫伊阿(Mokoia Island)。這座島是毛利最著名的愛情故事場景，傳說有位住在東岸的酋長女兒希內莫阿(Hinemoa)，愛上了島上的吹笛好手圖塔內凱(Tutanekai)，但因為圖塔內凱出生時並未完成祝福儀式，希內莫阿的父親不願把女兒嫁給他。為了阻止希內莫阿與圖塔內凱幽會，酋長沒收了女兒的獨木舟，希內莫阿只好在身上綁上葫蘆，在圖塔內凱的笛聲指引下，游過3公里多的湖水，終與情郎相見。

MAP ▶ P.106A2

庫伊勞公園
Kuirau Park

市中心也有天然地熱奇景

⌂Ranolf St.、Pukuatua St.與Kuirau St.包圍起來的區域 ⊙24小時 ⑤免費

掃地圖

在羅托魯瓦要看地熱無需跑到郊外，市中心裡那些冒著濃濃白煙的地方即是，其中面積最大的地熱區，就位於市中心西側的庫伊勞公園內。在毛利人的傳說中，這裡的湖泊原本稱為塔瓦卡胡(Tawakahu)，是一座冷水小湖，有一位名叫庫伊勞的美麗女子經常在此洗澡和游泳，她一心以為這座湖裡沒有其他共享者，殊不知湖裡的水怪(或水神，Taniwha)早就窺視她已久，某天終於按捺不住，將她擄走。天神得知後非常憤怒，於

是將湖水沸騰以趕走水怪，從此塔瓦卡胡湖成了沸水湖，人們也改稱其為庫伊勞湖。公園內有許多或大或小的地熱池和泥漿坑，有些非常滾燙，請小心安全。而在公園南邊靠遊樂場的地方，也有一條泡腳池，供人泡腳休息。

MAP ▶ P.106B3

玻里尼西亞溫泉

MOOK Choice

Polynesian Spa

看著湖景泡溫泉

🏠1000 Hinemoa St. ☎(07) 348-1328 ⏰浴池：每日09:00~23:00（22:15後停止入池）。Spa療程：每日10:00~19:00 💲各浴池價錢不同。湖景私人湯屋：成人38.95元(週五至週日40.95元)，兒童9.95元(週五至週日10.95元)。天景私人湯屋：成人24.95元(週五至週日26.95元)，兒童9.95元(週五至週日10.95元)。Spa療程179元起。租用毛巾、置物櫃每項6.95元。🌐www.polynesianspa.co.nz

掃地圖

喜歡泡湯的亞洲旅客和需要放鬆的都會人士，最好都到這裡來，讓溫度從33℃到42℃的礦泉熱敷一下。早在1903年，一份政府報告即指出此地礦泉有益身體健康，因為這裡的地底湧泉擁有酸與鹼2種泉質，據說有減緩疼痛、放鬆肌肉、和靈活關節等療效。

玻里尼西亞溫泉區新近經過一番整修，包括溫泉池、更衣室、Spa療程中心都煥然一新，更衣室裡洗髮精、毛巾、吹風機、寄物櫃等也一應俱全。其溫泉池分為兩大區域，一是各種不同類型與景色的大眾泉池，一是兩人即可包場的私人湯屋，無論是大眾池還是湯屋，都有特別在湖濱劃出一區，讓人不但沉浸在溫暖的泉池裡，也沉醉在湖光山色的美景中。而大眾池又區分為兒童止步的成人池與一家和樂的家庭池，讓想要悠閒泡湯的人與想要親子同樂的人都能各得所需。此外，這裡也有多款Spa療程，像是用火山泥漿、玫瑰泥、睡蓮泥等來按摩，都是這裡的特色。

湖濱泡湯區 Deluxe Lake Spa

💲49.95元(週五至週日63.95元) 🌊可享用成人池區的其它設施

2015年完工的泡湯區，共有4座鹼性的溫泉池、1座酸性的溫泉池、1座冷水池，還有5張利用地熱加溫的躺椅。溫泉池皆以天然石塊砌成，園區內遍植多種紐西蘭原生植物，還有人造的瀑布和岩洞。鹼性溫泉池的水溫從攝氏36度到41度不等，讓遊客可以隨意感受不同泉質、不同溫度的泡湯體驗，一邊泡湯還能一邊欣賞不遠處的天然湖泊景色，很有日本溫泉的氣氛。和日本不同的是，這裡必須穿著泳衣，所以不分男女湯，少了隱蔽的顧慮，環境視野得以更加開闊，是玻里尼西亞溫泉裡門票最奢華的泡湯區。

成人池Pavilion Pools

💲33.95元(週五至週日36.95元)

利用來自兩處不同的泉源，設置成7座溫泉池，其中水溫38度的鹼性池，據說具有回春的功效，非常受歡迎。而3座酸性的溫泉池，溫度分別從39度到42度，因為含有鐳等稀有成分，所以具有特殊的療效。此外，這裡還有一條全新打造好的腳底按摩步道。從這裡同樣可以欣賞湖景，為了確保寧靜的泡湯環境，12歲以下的兒童是不能進入這一區的。

家庭泡湯區Family Pools

💲成人22.95元(週五至週日24.95元)，5~14歲9.95元(週五至週日10.95元)，家庭套票54.95元(週五至週日59.95元)

家庭泡湯區有一座大型的溫水游泳池，泳池一側附有一座小型滑水道，而水溫則大約在攝氏33度左右。在大型泳池旁，還有兩個較小的正港溫泉池，水溫分別是37度和40度。當大人在小溫泉池裡泡湯的同時，還可照看著在大泳池裡戲水的小朋友，適合帶著孩童的家庭在此闔家同樂。

MAP ▶ P.106B2

羅托魯瓦博物館
Rotorua Museum
收藏毛利原住民的珍貴歷史

🏠Oruawhata Dr, Government Gardens ☎(07) 350-1814 🌐www.rotoruamuseum.co.nz ⏰博物館目前在進行防震加固工程，預計2025年重新開放

掃地圖

這棟美輪美奐的建築其實從前是座澡堂，不過可不是一般的澡堂，而是提供浴療的場所，尤其在第一次世界大戰期間，每天都有大批從前線回國療養的傷兵被送來這裡復健，而當時的浴室設備，以及各種稀奇古怪的浴療方法，至今都仍可在此找到痕跡，遊客也可來到地下室內，一探當年燒煮熱水的鍋爐管線。博物館內規模最大的展廳，是介紹本地的蒂阿拉瓦族(TeArawa)，展示他們居住的自然環境、火山地貌、毛利神話歷史、原民工藝器具及生活方式等。驍勇善戰的蒂阿拉瓦族曾在紐西蘭戰爭中扮演舉足輕重的角色，一次大戰和二次大戰時，他們也被收編為勁旅，隨盟軍轉戰世界各地，這裡亦收藏不少當時的珍貴照片。另外，不能錯過的是每20分鐘播放一輪的電影，介紹羅托魯瓦的神話、歷史、火山、溫泉浴等故事，可別被電影開頭的復古片段給騙了，等差不多看到一半時，你就知道這部電影有多「震撼」了。

MAP ▶ P.104A1

羅托魯瓦
天空纜車
Skyline Rotorua

（MOOK Choice）

擁抱山光水色兼享刺激體驗

🚌搭乘cityride巴士1號線至Rainbow Springs／Skyline站即達 🏠178 Fairy Springs Rd. ☎(07) 347-0027 🕐平日10:00~17:00（週五至20:00），週末09:00~20:00 💲成人37元，6~14歲24元 🌐www.skyline.co.nz ⏰想完全體驗，可購買半日Pass，包含纜車、高空鞦韆、高空飛索、5趟滑車，成人158元，兒童113元

掃地圖

Skyline在1960年代即已在皇后鎮經營天空纜車，到了1985年又把版圖擴張到北島，地點就選在觀光重鎮羅托魯亞。羅托魯亞天空纜車使用的是瑞士的Müller纜車系統，以及奧地利的Doppelmayr索道，搭載著遊客於數分鐘內攀升178.5公尺，登上海拔487公尺高的農哥塔哈山(Mount Ngongotaha)，從山頂上可以一望無際地飽覽羅托魯瓦湖與湖心摩庫伊阿島的景色，以及湖畔城鎮的街道市容。在山上可以從事滑車、飛索與高空鞦韆等刺激活動，山頂纜車站裡還有間可容納250人的餐廳，讓遊客得以一邊賞景一邊用餐。

滑車 Luge

🕐平日10:00~17:00（週五至20:00），週末09:00~20:00 💲依次數而定，最少1次為成人52元，兒童34元；最多7次為成人92元，兒童58元（皆包含纜車票）。2~5歲同車幼兒一律5元

來到山頂，除了靜靜欣賞風景外，好動的人也不妨坐上滑車俯衝而下。這種三輪滑車是以重心控制方向，以手把控制速度，在依著山坡闢建的滑道上，一路往下滑。這裡一共有3種滑道選擇，景觀滑道全長2公里，循著山邊而建，因此一邊享受速度的快感，一邊又可賞景；中級滑道約1公里長，沿途設計有隧道和螺旋彎道，更加刺激有趣；若還嫌不夠過癮，擁有多處急彎與陡降的進階滑道，保證讓人驚叫連連。滑下山後，則可乘坐纜椅(chairlift)回到山頂上。

高空鞦韆 Skyswing

⏱ 10:00~17:00（週末至18:00）💲成人45元，兒童35元 🎫也有搭配纜車的多次套票

小時候玩盪鞦韆，總是希望能盪得愈高愈快愈好，現在這個想法不但輕而易舉就能實現，甚至還有點過火。天空纜車山頂上的高空鞦韆，用的就是遊樂場中常見的高空彈射座椅，每個座椅可乘坐3人。繫好安全帶後，鞦韆會被拉到離地50公尺的高度，此時你要做的就是深吸一口氣，做好心理準備，然後拉開手上的釋放裝置，接著以時速150公里的速度俯衝擺盪，來回數次之後才會慢慢停下。

高空飛索 Zoom Ziplines

⏱ 10:00~16:30（週五至週日17:00）💲成人45元，兒童35元 🎫也有搭配纜車的多次套票

天空纜車的高空飛索長達400公尺，滑行速度達到時速60公里，在飛行的過程中，腳下是一片翠綠的樹梢，背景是蔚藍的羅托魯瓦湖，這種體驗不但一點都不恐怖，反而有種凌空飛翔的快感，既像化身為鳥，又像在拍武俠片，玩過一次就會上癮。同時這裡架設的是雙滑索，可以兩人一同飛翔，感受比翼齊飛的樂趣。

MAP ▶ P.104A1

奇異鳥保育中心
The National Kiwi Hatchery Aotearoa
見證奇異鳥寶寶的誕生

🚌搭乘cityride巴士1號線至Rainbow Springs / Skyline站即達 🏠192 Fairy Springs Rd. ☎(07) 350-0440、0800-724-626 ⏱09:30~14:00，平日參觀需在48小時前預約行程。導覽行程於10:00~13:00每小時整點出發，幕後行程於12:00出發 💲導覽行程：成人50元，5~15歲30元。幕後行程：成人230元，12~15歲195元 🌐www.nationalkiwihatchery.org.nz ❗孵化場與夜行屋內禁止拍照。參加幕後行程需年滿12歲

掃地圖

歷史悠久的老字號景點「彩虹泉」（Rainbow Springs），是頗負盛名的彩虹鱒魚與奇異鳥的保育地，園區中的國家奇異鳥孵化場，曾成功孵化出超過2,200隻奇異鳥，是紐西蘭最大也最成功的孵化機構。可惜2022年時，彩虹泉因為受到新冠肺炎疫情影響，導致無法負擔高昂的維護成本，不得不關門退場。所幸國家奇異鳥孵化場因為肩負繁衍紐西蘭象徵國寶的重責大任，因而被保留下來。

今日參觀奇異鳥保育中心，可預約參加45分鐘的導覽行程，過程中可以學習到奇異鳥的飼養與孵化技術，尤其在9~3月的孵化季節，更有機會親眼見證奇異鳥寶寶破殼誕生，以及研究人員為牠們進行健康檢查、秤重與餵食的場面。另外也可以到特別把燈光調暗的夜行屋中，觀察成鳥們的覓食過程。若是參加1小時的幕後行程，則會進入平時只有工作人員才能進去的區域，近距離與奇異鳥們面對面。

王子之門飯店
Princes Gate Hotel

古典尊榮歷久彌新

🏠1057 Arawa St. ☎(07) 348-1179、0800-500-705 🌐
princesgate.co.nz

建於1897年的王子之門飯店，典雅的白色維多利亞式建築俯瞰著Arawa街，從陽台即可望見市政公園、羅托魯瓦博物館、旅遊服務中心，步行就可以抵達玻里尼西亞溫泉、羅托魯瓦湖、庫伊勞公園等主要景點，離機場也只有9公里，可說佔據最佳地理位置，是到羅托魯瓦旅遊非常理想的據點。

王子之門飯店的內部裝潢，有如18、19世紀的貴族之家，氣氛尊貴而溫馨，每間客房都各自擁有強烈的風格主題。飯店之外，也有附廚房

設備的公寓式套房，更有家的感覺；兩幢建築之間則是游泳池、三溫暖、餐廳等休閒設施。多年來，餐廳的英式下午茶、周末歌舞晚宴等都樹立了口碑，成了一座難求的經典節目。

法卡雷瓦雷瓦
Whakarewarewa Village

傳承毛利工藝的文化村

🚌搭乘cityride巴士11號線至Fenton Street – Fronting No.406 (SH 30)站，步行約5分鐘即達 🏠17 Tryon St. ☎(07) 349-3463 ⏰每日09:00~16:00 (4~9月至15:00)。1小時導覽行程於10:00、12:00、14:00出發 💲毛利村導覽行程：成人40元，5~12歲17元。地熱區：成人30元，兒童12元。一日Pass：成人90元，兒童39.5元 🌐www.whakarewarewa.com 🎭11:15與12:30有45分鐘的毛利舞蹈表演

村子位於蒂波亞地熱區旁，是1886年塔拉威拉火山爆發後，唯一還居住在地熱區，並以地熱方式生活的毛利村落。來到這裡請先擦乾淨鼻頭，好跟村民來個毛利碰鼻禮作為開始。入村後，穿著毛利傳統服飾的導覽人員，從這裡的毛利地名開始，帶領遊客進入毛利人的世界。原本這個地方的毛利名共有36個字母，是毛利語裡第3長的單

字，意思是Wahiao族交戰時雙方聚會的場所。文化區裡包括藝廊、雕刻工坊、毛利集會所、毛利村莊、編織工作坊等，其中雕刻工坊是對外招生的，因為村人有鑑於毛利雕刻技藝日漸失傳，希望學生可以花3年時間，用鑿子和銼刀重新學習傳統技藝，而參觀者也可繞著工作室實地觀察上課情形。

不遠處是毛利集會所，每天午餐前後皆有一場表演，不但免費欣賞，而且具有職業水準，記得一定要來看。集會所右手邊是倉庫，左方是編織工作坊，旁邊擺放了一艘戰船，根據導遊表示，這可是以整棵樹木雕成，約花費1年到1年半時間才完成。

MAP▶P.104A2

蒂波亞

MOOK Choice

Te Puia

活躍壯觀的地熱奇景

搭乘cityride巴士11號線至Te Puia Thermal Park站即達。若參加夜間行程，可預約市區接送 ⌂Hemo Rd, Tihiotonga ☎(07)348-9047 ⏰每日09:00~22:00 🌐www.tepuia.com

蒂波亞的各項體驗

體驗行程	時間	行程	價錢	
			成人	兒童
Te Rā日間導覽行程	09:00~14:30，每30分鐘一梯	90分鐘	75元	37.5元
Te Rā+Haka戰舞表演	Haka表演時間為11:30	Haka約40分鐘	100元	52.5元
Te Pō夜間導覽行程(含自助晚餐與文化表演)	17:30~20:15 (含1小時晚餐時間)	2.5小時	146元	96.5元
Te Rā+Te Pō	16:00~20:15	3.5小時	210元	128元
夜間地熱步道(需年滿8歲)	週二至週日20:00~22:00	90分鐘	75元	37.5元

掃地圖

蒂波亞是羅托魯瓦最大的地熱區，噴得高高的白煙從大老遠都能看到。這一帶地底岩層活動劇烈，溫度不斷飆高，把地下水煮得滾燙，而岩層遇熱膨脹的特性，不斷壓縮地下水道的空間，地下水若被緊逼到極限，一旦找到地殼較薄處，便蜿蜒而上直衝地表，形成大大小小的噴泉。而從地底冒出的蒸

氣和瓦斯，將礦物分解成一種叫「高嶺土」的黏土，在地表形成一池一池不斷冒泡的熱泥漿。高嶺土在純淨狀態下應是白色的，但在地表混合雜質後則變成灰色，這也是地熱面膜的原料。

在蒂波亞，噴泉、泥漿池和溫泉等三種地熱景觀都看得到，道路兩旁的泥漿池溫度動輒90~95°C，而紐西蘭最大的間歇噴泉Pohutu Geyser，最高可衝上31公尺，一天噴發10~25次，平均每小時1到2次，遊客只要有耐心，絕對等得到它噴發的時刻。

蒂波亞裡除了地熱，還有毛利房舍展示和一間小小的奇異鳥館，除了每天都有的毛利舞蹈表演和晚上的毛利晚宴行程外，專門培養毛利傳統技藝人才的雕刻學校與編織學校也位於這裡，遊客可以參觀課程的訓練情形，並購買他們的培訓成果。

紅木森林樹頂步道

MOOK Choice

Rotorua Redwoods Treewalk

漫步樹端沉醉芬多精

🚌 搭乘cityride巴士3號線至Tarawera Road – Fronting No. 66站，步行約15分鐘　🏠 1 Long Mile Rd, Whakarewarewa
☎ (0)27 536-1010　🕐 每日09:00~22:30（週末至23:00）　💲 成人37元，5~15歲22元　🌐 www.treewalk.co.nz

Altitude行程
🕐 每日10:00、13:00出發，行程約2.5小時　💲 每人99元　❗ 需事先預約，參加者需年滿10歲

掃地圖

在法卡雷瓦雷瓦東邊有一片紅木森林，源起一批來自美國加州的紅杉木，是紐西蘭最早的人造林之一，成長至今已有超過120年樹齡。業主在樹身離地9到20公尺處共架設了28條樹頂吊橋步道，並於2015年正式對外開放，成為羅托魯瓦地區嶄新的戶外好去處。

這片森林除了紅杉木外，也有種類繁多的蕨類植物，連帶吸引不少鳥類到此棲息，生態相當豐富。

步道架設的高度屬於樹冠層，正是杉木釋放出氧氣和芬多精最豐富的區段。步道與步道間有可供駐足的觀景平台，漫步其中，除了滿眼翠綠有助舒緩眼睛疲累外，精神也覺得格外振奮，只要本身沒有懼高症，完全不會有可怕的感覺，許多小朋友在父母引導下，都能玩得不亦樂乎。

步道全長約700公尺，中途不停頓的話，約半個鐘頭可走完全程；但還是建議放慢腳步，依照自己的節奏慢慢欣賞沿途景致，充分吸收空氣中滿滿的芬多精。一路上會發現周遭吊掛著一些竹製品，這是由世界知名藝術家David Trubridge精心設計的環保燈籠，運用木頭、竹片等天然材質，模擬鳥兒的身形製作，總數大約30只，為紅木森林提供了夜間照明，在夜晚賦予步道不同的氣氛。

除了自由參觀，也可預約報名Altitude導覽行程，在專人帶領下探索這片森林，行程中會經過比開放區域更高、更長的樹頂步道，最高的一處高達25公尺，另外還包括3條高空飛索道，讓人感受如鳥兒般穿梭林間的樂趣。

MAP ▶ P.104A1

愛歌頓農場

MOOK Choice

Agrodome

名滿天下的綿羊剃毛秀

🚌 搭乘cityride巴士1號線至Western Road – Agrodome站即達 🏠 141 Western Rd, Ngongotaha ☎ (07) 357-1050 🕐 農場：每日09:00~17:00。綿羊秀：每日09:30、11:00、14:30，每場約1小時。有機農場之旅：每日10:40、12:10、13:30、15:40出發，行程約1小時 💲 成人39元，3~15歲20元 🌐 www.agrodome.co.nz

掃地圖 　　數十年的老字號經營，愛歌頓農場幾乎已成了紐西蘭農場行程與綿羊秀的代名詞。在綿羊秀中，19隻不同品種的綿羊會一一上台，其中當然也包括

著名的美麗諾綿羊(Merino)。主持人在介紹牠們的來歷與特性之後，遠近馳名的剪羊毛秀就上場了，而觀眾將能摸到剛剪下的羊毛，感受新鮮綿羊油的氣味，也有幾位幸運觀眾可以上台體驗擠牛乳和餵羔羊。最後則是牧羊犬壓軸上陣，展現牠們平日趕羊回籠時跳在羊背上的神氣。

　　綿羊秀結束後，緊接著便是農場行程，這是讓遊客體驗農場工作的大好良機，你將能親手餵食牛、羊、鹿、駱駝，還有被兩岸鄉民暱稱為草泥馬的羊駝。而在有機果園裡，則種植著奇異果、斐濟果、橄欖樹等作物，若遇上季節，還有機會品嚐新鮮水果酒和果汁。最後提醒各位，千萬別忘了到紀念品店買幾件羊毛製品回去，因為這裡的價格可比外面要便宜好幾倍。

速度谷

Velocity Valley

上緊發條迎向挑戰

🚌搭乘cityride巴士1號線至Western Road - Agrodome站即達 🏠1335 Paradise Valley Rd, Ngongotaha ☎(07) 357-4747、0800-949-888 ⏰每日09:00～17:00 💲除分別購票外,也有多種不同搭配的套票選擇 🌐velocityvalley.co.nz 🎫網路購票享有優惠

掃地圖

　　速度谷之前名為愛歌探險樂園(Agroventures Adventure Park),為了更好記也更符合樂園性質,在2018年樂園堂堂邁入創業20周年之際,正式改為現名。想在短時間內一次將腎上腺素分泌個夠,這裡絕對是個好地方,因為在小小的範圍裡,就有5大刺激項目在等著你。

　　樂園屬於開放性質,進入並不需要門票,但要親身體驗,就得先到服務櫃檯購票,在量好體重並簽署注意事項及免責聲明後,就可準備出發迎接挑戰了。

愛歌快艇 AgroJet

💲每人55元

　　建議第一個可以先玩AgroJet,因為這是唯一會弄溼的項目,接下來你會有很多機會把自己吹乾。AgroJet是噴射飛船的縮小版,除駕駛外,只能乘坐兩人。這艘450匹馬力8汽缸引擎的快艇,從0加速到100公里只需4.5秒,因為受限於水道,不能像湖裡的飛船有那麼多加速空間,因此Agrojet轉而開發出許多彎道,以超強大的扭力不斷瘋狂甩尾,簡直就像在拍007電影一樣。至於不想變成落湯雞的岸上旁觀者,則會很慶幸園方早已立了牌子警告。

©Velocity Valley

比翼齊衝 Swoop

💲每人55元

　　在高空彈跳之前,先來玩玩Swoop,算是適應一下對高度的恐懼。Swoop其實就像峽谷鞦韆(Canyon Swing)一樣,只不過這裡是被架在兩座吊車高台上,當繩子逐漸收緊,玩家也從地面被拉到40公尺的高處,等地面傳來指示,便自行拉開繩索,享受1秒之內加速到130公里的下墜與滑行。與高空彈跳不同之處,在於Swoop自由落體之後並非垂直地上下彈跳,而是往前來回擺盪,因此下墜的驚駭只會出現一次,剩下的就是飛行的快感。而且Swoop也不像高空彈跳是把繩子綁在腳上,而是大半身裹在袋子裡,比較具有安全感,同時也可以2到3人一起玩,人多壯膽。

©Velocity Valley

自由翱翔 Freefall Xtreme

💲每人55元 ❗參加者需年滿5歲

　　接著就是要把自己吹乾的時候了,穿上Freefall Xtreme的飛行衣,爬到護墊中央的網子上,等待從下方吹出的強勁氣流把你吹到半空中。這是來羅托魯瓦必玩的項目,因為想體驗真正御風懸空的樂趣,全紐西蘭只有這裡有。這項遊樂看似簡單,實則需要柔軟的身體和協調性,一旦姿勢稍有偏離,就會因為身體傾斜或被吹到風口外而直接落地,於是教練只好一再把你拉回。等到教練覺得你已成功飛行,就會完全放手,並試著引導你做出翻筋斗等高難度動作。

高空彈跳
Rotorua Bungy

💲成人169元 ❗參加者需年滿
10歲

這裡的彈跳地點在一架高
43公尺的升降平台上,正
下方是一個小水潭,至於反
彈的次數則保證多於6次。
高空彈跳本身並不需要什麼
技巧,你所要克服的只有心
理障礙,剩下的全部交給地
心引力即可。好了,閑話休
說,跳下去就對了!

蹬越太空 Shweeb Racer

💲每人55元 ❗參加者身高須在130~200公分之間

這輛腳踏車最特別的地方在於:它不是在地面上行
走,而是懸在軌道上前進,人就坐在車艙裡,以斜躺
的姿勢踩踏板。如果只有一個人,建議別玩這個,但如
果有競賽對手,那樂趣就來了。競速的祕訣除了腳力
和肌耐力外,決勝關鍵在正確的時機變速換檔。以前
的Shweeb Racer動力來源完全全靠雙腳踩踏,相當累
人,經過改良,新一代的
Shweeb Racer加入電動引
擎,可以在短時間內迅速加
速到50公里,對於小孩或
年長者來說更簡單好玩了。

MAP ▶ P.121B2

蒂帕圖毛利村

Te Pā Tū

傳統文化真實呈現

🚌報名時可預約市區接送 🏠1072 State Highway 5,
Tumunui 3073.市區辦公室位於1220 Hinemaru St. 📞
(07) 349-2999 ⏰每日18:00開始,行程約4小時 💲成人
250元,5~15歲105元 🌐te-pa-tu.com

掃地圖

蒂帕圖就是從前的塔瑪基毛利村
(Tamaki Maori Village),與一般
在飯店或餐廳裡表演的毛利歌舞不
同,這裡將場景拉回真正的毛利村落,述說真實
的毛利生活。蒂帕圖的體驗基本上就是邀請人們
參加毛利族人的晚宴慶典,11~4月是夏季的豐
收祭(Tū Te Rā),5~10月是冬季的昂宿星祭(Tū Te
Ihi),慶典中包含毛利族的舞蹈、吟唱、分享文
化傳統,當然還有豐盛的筵席大餐。

由於強調的是真實而不是娛樂,到了山邊的
村子後,下車接受毛利人的正式歡迎儀式時,
大家就得嚴肅以待。長串的吟唱以及誇張的舞
動長矛雖然可以拍照,但切記不得嬉笑打鬧。
接著穿越林間的毛利小村落,每間房舍前都表
演著不同的毛利舞蹈,到了會所後,正式的舞
蹈表演隆重開始,其間夾雜著各個舞蹈的解
釋,並述說毛利人過往的歷史,無論是言語還
是氣氛,皆充滿了感性。

這個村落涵蓋的範圍相當廣大,從會所到餐
廳,沿路是一間間的毛利工藝展示,如木雕、
刺青、玉飾等,還可以跟穿著傳統服飾的毛利
人拍照。最後則是享用毛利式的晚餐,內容包
括羊肉、海鮮、馬鈴薯、蕃薯等,都是以傳統
的方式燜烤而成。

米泰毛利文化村

MOOK Choice

Mitai Maori Village

到毛利部落接受文化饗宴

🚌 晚餐行程提供免費市區接送服務　🏠 196 Fairy Springs Rd.
📞(07) 343-9132、0800-648-241　🕐 晚宴行程每日18:30
開始，約3小時　💲 成人123元，10~15歲61元，5~9歲25元
🌐 mitai.co.nz　⚠ 須事先上網預約

羅托魯瓦是毛利人的文化重鎮，來到這裡當然要到真實的毛利部落裡去當一下客人。羅托魯瓦有好幾處毛利文化村，其中靠近奇異鳥保育中心和ZORB滾球的米泰，距離市中心只要10分鐘車程，是非常經典又方便的選擇。

米泰毛利文化村的所在地，正是神聖的仙女泉源頭，每天有超過2千4百萬公升的清泉從地底湧出，穿過原始的灌木叢林後，匯流成懷歐維若河(Waio-whiro)，澄淨的水中至今仍有鰻魚和鱒魚

優游其間，到了晚上更是羅托魯瓦地區唯一看得到螢火蟲的天然棲地；這些為數不算多的螢火蟲若隱若現，點亮了原本一片漆黑的灌木叢林。

參加米泰毛利文化村的晚餐行程，專車會在預定時間前往市區飯店接齊每一位客人，入村後在井然有序的安排下，一步步帶領客人認識米泰部落的生活環境，見識他們如何利用地熱烹煮傳統毛利餐點(hangi)，準備讓客人們大快朵頤。接著，全副武裝的毛利勇士划著一葉扁舟，出現在懷歐維若河上，用樂音緩緩訴說當地的歷史變遷，以及迷人的神話傳說。舞台上輪廓鮮明的男女表演者，各自刻畫著別具深意的刺青圖騰，拿著傳統樂器、武器等，以優雅的球舞(Poi)、勇猛的戰舞(Haka)，傳遞毛利文化的多樣風貌。

酒足飯飽，專車要送客回到飯店休息前，司機兼嚮導還會帶遊客進入灌木叢林巡禮一番，看看傳說中的螢火蟲，了解毛利人如何運用叢林裡的花草樹木，為這趟文化之旅畫下完滿句點。

MAP ▶ P.104A1

ZORB滾球

MOOK Choice

ZORB

讓你知道何謂像一顆滾石

🚌搭乘cityride巴士1號線至Ngongotaha Road – Fronting No.525站即達 🏠525 Ngongotaha Rd, Fairy Springs, Rotorua 3010 ☎(07) 343-7676、0800-646-768 🕐每日09:00~17:00 💲Dual Straight每人40元，Big Air與Sidewinder每人60元，Mega每人75元。也有不同路線之間的組合套票 🌐zorb.com 🛍可租用毛巾、短褲與T恤，每人7元 ⚠參加者需年滿5歲

掃地圖

ZORB是什麼？簡單來說，就是把你裝在超大的橡皮球裡，然後從山坡上滾下去，由於橡皮球有內外兩層，因此裡面的人並不會因為外部碰撞而受傷，十分安全。玩家鑽進球體後，工作人員會在球心灌水(夏天冷水、冬天溫水)，灌到大概與泡澡的高度差不多，灌水除了增加樂趣，也有防止擦傷的作用。為了避免弄濕衣裳，多數玩家會乾脆換上泳裝鑽進滾球裡，如果忘了自備泳裝，這裡也提供租用的裝備。

當滾球在重力加速度的作用下一路彈跳奔馳，與世隔絕的小宇宙頓時只剩下天旋地轉，對外界的完全無法掌握讓這段旅程充滿了不確定感，只能任憑想像隨著地形起伏忽左忽右、忽起忽落，加上還要與水搏鬥，恍惚間還以為自己被關進了滾筒洗衣機裡。而在一陣驚呼連連、高潮迭起的瘋狂彈跳過後，世界終於又恢復了平靜，當玩家順著水流從球體鑽出時，感覺就像是重新出生了一遍。

目前ZORB有4種坡道路線：Dual Straight是最基本而順暢的直線賽道，Sidewinder招牌是有6個戲劇性的迴旋與彎道，Big Air的特色是3處史詩級的大墜落，至於Mega則是ZORB最陡、最快、也最瘋狂的坡道。你可以任選一個斜道進行，不過應該很少人只滾一次就心滿意足，不妨買不同滾道組合的套裝行程，比較過癮。

懷歐塔普地熱區
Wai-O-Tapu Thermal Wonderland

MOOK Choice

多彩多姿的地熱奇觀

🚗 從羅托魯瓦開車前往，全程約31公里。或是預約Geyser Link Shuttle接駁巴士 🏠201 Waiotapu Loop Rd, Rotorua ☎(07) 366-6333 ⏰每日08:30~16:30 💲成人32.5元，5~15歲兒童11元 ℹ️www.waiotapu.co.nz

Geyser Link Shuttle半日遊行程
☎(03) 477-9083 ⏰09:15出發，13:30返回 💲成人79元，兒童48元 ℹ️headfirsttravel.com/local-legends/rotorua-thermal-attractions

掃地圖

位於羅托魯瓦南側的懷歐塔普，在毛利語中的意思是「聖水」。此處是全紐西蘭最多彩多姿且最具多樣性的地熱景觀區，在廣達18平方公里的區域內，分布著泥漿池、間歇泉、蒸氣湖和石灰岩台地。懷歐塔普的天然大火爐距離地表僅有4公里，地面的眾多水池比煮沸的開水還要滾燙，甚至高達275~320˚C，因此為了安全起見，參觀者必須循著園方規劃的步道一一探訪各個地熱景點。

全區內共有3條步道，全程3公里，完整繞一圈至少需要1個半鐘頭的時間；如果時間沒那麼充裕的話，其實走第一段也足夠了，只要30分鐘，即可看到最精彩的景觀；而第一加第二段步道也只需要40分鐘腳程。

納克斯女士間歇泉 Lady Knox Geyser

位在距離懷歐塔普地熱區約1.5公里處，有一個納克斯女士間歇泉，類似美國黃石公園的老忠實間歇泉，每天早上10:15會準時噴發，最高可達20公尺。為了讓噴發時的效果更加震撼，工作人員還會刻意灑進一些肥皂。由於一天只噴發這一次，所以有興趣的人一定要參加早上出發的行程。

香檳池 The Champagne Pool

在諸多景點當中，池寬將近70公尺的香檳池也是最著名者之一，這座本區內面積最大的地熱池，大約是在700年前噴發後所形成的。其名稱來自池水中大量釋放的二氧化碳，看上去的確很像不斷冒出氣泡的香檳酒，至於泉池邊緣的橘紅顏色，則是因為含有銻的關係。

藝術家的調色盤 Artist's Palette

園區內大大小小的火山坑口，因不同的礦物成份而呈現出不同色彩，或乳白、或鮮黃、或翡翠綠，集合在一起就成了「藝術家的調色盤」。其中紅色是飽含氧化鐵之故，白色是含二氧化矽，含氧化錳會呈紫色，含硫磺則會呈黃色。

羅托魯瓦周邊地圖

漢米爾頓
北島探索者號列車 Northern Explorer
Hamilton

豐盛灣
Bay of Plenty

陶朗加
Tauranga

瑪塔瑪塔
Matamata

劍橋
Cambridge

哈比屯
Hobbiton

蒂阿瓦瓦姆圖
Te Awamutu

蒂帕圖毛利村
Te Pā Tū

懷托摩
Waitomo

羅托魯瓦湖
Lake Rotorua

Tokoroa

羅托魯瓦
Rotorua

懷奇蒂溫泉
Waikite Valley Thermal Pools

懷歐塔普地熱區
Wai-O-Tapu Thermal Wonderland

胡卡瀑布
Huka Falls

陶波
Taupo

陶波湖
Lake Taupo

東加里羅國家公園
Tongariro National Park

圖例 ◎景點 ✈機場 ⚑活動 ♨溫泉 ●城市 ⦿公路 ━━鐵路

惡魔的澡堂 Devil's Bath

因為地質裡含有硫磺、亞鐵鹽等礦物質，加上從香檳池裡滿溢出來的泉水匯流至此，於是產生了這種不可思議的色彩。隨著天光和雲影變化，奇特的綠色有時也會變得更接近黃色，的確也只有惡魔會想要在這裡泡澡。

121

地獄門

MOOK Choice

Hell's Gate

體驗天然泥漿浴

🚗 從羅托魯瓦開車前往，全程約16公里。或搭乘地獄門的接駁巴士從市區出發，詳情請上官網查詢 🏠 351 State Highway 30, Tikitere ☎ (07) 345-3151 ⏱ 每日10:00~18:00 (12月底~1月中至20:00)

💲

體驗行程	成人	5~15歲
地熱步道	42元	21元
硫磺泉浴	35元	17.5元
泥漿浴	85元	42.5元
完全體驗行程	105元	52.5元

🌐 www.hellsgate.co.nz ❗ Spa療程須預約

掃地圖

這裡是羅托魯瓦周邊最活躍的地熱區，毛利名為Tikitere，愛爾蘭劇作家蕭伯納於1934年造訪此地時，曾形容這裡的景觀猶如地獄一般，因而有此稱呼。佔地約50英畝的園區，是紐西蘭目前唯一由毛利人經營的地熱景區，循著全長約2.5公里的步道，即可一一造訪南半球最大的溫泉瀑布、活躍的泥火山、冒著熱氣的噴氣孔、湧出泡泡的泥漿池等種種奇特景觀。

卡卡希瀑布
Kakahi Falls

瀑布落差雖然只有4公尺，但因水質是難得的溫泉水，是故已是南半球最大的溫泉瀑布！卡卡希瀑布的水溫通常在攝氏40度上下，所含礦物質對傷口癒合很有幫助，昔日受傷的戰士們都會到瀑布下淋浴，以治療受傷部位及去除傷疤。此外，毛利人也喜歡把新生的男孩帶來瀑布下洗浴，有點類似天主教裡的洗禮儀式，表示把男孩獻給戰神，所以此瀑布對毛利人來說也是意義非凡。

泥漿浴 Mud Bath Spa

除了地熱景致，地獄門更以泥漿浴聞名。浸浴在濃濃的泥漿池中，將全身覆滿純天然的火山泥，對於肌膚有絕佳的美容效果。除此之外，也有各種運用火山泥的Spa護理療程，諸如臉部護理、全身去角質等，都是這裡最熱門的項目。

木雕體驗
Carving Experience

在步道的終點附近，有一個毛利木雕的體驗區，由專業木雕師駐守，免費為遊客解說毛利木雕的獨特之處，並指導一些基本技巧。遊客可親手嘗試雕出具有毛利風格的木雕作品，並免費帶回家作紀念。

MAP ▶ P.121B1

哈比屯

MOOK Choice

Hobbiton

魔戒中的哈比人之鄉

🚗從羅托魯瓦開車前往，全程約70公里。包括InterCity、GreatSights、Travel Headfirst等多家旅遊公司，都有推出從奧克蘭或羅托魯瓦出發前往哈比屯的行程 🏠所有行程皆從The Shire's Rest出發：501 Buckland Rd, Hinuera, Matamata ☎(07) 888-1505 ⏰每日09:30起，約3~5個梯次，行程約2小時 💲成人89元，9~16歲44元 🌐www.hobbitontours.com 🍴另有包含午餐的行程，行程約2.5~3小時，成人125元，兒童80元 ❗強烈建議事先上官網預約購票

掃地圖

電影《魔戒》裡的哈比屯，就在瑪塔瑪塔西南郊的這座私人農場裡。當導演彼得傑克森決定要拍攝此片時，他回憶起年輕時有次搭車經過北島中部，窗外是廣闊的綠色大地，應當符合電影中哈比屯的環境。於是他在1998年搭乘直升機勘景，從空中俯瞰，發現這座位於瑪塔瑪塔的農場擁有如波浪般起伏的地形，正是他構思中的理想場景。

利用農場地勢，劇組工作人員以木材與保麗龍

行程安排細思量，避免無謂浪費時間

哈比屯的地理位置，介於奧克蘭與羅托魯瓦之間，但是如果不是自行開車的話，交通相當不方便，必須先搭客運前往瑪塔瑪塔，再轉車抵達。實際的導覽行程雖然不到2小時，但是浪費在轉車、等車的過程，足以耗掉1整個白天的時間。所以建議千萬不要為了節省一趟回頭路，而把哈比屯穿插在從奧克蘭前往羅托魯瓦的途中，不如之後從羅托魯瓦報名參加半日遊的行程較符合時間效益；另外，如果行程中有前往漢米爾頓(Hamilton)這個城市的話，它是往返哈比屯最方便省時的城市。

等材料，搭建了磨坊、拱橋、37座哈比人小屋，甚至還請紐西蘭軍方協助開闢1.5公里的道路。而在拍攝工作結束後，農場主人特別和電影公司達成協議，得以保留部份場景，使觀光客們有機會親身走訪電影中的哈比屯。

2個小時的哈比屯之旅，由解說人員全程導覽，行程包括宴會樹、磨坊、小橋、市集、玉米田、袋底居等，解說人員會一一敘述拍攝時的小故事，現場還有電影畫面的照片供你與實景比對。

懷托摩●

懷托摩
Waitomo

文●蔣育荏‧墨刻編輯部
圖片提供●紐西蘭旅遊局

Wai 是水，tomo是洞，懷托摩在毛利語中，意思就是被水沖蝕出來的石灰岩洞。在這個地區，很容易就能發現河流從山裡切割出一條窄道，或是沖蝕出一個大洞，洞洞相連串成地底通道，當地人常自信滿滿地表示，懷托摩不論是地面上還是地底下，在紐西蘭都有數一數二的看頭。不過人們來到懷托摩並不會留太多時間在地面上，而是一個勁兒地往地底下跑：懷托摩的地下，險流處處，伏流像蠕蟲一樣在地底鑽出一個又一個溶洞。終日不見陽光的自然環境，營造出獨特的生態圈，不但螢火蟲喜歡，紐西蘭人更愛，君不見他們已想出了不少花招，運用各種冒險犯難的裝備，滿足大家想當印第安納瓊斯的癮。

©紐西蘭旅遊局/Absolute Adventure

基本資訊

地理位置：位於北島的懷卡托(Waikato)地區，向北距離漢米爾頓約70公里，距奧克蘭約190公里，向東前往羅托魯瓦約140公里。
人口：約1,200人
區域號碼：(07)

如何到達

長途巴士
◎InterCity
　懷托摩巴士站在i-SITE門外。可搭乘InterCity長

途巴士，從奧克蘭每週一、四、五、日09:00出發，12:40抵達；從羅托魯瓦每週一、四、五、日07:40出發，中途在漢米爾頓轉車，12:40抵達。
◎GreatSights
　GreatSights巴士公司有推出多項從奧克蘭或羅托魯瓦出發的半日遊與一日遊行程，詳細請查詢官網。
📞(09) 583-5790、0800-744-487
🌐www.greatsights.co.nz

旅遊諮詢

懷托摩洞穴i-SITE
🔺P.124A1　🏠21 Waitomo Village Rd, Waitomo Caves
📞(07) 878-7640　🕐週五至週日10:00~15:00
🌐www.waitomocaves.com

© 紐西蘭旅遊局 /Shaun Jeffers

北島⋯⋯懷托摩 Waitomo

MAP ▶ P.124A1

懷托摩螢火蟲洞

MOOK Choice

Waitomo Glow Worm Caves

潮濕岩洞裡的天然照明

從i-SITE沿大路往西走約550公尺即達 ⌂39 Waitomo Village Rd. ☎0800-456-922 ⏰每日 09:30~17:00每半小時出發，行程約45分鐘 ⑤成人61元，4~14歲28元 ⏺www.waitomo.com ❶行程出發前30分鐘完成報到，建議攜帶保暖衣物，洞內嚴禁拍照

掃地圖

　　在紐西蘭的南、北島上，各有一處著名的螢火蟲洞，南島的螢火蟲洞在蒂阿瑙湖畔，北島則在懷托摩。這裡所謂的螢火蟲，和我們所熟知的螢火蟲(Firefly)不太一樣，是一種真菌蚋或蕈蚋，幼蟲被名為Glow Worm。1887年時，本地的毛利酋長陪同英國測量師在懷托摩各處探勘，偶然間發現伸手不見五指的鐘乳石岩洞裡，居然綴滿了藍色星光，宛如耶誕樹上裝飾的點點燈光。這些都是螢火蟲的幼蟲，為捕食小蟲，利用昆蟲的趨光性，在尾端發出藍光，以吸引獵物靠近。就在螢火蟲洞被發現的隔年，這裡便開放給遊人參觀，目前最熱門的遊程是造訪螢火蟲洞，以及鄰近2處多彩的石灰岩洞穴——阿拉努伊洞(Aranui Cave)和魯阿庫里洞(Ruakuri Cave)。

　　一百多年過去，這一帶的地表景觀已不知發生多少變化，但在地底下，不變的是那點點藍光。導覽人員會先帶領遊客參觀打上燈光的奇岩怪石，那是累積千萬年成形的鐘乳石奇景，接著坐上小船沿著河道划進黑暗深處，請注意你的兩旁和頭頂，因為數不盡的螢火蟲將要如同繁星般，在你眼前亮起。

黑水漂流
Black Water Rafting
地底暗流的奇幻旅程

🏠 584 State Highway 3　☎ 0800-228-464　🌐 地底黑洞：每日09:00、14:30出發，行程約5小時。地底迷宮：每日08:30~16:00，約6~10個梯次，行程約3小時　💲 地底黑洞：每人290元。地底迷宮：成人170元，12~15歲130元　🔗 www.waitomo.com　❗ 強烈建議事先上網預約。參加地底黑洞需年滿16歲，參加地底迷宮需年滿12歲。自備泳衣、毛巾。禁止拍照

掃地圖

　　「黑水」是相對於地面上溪流「白水」的說法，指的就是在黑暗洞穴裡的伏流，顯然白水泛舟對紐西蘭人而言已失去新奇，於是他們把腦筋動到了黑水上，要在地底岩洞中順水漂流。懷托摩的黑水漂流公司是這一行的老字號，共有2種行程選擇，地底迷宮(Black Labyrinth)是第一代玩法，參套上大橡皮圈後跳進水裡，利用橡膠圈的浮力，由水流帶著漂行在黑暗的石灰岩洞穴中。有時水道寬如小河，也有時窄如一根管子，水流時急時緩難以預測，更讓刺激指數倍增。而就在水流稍緩處，喘口氣的同時，抬頭就可看到滿滿的藍色光點，直接躺在水面上欣賞傳說中的螢火蟲。

　　如果嫌不夠刺激，還有第二代玩法地底黑洞(Black Abyss)，這是結合了地底迷宮以及繩索垂降、攀岩、飛索、跳水等多種活動，一開始就得先綁著繩子垂降35公尺來到洞穴入口，再來是個勇氣大考驗，在黑暗裡套著大橡皮圈，從不知多高的懸崖上跳到水裡，接著就被水流一路往下沖，在歷經刺激的漂流後，還有最後一關考驗，那就是得攀爬直上數十公尺，才能重見天日。整個過程宛如在拍一部奇幻冒險大片，驚險刺激，日後回味無窮。

© 紐西蘭旅遊局 / Tourism Holdings

© 紐西蘭旅遊局 / Tourism Holdings

MAP ▶ P.124A1

失落的世界
Lost World Tours

MOOK Choice

垂降地下叢林的岩洞探險

📍距i-SITE約600公尺　🏠1227 Waitomo Valley Rd　☎(07) 878-7788、0800-924-866　🕐4小時行程：週四至週一10:00、14:30、15:00出發。7小時行程：週四至週一10:30出發　💲4小時行程：每人445元。7小時行程：每人645元　🌐www.waitomo.co.nz　❗參加4小時行程需年滿10歲，7小時行程需年滿15歲。出發前30分鐘完成報到。7小時行程需自備泳衣、毛巾

掃地圖

　　「失落的世界」是同類型中最具戲劇性的冒險活動，分為4小時基本行程和7小時的進階行程，想一探深藏在森林下的岩洞究竟，得先確定自己沒有懼高症，綁好繩子、套上安全鎖後，就要直線下滑100公尺，深入地表深處，速度快慢全靠自己一隻腳來操控。

　　15分鐘後到了彷如教堂般的洞穴入口，穿著橡膠鞋開始在岩石塊上跳躍跋涉，接著深入地底洞穴，觀看壯觀的鐘乳石洞，以及坐在地底河流旁，關掉所有手電筒燈光，靜靜欣賞螢火蟲閃爍，最後則要爬上一個長長的鐵梯從地底直達地面。而進階行程則有攀爬、在水中逆流而上等更多冒險，在這個行程中會發現古老的鯨魚骨和牡蠣化石，以及欣賞到壯觀的瀑布，此外也包含午餐和晚餐BBQ。

　　整趟旅程就在不斷發現大自然的驚奇中度過，要感受這些驚奇沒有任何容易的方式，只有自己一步步往前探索，所謂兼顧大自然的知性和刺激娛樂，在這樣的地底洞穴裡可以看到最清楚的示範。而為了方便行走，行程使用的器材不多，僅留下最必要的，雖然看來措施極少，老實說在層層安檢和教練帶領下，安全性相當高。

陶波及其周邊
Taupō & Around

文●蔣育荏・蒙金蘭・墨刻編輯部
攝影●周治平・墨刻攝影組

陶波沿著陶波湖東北而建，距羅托魯瓦僅1小時車程。亙古以前火山爆發，為此處帶來肥沃的土壤，毛利人用焚燒山林或混合砂土等方法，在此地開墾耕作。後來英國人來到紐西蘭，用毛毯、槍彈、煙草或一點小錢，向毛利人購買土地，到了1860年，毛利族人發現情況不對，戰爭便在此地開打。

紐西蘭土地戰爭是紐西蘭創建前的一頁辛酸，但現在的陶波鎮上可是一點也嗅不到硝煙氣息，如今街上到處是pub和酒吧，甚至還有一家賭場，晚上不知要到哪裡晃，建議可以去Tongariro St.或Lake Terrace，街上一間挨著一間的餐廳、酒吧，保證直至午夜仍是人擠人，還可以上吧台狂舞一番。

由於這裡可以從事划輕艇、噴射快艇、高空彈跳等活動，為了體驗刺激冒險而來的大批年輕旅客，讓小鎮頓時熱鬧起來。為了接待來自四面八方的背包客，i-SITE附近還蓋了一間專為遊人提供盥洗服務的Super Loo，以全國最大最豪華的公廁身份，成為當地一處景點。陶波再往南，東加里羅國家公園是紐西蘭第一座國家公園，壯麗的火山景觀與獨特生態，吸引了大批人們來此健行。

基本資訊

地理位置：位於北島中部，北距羅托魯瓦約76公里，西北距奧克蘭約284公里，東南往納皮爾約142公里，南距威靈頓約375公里。
面積：約43平方公里(市區)
人口：約2萬6千人(市區)
區域號碼：(07)

如何到達

航空

陶波機場位於市區南方約8公里處，目前只有每天1班往返奧克蘭的定期航班。
🌐 taupoairport.co.nz

◎機場至市區交通

並沒有大眾交通工具往返市區與機場之間，必須自行安排接駁巴士或搭計程車。

Taupo Airport Shuttle
📞 (07) 377-8990
🌐 info@greatlaketaxis.co.nz

長途巴士

◎InterCity

陶波InterCity巴士站位於i-SITE門外，搭乘InterCity長途巴士，從奧克蘭每日3班直達，車程約5小時；從羅托魯瓦每日3班直達，車程約1小時；從威靈頓每日3班直達，車程約6.5~7小時；從陶朗加每日2班直達，車程約3小時。

市區交通

巴士

以一個觀光興盛的城鎮來說，陶波地區的大眾交通並不方便，只有當地巴士Taupō North可以前往胡卡

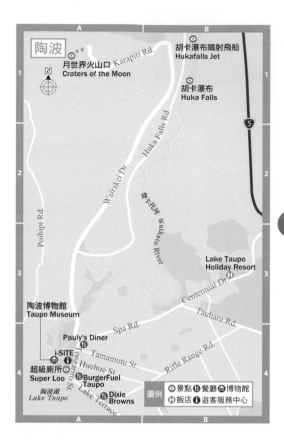

北島…陶波及其周邊 Taupo and Around

瀑布等風景區，單程全票2元，使用Bee Card為1元。但是巴士班次很少，時間被箍得很緊，出發前要先確認好回程時間，以免錯過班次。不想浪費時間在等待交通工具上的話，建議考慮以租車、計程車、或是Uber等交通工具代步。從事其它活動例如噴射飛船、東加里羅國家公園健行等，必須先安排好交通接駁。
🌐 www.busit.co.nz/regional-services

旅遊諮詢

陶波i-SITE

🗺 P.129A4 📍 30 Tongariro St, Taupo
📞 (07) 376-0027、0800-525-382
🕐 平日09:00~16:30，週末10:00~13:00
🌐 www.greatlaketaupo.com

MAP ▶ P.129A4

陶波湖

MOOK Choice

Lake Taupo

紐西蘭最大的火山口湖

掃地圖

陶波湖是一座火山口湖，形成於一次數千年來最劇烈的火山爆發，這座火山上次噴發大約是在1,800年前，目前仍處於休火山的狀態，至於何時會再度爆發，就連專家也說不準。

陶波湖是紐西蘭最大的湖泊，面積廣達616平方公里，幾乎可以塞進整個新加坡，站在岸邊向湖心望去，就像大海一樣無邊無際。在這樣大的一座湖泊上，最盛行的活動當然就是划船遊湖了，由於湖面平穩無波，質地輕巧的塑膠輕艇也不容易翻覆，划起來相當安全。除了大湖美景之外，輕艇之旅最大的報償就是可以近距離欣賞位於Mine Bay岸邊懸崖上的毛利人臉部刺青岩雕，這座岩雕高度超過10公尺，雕就於1970年代

©紐西蘭旅遊局／Tourism NZ

末，據說是因為有位藝術家當時初學雕刻，過程中怕被同行嘲笑，於是刻意挑了個只能由水路前往的隱密地點，在朋友協助操船下，花了3年時間完成，而兩旁礁石上也刻述著毛利神話，是陶波的象徵景點。

MAP ▶ P.129A1

月世界火山口

Craters of the Moon

地熱泥漿悠然嘆息

🚗距陶波市中心約7公里。若搭乘Taupō North巴士往胡卡瀑布方向，可在中途下車，但從巴士站尚有1.7公里路程。 🏠171 Karapiti Rd, Wairakei Park ☎0276-564-684 ⏰每日10:00~16:00（15:00後停止進入）💲成人10元，5~15歲5元
🌐www.cratersofthemoon.co.nz

掃地圖

月世界是由火山噴發所形成的地貌，直到近20年都還曾經有過噴發紀錄。順著規劃完善的步道，可以看到好幾處火山口，有的還在持續噴出地熱，有的則是冒著滾滾泥漿。早年因為草木不生，整片區域宛如月球表面般荒涼，所以被喚作月世界，

這幾年經過休養生息，大部分地表已呈現綠油油的面貌，因而與想像中略有落差。

園區大致有兩條步道，呈環狀的主要步道繞行火山口一圈，需時約45分鐘；而靠近售票處西北側的山坡上，另有一條較短的步道，約需20分鐘腳程，因為居高臨下，可以擁抱整個月世界火山口的全景，視野絕佳。

©紐西蘭旅遊局 /Huka Jet

MAP ▶ P.129B1

胡卡瀑布
Huka Falls

瞬間澎湃，氣勢磅礡

🚗距陶波市中心約5.5公里。若搭乘Taupō North巴士前往，只有平日上、下午各一班往返，車程約10分鐘 ⏱停車場約08:00~18:30（冬季至17:30）🌐www.hukafalls.com

掃地圖

全長425公里的懷卡托河（Waikato River)是紐西蘭第一長河，流域涵蓋了北島面積的12%，由於水量豐沛，紐西蘭政府在沿岸蓋起多座發電廠，供給北島大部份的電力來源。

胡卡瀑布位於陶波北方5公里處，是懷卡托河上最大的瀑布，Huka在毛利語裡是「泡沫」的意思，意指河流在此陡降所激起的翻滾水花。同時由於水質潔淨且水溫冰冷，因而使這一帶河水呈現出澄藍色澤。11公尺的地勢落差雖然不大，但這裡每秒水量高達270公噸，據說10秒鐘即可灌滿一座奧林匹克賽場等級的游泳池，磅礡的氣勢令人咋舌。瀑布上方設有人行步道，可從步道上免費欣賞瀑布壯觀的景致。

MAP ▶ P.129B1

胡卡瀑布噴射飛船

MOOK Choice

Hukafalls Jet

狂飆正面迎向瀑布

🏠200 Karetoto Rd, Wairakei 📞(07) 374-8572、0800-485-253 ⏱10~4月每日08:30~17:00（12月及1月至17:30）；5~9月每日09:00~16:00。每30分鐘出發一梯，行程約半小時 💰成人129元，15歲以下89元 🌐www.hukafallsjet.com ❗建議事先上網預約，參加者身高需滿100公分

掃地圖

想就近欣賞胡卡瀑布，最佳方式就是搭乘噴射飛船，以時速80公里在懷卡托河上貼著岩壁狂飆。而最讓人期待的一刻，就是當飛船來到胡卡瀑布下方，從這個角度所看到的胡卡瀑布格外壯觀。

噴射飛船的出發基地位於胡卡瀑布北側的懷拉基公園(Wairakei Park)裡，出發後會先開向下游的阿拉蒂亞蒂亞水壩(Aratiatia Dam)，見識全球第一座地熱發電廠，以及善用地熱經營起來的養蝦場，之後再轉往上游，朝著胡卡瀑布前進。沿途除了以超快速度掠過原始叢林外，為了製造驚險效果，駕駛會不時來個360°急甩尾，搞得乘客一身清涼。

北島…陶波及其周邊 Taupo and Around

東加里羅越嶺健行交通接駁

陶波是參加東加里羅越嶺健行之旅最方便的據點城市，有不少巴士公司提供接駁服務。預約Tongariro Expeditions的接駁專車，通常車子會在早上05:30之前到各家飯店接客人上車出發，然後在上午07:00左右抵達步道南端的芒格提波波停車場，下車後就自行往越嶺步道邁進，接駁車會在下午15:30於步道北端的凱特塔希停車場等待，一旦坐滿就載客回程，直到16:30最後一班接駁車離開為止。若是沒能趕上末班車，可能就得向登山救援系統求救了。

如果傾向開車前往，也可預約單程接駁，一早把車停在凱特塔希停車場，然後搭乘接駁車到步道起點的芒格提波波停車場(06:30、07:30、08:30發車)，這樣做的好處是沒有時間壓力，走完步道就可自行開車回程。

Tongariro Expeditions
☎(07) 377-0435；0800-828-763 ⑤從陶波往返：成人100元，兒童80元。停車場單程：成人45元，兒童35元 ⓤwww.tongariroexpeditions.com

MAP ▶ P.121A3

東加里羅國家公園
Tongariro National Park

MOOK Choice

加入魔戒遠征隊的陣容

🚗可自行開車，或搭乘北島探索者號景觀列車至National Park站，在這個小村鎮裡有許多行程與接駁車可供選擇。也可從陶波預約接駁行程 ⓤwww.tongarirocrossing.org.nz

東加里羅公園遊客中心
🏠Whakapapa Village State Highway 48, Mt Ruapehu ☎(07) 892-3729 ◷每日08:00~16:30 ⓤwww.doc.govt.nz/tongarirovisitorcentre

掃地圖

1887年，毛利部落酋長將魯瓦皮胡山(Mt. Ruapehu)、東加里羅山和諾魯霍伊山(Mt. Ngauruhoe)等3座火山，贈送給紐西蘭人民，而在1894年成立為國家公園，為全世界第二座、紐西蘭第一座的國家公園。

活躍的火山地形和多元的生態環境，讓東加里羅有著詭奇多變的地理景觀，而在電影《魔戒》中，燃燒著熊熊烈火，可以摧毀魔戒的末日山脈

圖例 ⊙景點 ▲山 P停車場

往陶波↑

羅托艾拉湖
Lake Rotoaira

凱特塔希停車場
Ketetahi Car Park

東加里羅峰
Tongariro Summit
(1967公尺)

凱特塔希避難小屋
Ketetahi Shelter

芒格提波波停車場
Mangatepopo Car Park

蘇打泉
Soda Springs

藍湖 Blue Lake

翡翠湖 Emerald Lakes

芒格提波波山屋
Mangatepopo Hut

紅色火山口鞍部
Red Crater Ridge
(1886公尺)

諾魯霍伊峰
Ngauruhoe Summit
(2291公尺)

N

東加里羅越嶺步道

(Mt. Doom)，就是以魯瓦皮胡山做為場景，山坡上的懷卡帕帕(Whakapapa)滑雪區也在片中出現多次，因此除了大自然愛好者外，這些年又吸引了不少電影迷前來。

在東加里羅國家公園的主要活動，冬天是滑雪，夏天則是健行。國家公園內有多條健行路線可供選擇，從數小時到數天的都有，而最受歡迎的就屬全長19.4公里的東加里羅越嶺步道(Tongariro Alpine Crossing)，這條路線的起點

為芒格提波波停車場(Mangatepopo Car Park)，終點為凱特塔希停車場(Ketetahi Car Park)，沿途行經多座火山口及火口湖，包括著名的藍湖，也有些地方冒著地熱的白煙，景觀豐富多變。只是因為路途稍長，一般人得花6~8小時行走，而且不少路段出現長長的碎石坡，參加者需衡量自己的體力，再決定要不要挑戰自我。此外，這段步道已經接近海拔2千公尺，所以無論什麼季節前往，都要記得穿戴舒適保暖的衣物。

芒格提波波至蘇打泉
Mangatepopo to Soda Springs

　　芒格提波波山屋附近的停車場是東加里羅越嶺步道的南端，從這裡開始就是車子無法進入的山路，最初大約1個鐘頭的路段都是緩坡，可以當作暖身。入口附近有洗手間，接下來到終點為止只會有3處洗手間，所以通常都會大排長龍，有需要的人必須把握機會，否則漫漫長路找不到廁所可就尷尬了。

蘇打泉至南火山口
Soda Springs to South Crater

　　經過蘇打泉之後，陡坡開始經常出現，從海拔1,409公尺處逐漸往1,660公尺處爬升，中間還會經過通往諾魯霍伊峰的岔路。這段大約1小時的路程，被稱為「惡魔的樓梯」(Devil's Staircase)，正好用來測試體力，如果還在猶豫要不要挑戰諾魯霍伊峰的人，這時候心中應該可以做決定了。

　　由於已經爬上一定的高度，在天朗氣清的日子裡，從這裡望向來時路，視野非常廣闊，美景讓人覺得值得揮汗。

諾魯霍伊峰 Ngauruhoe Summit

　　海拔2,291公尺的諾魯霍伊峰，山型酷似富士山，是東加里羅國家公園裡的最高峰，也是園區內最「年輕」的山峰，大約形成於2,500年前一場火山爆發，西元1975年也曾經噴發過，至今內部仍非常活躍，不該掉以輕心。這段路線來回至少需要3個小時，而且攻頂時有些陡坡相當驚險，一定要有登山經驗和足夠的裝備，才鼓勵勇敢嘗試；如果09:15以後才來到山腳下的人，就請千萬不要上山了。

南火山口至紅色火山口鞍部
South Crater to Red Crater Ridge

　　這段先甘後苦的路，前面10分鐘相當輕鬆，但是接下來又有將近1個小時的爬坡。海拔達1,886公尺的紅色火山口鞍部是這條步道主線上最高的地方，所以在繼續爬坡前會看到一個警示牌，規勸體力欠佳、或是當天氣候情況不良、不適合再繼續前進的人，應該在這裡往回走，以免無法在預定時間內抵達步道另一端。如果你仍然決定繼續，那就要打起精神勇往直前，因為接下去就不能回頭了，所以叫作「Point of no return」。

東加里羅峰 Tongariro Summit

　　在抵達紅色火山口鞍部之前，左手邊會看見通往東加里羅峰的岔路。東加里羅峰高1,967公尺，是僅次於諾魯霍伊峰的第二高峰，這段路並不難走，但是因為長年積雪，所以前進時得小心不要滑倒，尤其上山與下山的人在積雪的狹道上「會車」時，更要注意安全。由於往返只有3公里，如果天氣良好加上時間充裕的話，只要1.5至2個小時又可多佔領一個山頭，何樂不為！不過如果氣候欠佳，這段路會直接面對強風，變數很大，則不建議輕易冒險。

東加里羅越嶺健行必要準備

· 防滑防水的登山鞋
· 充足的行動糧(高熱量的乾糧為佳)
· 充足的飲水(有些接駁車上亦可購水)
· 防風、防雨的外套
· 防寒毛帽
· 手套
· 防曬乳液
· 行動電話(若能上網,有助於隨時檢視地圖,確認
  自己的所在位置)
· 冬季前往的話,必須準備冰爪,以應付萬
  一積雪路段結冰

翡翠湖 Emerald Lakes

翡翠湖是指3池積水的火山口,因為地下礦石所造成的色彩,不但碧綠剔透,邊緣還鑲著一層琥珀,真是瑰麗的天然珍寶。從紅色火山口和前往東加里羅峰的沿途,都能望見翡翠湖美麗的身影。

從紅色火山口鞍部前往翡翠湖的這段路,雖然是下坡,但是因為火山地質,腳下都是粗砂礫和碎石頭,反而是比上坡更艱難的路段,要謹慎留心自己的安全。

藍湖 Blue Lake

從翡翠湖再前進約20分鐘,就來到毛利人心目中的聖湖——藍湖。藍湖是比翡翠湖面積又大些的火口湖,因為地下礦石、藍天映照出獨特的藍色調,深沉寧靜,美名遠播。

藍湖至凱特塔希 Blue Lake to Ketetahi

過了藍湖,就展開漫長的下坡路,這段路很好走,也很無聊,因為路上除了以羅托艾拉湖(Lake Rotoaira)為背景的俯瞰景觀,以及點綴在草原間的裊裊地熱白煙外,已經沒有特殊的景點了。大約1個鐘頭後抵達的凱特塔希避難小屋(Ketetahi Shelter)除了洗手間外,並沒有提供飲食、住宿等任何設備。稍作休息後,還有2個小時的下坡路等在前方,一路向北,直到望見凱特塔希停車場,就能為這段健行畫下美麗的句點。

©紐西蘭旅遊局 (Chris McLennan)

陶朗加與豐盛灣
Tauranga & Bay of Plenty

文●蒙金蘭・墨刻編輯部
攝影●周治平・墨刻攝影組

位於北島東北部的豐盛灣，海岸線長達259公里，由於氣候溫和、土壤肥沃，因而農產豐盛，這也是當年庫克船長為這裡起名豐盛灣的原因。今日這裡的作物以奇異果最為有名，境內的蒂普基(Te Puke)甚至擁有「全球奇異果之都」的封號。

豐盛灣所涵蓋的範圍相當廣，甚至連羅托魯瓦都屬於豐盛灣的轄區之內。除了羅托魯瓦外，這一帶的旅遊產業以陶朗加為中心，從市區北端的芒格努伊山，到市區東端的帕帕摩阿(Papamoa)，長達20公里的海岸線是豐盛灣最熱鬧的地方，帆船、衝浪等水上活動以潔白的沙灘為基地，出海賞鯨也是熱門行程。而市區西郊的懷羅阿河與東郊的凱圖納河(Kaituna)則分別是泛舟與噴射飛船的據點，甚至還可報名懷羅阿河划輕艇賞螢火蟲的行程。

豐盛灣內其他著名景點還包括位於法卡塔尼(Whakatane)外海的白島(White Island)，這是紐西蘭最活躍的活火山，登島必須參加合法行程。而豐盛灣西岸的卡蒂卡蒂(Katikati)則以好天氣著稱，這座愛爾蘭小鎮每年都會舉行音樂節，鎮上建築的外牆繪有一幅幅壁畫，主題多半跟建築本身用途有關，吸引不少人的目光。

基本資訊

地理位置：陶朗加位於北島北部海岸，南距羅托魯瓦約65公里，西往漢米爾頓約110公里，距離奧克蘭約215公里。
面積：142平方公里
人口：約11萬人
區域號碼：(07)

如何到達

航空
陶朗加機場(TRG)位於芒格努伊山地區(簡稱芒特區)，距離市中心約5公里。有國內線往返奧克蘭、威靈頓、基督城等地。

🔗 airport.tauranga.govt.nz
◎ **機場至市區交通**
公車
從航廈要走700公尺到Hewletts Rd.(2號公路)上，才能搭乘Bayhopper的2號公車進市中心。
🔗 www.baybus.co.nz
計程車
Tauranga Mount Taxis
☎ 0800-829-477 🔗 www.taurangataxis.co.nz
Tauranga Taxi Cabs
☎ 0800-482-947 🔗 www.taurangataxi.co.nz

長途巴士
◎ **InterCity**
陶朗加的InterCity巴士站在Tauranga Art Gallery (108 Willow St.)外。從奧克蘭每日3班直達，車程約4小時；從羅托魯瓦每日1~2班直達，車程約1.5小時。
🔗 www.intercity.co.nz

市區交通

公車
陶朗加市中心不大，用徒步的方式即可走遍全城。若要前往芒格努伊山地區，可搭乘Bayhopper的巴士。Bayhopper在陶朗加地區共有20條路線，串連起市區及周邊郊區，所有路線起點皆為Tauranga City站(位於Willow St.上)，且採循環路線，時間表及路線圖可於官網查詢，或至i-SITE索取。
💲 成人單程3.4元(使用Bee Card為2.72元)，5~15歲2元(使用Bee Card為1.6元)；1日票成人7.8元，兒童5.6元
🔗 www.baybus.co.nz

旅遊諮詢

© 紐西蘭旅遊局/Chris McLennan

陶朗加i-SITE
📍 P.137A3
🏠 103 The Strand
☎ (07) 578-8103
🕐 09:00~17:00
🚫 週日
🔗 www.bayofplentynz.com

芒格努伊山i-SITE
📍 P.137B1
🏠 137 Maunganui Rd.
☎ (027) 702-8369

地圖標示

陶朗加

- 芒格努伊山 Mt. Maunganui (The Mount)
- 芒格努伊海灘 Maunganui Beach
- 莫圖里基島保護區 Moturiki Island Reserve
- i-SITE
- 芒特熱水游泳池 Mount Hot Pools
- The Mall
- Marine Parade
- Oceanview Rd.
- Maunganui Rd.
- Totara St.
- 芒特區 Mt. Maunganui
- 陶朗加港灣大橋 Tauranga Harbour Bridge
- 陶朗加機場 Tauranga Airport
- Bayfair購物中心
- 陶朗加三一碼頭飯店 Trinity Wharf Tauranga
- 榆樹屋 The Elms
- Willow St.
- 貨櫃藝術市場 The Cargo Shed
- 鮑比的鮮魚市場 Bobby's Fresh Fish Market
- The Strand
- 陶朗加市中心區 Tauranga
- i-SITE
- Grey St.
- ←往懷羅阿河 Wairoa River

圖例：景點　飯店　餐廳　購物　機場　巴士站　公路　遊客服務中心

MAP ▸ P.137A2-A3

陶朗加

Tauranga

探索豐盛灣的最佳起點

雖然是全紐西蘭的第五大城，但是來到陶朗加，真的會誤以為它只是個小鎮，因為除了靠海岸的The Strand、與The Strand平行的Willow St.、以及往南的Grey St.一帶有比較密集的商店、餐廳，顯得比較「熱鬧」外，其他地區都相當安靜。

陶朗加市區內有少數幾幢比較古老的建築，包括1906年所建的舊郵局、1838年所建的榆樹傳教屋、已經改建為餐廳兼酒吧的舊保稅庫(Old Bond Store)等，有興趣的人可向旅遊服務中心索取一張歷史古蹟散步地圖，以便按圖索驥。

貨櫃藝術市場 The Cargo Shed

🏠5 Dive Crescent ⏰10:00~16:00 (冬季僅週末開放)

從市中心順著海濱往北走，會看到一幢貨櫃屋，這裡原本是棄置的倉庫，經過整修後化身為非常有在地風味的藝術市集，開放給當地藝術工作者展售自己的作品，包括繪畫、攝影、毛線手工織品、毛利民族木雕、鮑魚殼飾品、蜂蜜製品等。有些創作者乾脆坐在攤位前一邊持續手上工作，一邊和上門的顧客親切寒暄。想挑些獨一無二的紐西蘭紀念品或伴手禮，到這裡應該會有不錯的收穫。

鮑比的鮮魚市場 Bobby's Fresh Fish Market

📍1 Dive Crescent ☎(07) 578-1789 ⏰08:00~18:00 ⏸週一、二
bobbysfreshfishmarket.business.site

和貨櫃藝術市場只有幾步路的距離，雖然號稱市場，其實只有一家餐廳，由當地漁家供應當天捕撈到的新鮮漁獲，然後以最簡單快速的烹調手法，提供食客便宜到爆的海鮮。因為食材夠新鮮，所以即使沒有任何調味也夠好吃，真正物超所值。

這個漁家也有提供包船出海打魚的活動，有興趣可向他們詢問出海時間與價格。

榆樹屋 The Elms

🏠15 Mission St. ☎(07) 577-9772 ⏰每日10:00~16:00 💲成人15元，5~16歲7.5元
www.theelms.org.nz

1820年前後，從島嶼灣渡海而來的英國傳教士抵達陶朗加，打算長久居住下來，便著手建造住所與傳教基地。始建於1838年的榆樹傳教屋，不但是豐盛灣現存最古老的歐洲古蹟之一，更是當地毛利人最早接觸到基督教與西方文化的地方，他們漸漸願意在這裡讀書、識字，並學習耕作與畜牧等技術，對陶朗加歷史而言意義重大。屋外佔地廣闊的英式花園，不但讓傳教士們緬懷家鄉氣息，當年也是

耕種蔬果、自給自足的重要園地。目前傳教屋、圖書館、小型禮拜堂、花園等皆保存完好，對外開放參觀。

芒格努伊山
Mount Maunganui

360度鶴立俯瞰

🚌搭乘5號公車至Adams Avenue – Hot Pools站，再步行上山

掃地圖

從陶朗加越過陶朗加港灣大橋，一海相隔的芒格努伊山地區，地名由來正是位於狹長半島北邊的芒格努伊山。芒格努伊山是一座突出於海面上的圓錐形死火山口，制高點只有海拔232公尺，雖然沒有很高，但因為三面環海、一面連接平地，鶴立雞群的視野分外遼闊。當地人將這座山稱為毛奧(Mauao)，在毛利語中是「被曙光抓住」的意思。

芒格努伊山有好幾條健行步道，可以沿著緩坡逐步攻頂，大概40分鐘即可登上制高點；或是繞行山腳的海岸步道一圈，全長只有3.4公里，在不急不徐的腳程下，也只需要45分鐘就能走完。由於路程不遠，屬於輕鬆級的郊山路線，不必任何裝備即可走完全程，所以從大清早開始就會遇到輕裝便服的人們，絡繹不絕地到此爬山。

芒特熱水游泳池
Mount Hot Pools

用海水加熱舒暢身心

🚌搭乘5號公車至Adams Avenue – Hot Pools站即達 🏠9 Adams Av. ☎(07) 577-8551 ⏰07:00~22:00（週日08:00 起）💲成人20元，3~15歲及65歲以上13.5元，1~2歲2元 🌐mounthotpools.co.nz

掃地圖

在芒格努伊山的山腳下，有一座芒特熱水游泳池，是把海水過濾之後，利用地熱加熱而成的鹹水游泳池。

西元前500年左右，西方醫學之父希波克拉底，發現加熱後的海水對人體排毒頗有助益，可讓身體重新獲得平衡，從那時起，人們便開始懂得運用熱鹹水浴來改善肌肉痠痛、關節發炎等問題。芒特熱水游泳池就是針對這項學理而設計的，由於設置在芒格努伊山腳下，非常適合健行後到此泡泡身體、放鬆一下，所以熱水游泳池和芒格努伊山並列為陶朗加地區最受歡迎的休閒去處。此外，這裡也有私人熱水池和多種Spa療程可供選擇。

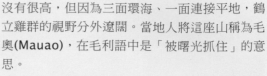

MAP ▶ P.137A1

芒格努伊海灘

Maunganui Beach

衝浪客最愛的白沙灘

🚌搭乘5號公車至Maunganui Rd-Commons Ave站,再步行約1分鐘

　　從芒格努伊山向南走,不久就會來到長長的白沙灘,這裡是芒格努伊山地區的主海灘,向南綿延好幾公里,可以連接到帕帕摩阿海灘(Papamoa Beach)。中間有一段與莫圖里基島相連,形成一道美麗的曲線,就是從芒格努伊山俯瞰下來最經典的畫面,也成了豐盛灣頗具代表性的印象圖騰。

掃地圖

　　主海灘因為浪頭頗大,適合從事不同難度的衝浪,被認為是紐西蘭最棒的衝浪天堂之一,夏季往往吸引大批衝浪客。海灘旁有不少流動咖啡廳,在人潮較少的季節也適合悠閒地漫步。

MAP ▶ P.137B1

莫圖里基島保護區

MOOK Choice

Moturiki Island Reserve

豐盛灣的生態縮影

🚌搭乘5號公車至Maunganui Rd-Mt Drury Reserve站,再步行約5分鐘

掃地圖

　　和芒格努伊海灘相連的莫圖里基島,是一座面積很小的陸連島,其名字在毛利語中是「休閒」的意思。由於島上天然的動植物生態相當豐富,因而被劃歸為保護區,入口處可看到一面禁止遛狗的警示牌,就是為了以免狗兒不小心打擾了在島上築巢、生活的鳥群。

　　島上有一兩條被人們逐漸踩踏出來的步道,沿途不但可以從不同角度欣賞芒格努伊山,有些較僻靜的灣澳裡還會發現群居的海鳥,或是浪大時驚濤沖撞礁石發出巨大的風吼聲,都是大自然譜寫的美麗樂章。

©Waimarino Adventure Park

MAP ▶ P.137A3

懷羅阿河輕艇
尋訪螢火蟲

MOOK Choice

Wairoa River Glow Worm Kayaking

摸黑前進浪漫之旅

🚗 從Waimarino Adventure Park免費接送到出發地點,從陶朗加市區或芒特區旅館接送,每人25元 🏠 36 Taniwha Place, Bethlehem ☎ 0800-456-996 🕐 每日傍晚出發,確切時間依季節而變動,約在18:00~19:30之間,行程約3小時 💲 每人155元(12月底至2月底的旺季為165元) 💻 glowwormkayaking.com ❗ 最少2人,參加者需年滿8歲

掃地圖

　　想見識傳說中的紐西蘭螢火蟲,不一定非得到懷托摩不可,在陶朗加西郊的懷羅阿河同樣可以看到螢火蟲;而且在這裡要換個方式,你得親自奮力划著輕艇或獨木舟,順著流水去尋找螢火蟲的蹤跡。

　　Waimarino公司會先把大家載到麥凱倫湖(Lake Mclaren)畔,享用一些用當地食材做成的點心、飲料,然後穿戴好裝備並練習如何操控划槳,趁著天色尚明時順著懷羅阿河前進,並趕在天黑前抵達螢火蟲可能出沒的河段。等到天空完全隱沒在黑暗中,在經驗豐富的導遊解說指引下,便能看見無數螢火蟲在河岸閃閃發光,酷似裝飾在耶誕樹上的小燈泡。

　　Waimarino公司早在30餘年前,就開始帶領遊客划船尋找螢火蟲的活動,豐富的經驗讓他們得以精準地把握太陽下山時刻,以及螢火蟲最密集的河段,好讓每位遊客都能切實與螢火蟲相會。加上他們對當地水流情勢瞭如指掌,能引導遊客悠游在不同水域,直到盡興才打道回府。懷羅阿河是目前唯一把輕艇和螢火蟲結合在一起的地方,可說是相當獨特的體驗活動。

威靈頓

威靈頓
Wellington

文●蔣育荏・蒙金蘭・墨刻編輯部
攝影●周治平・墨刻攝影組

不像奧克蘭高樓大廈林立，威靈頓多數建築背著山沿著港口而建，面對著連接太平洋和塔斯曼海的庫克海峽，也是紐西蘭南北島間的交通要道。然而，比起奧克蘭的繁榮匆忙，威靈頓整齊的街道、順暢的交通，還有三三兩兩坐在路邊咖啡座上的人們，這樣的街景與氣氛，與其說是首都，似乎更像小鎮。

1850年代，來自歐洲的移民人多以南島為新家園，殖民政府考量到南島的人口發展，並兼顧北島在歷史上的政經地位，於是決定選擇距離南島最近的威靈頓作為首府，而於1865年將首府由奧克蘭南遷至此。

身為首都的威靈頓，「文化之都」的形象來自數十家畫廊、劇場、博物館以及表演團體等，其中國家級的蒂帕帕博物館更是焦點，全年不間斷的文化展演，都讓這座城市散發一股藝文氣息。近年來，威靈頓又增加一個新身份——電影工業重鎮。老家就在威靈頓的《魔戒》導演彼得傑克森，不僅藉由電影將紐西蘭的絕美風景推廣到全世界，更在威靈頓設置了片廠，完備的軟硬體設施讓威靈頓吸引更多電影工作者前來製作新片，也為威靈頓贏得「威萊塢」(Wellywood)的名號。

基本資訊

地理位置：位於紐西蘭北島的南端，隔庫克海峽與南島相望。
面積：約303平方公里(都會區)
人口：約42萬人
區域號碼：(04)

如何到達

航空

　　威靈頓國際機場(WLG)位於市區東南方7公里處的米拉瑪半島南部，有班機往來紐西蘭國內各大城市，以及雪梨、布里斯本的國際線。

威靈頓國際機場
🔺P.145B2
ⓌＷwww.wellingtonairport.co.nz

◎機場至市區交通

機場巴士 Airport Express (AX)
　　在航廈外的Wellington International Airport巴士站(7399)，可搭乘AX機場巴士，其終點站為市中心的威靈頓火車站，是前往市區最便捷的方式。
⏰每日05:30~22:25，約10~20分鐘一班
💲成人9.5元(使用Snapper Card為7.51元)

市區公車 Metlink Bus
　　從航廈步行約700公尺至Hobart St與Broadway路口的巴士站(7033)，可搭乘2號公車進市中心。
💲成人5元(使用Snapper Card為3.8元)，兒童半價

機場接駁巴士Supper Shuttle
　　如果多人同行，不妨選擇專業機場接駁的Super

Shuttle，可直接載客至市區內的飯店門口，比機場巴士還方便划算。車子通常會配合班機時間停靠在機場外側，不必預訂、不必逐站停靠，旅客更不必擔心自己究竟應該在何處下車。回程可事先上網預約，或請住宿飯店代為預約，即可在指定時間上車前往機場。
⚓上車地點位於地面層的行李轉盤外
☎0800-748-885
💲到市區第一人18元，同行者每人6元，包車90元，最多可載11人
Ｗwww.supershuttle.co.nz

計程車 Taxi
　　計程車站位於地面層的行李轉盤外，到市區車資約為40~50元。

租車Rental Cars
　　機場內有Hertz、Avis、Budget、Enterprise、Europcar、Ezi、Thrifty等租車公司櫃檯。

火車

　　威靈頓火車站位於市中心港灣附近的Thorndon Quay與Bunny St.轉角。從奧克蘭出發，可搭乘北島探索者號(Northern Explorer)景觀列車前往威靈頓(途經東加里羅國家公園)。

威靈頓火車站Wellington Station
🔺P.146B2
🔽每週一、四、六，早上07:45從奧克蘭出發，晚上18:25抵達威靈頓
💲成人219元，2~14歲153元
Ｗwww.greatjourneysnz.com

長途巴士

◎InterCity
　　威靈頓長途巴士站位於火車站10號月台旁。從奧克蘭，每日1~2班直達，車程約11.5小時；從羅托魯

瓦，每日1~2班直達，車程約7.5~9小時；從陶波，每日2~3班直達，車程約6~7小時；從納皮爾，每日1班直達，車程約6小時。

🌐www.intercity.co.nz

渡輪

渡輪是聯絡南、北島最主要的交通方式，與威靈頓對開的南島港口為皮克頓(Picton)，有2家渡輪公司可以選擇，而他們在威靈頓的碼頭並不在同一處。

◎Interislander

Interislander在威靈頓的渡輪航站位於市區北邊，從皮克頓搭乘Interislander渡輪前往威靈頓，每日有2~4個船班，船程約3.5小時。

從渡輪站前往市中心火車站的免費接駁巴士，於渡輪靠岸後20分鐘發車；而前往渡輪航站的接駁巴士，則於開船前50分鐘自火車站的9號月台外發車。不過免費接駁巴士服務只在每日08:30~18:00之間，在這個時間之外要往返渡輪碼頭，只能搭乘計程車。

🔺P.145A1
🏠1 Aotea Quay, Pipitea
☎(04) 498-3302、0800-802-802
💲依船班及船票可退款的彈性程度，成人單程為70~81元，2~17歲35~42元，60歲以上65~76元，小型車約153~226元
🌐www.interislander.co.nz

◎Bluebridge

Bluebridge的渡輪碼頭就位在火車站旁的港口邊，從皮克頓搭乘Bluebridge渡輪，每日02.30、07:45、14:00、19:15開船，船程約3.5小時。

🔺P.146B2
🏠50 Waterloo Quay
☎(04) 471-6188、0800-844-844
💲依船班及船票可退款的彈性程度，成人單程為60~70元，2~17歲28~34元，60歲以上57~64元，小型車約134~204元
🌐www.bluebridge.co.nz

市區交通

大眾運輸

威靈頓的大眾運輸系統由Metlink經營，主要有公車、通勤火車、渡輪等3種。

🌐www.metlink.org.nz

◎公車

威靈頓市中心範圍不大，可用徒步方式遊歷各大景點，但若不想走路，或是要到較遠的地方，也可以公車代步。公車路線非常多，市中心的站牌大多集中在Lambton Quay、Willis St.、Manners St.、Courtenay Pl.一線上，詳細路線圖可在i-SITE取得。

車票可上車後向司機購買，採分段計費制，市中心為zone 1，市中心外圍為zone 2，再外圍的米拉瑪和凱羅瑞(Karori)為zone 3，下杭特為zone 4，最多有zone 14。在zone 1範圍內，成人為2.5元，

5~15歲1.5元；到zone 2，成人4元，兒童2元；到zone 3，成人5元，兒童2.5元。要注意的是，車上並不找零，請備妥確實的金額。

另外也有一種稱為「Snapper Card」的感應式儲值票卡，可以在i-SITE和多家便利商店購買，不但搭乘時可享折扣優惠，還能用於免費轉乘。不過卡片本身要價10元，如果只是停留短暫幾天，一般用不太到。

◎通勤火車

前往威靈頓郊區的通勤火車，共有Wairarapa、Hutt Valley、Johnsonville、Kapiti、Melling等5條路線，詳細票價及發車時間，可上官網查詢。

◎渡輪

渡輪連結威靈頓港西岸市中心的皇后碼頭(Queens Wharf)和東岸的黛斯灣(Days Bay)，船程20分鐘，詳細時刻表上官網查詢。

⑤單程票成人12元，兒童6元

◎計程車

計程車收費大致說來，起錶為3.5元，每公里跳錶2.7元(夜間會有加成)，若使用電話或網路預訂，則加收預訂費1元。另外，使用Uber等叫車APP，在威靈頓也很方便。

Wellington Combined Taxis
☎(04) 384-4444
🌐www.taxis.co.nz

Corporate Cabs
☎0800-789-789
🌐www.corporatecabs.co.nz

優惠票券

交通一日票券
Metlink Explorer Day Pass

Metlink結合公車與火車，推出交通一日票券，可在平日09:00之後至午夜前，在選定的區域範圍內無限次搭乘公車與火車。每位持有一日券的成人，可帶1名5~15歲的兒童同行。

⑤zone 3以內10元，zone 7以內15元，zone 10以內20元，zone 14以內25元

Wellington City Pass

這是景點套票，包括電車來回車票，以及在威靈頓動物園、卡特天文台、熱蘭遮生態保護區、蒂帕帕博物館導覽行程等4個景點中，任選其中2處參觀，並於效期內在其他博物館享有優惠。票券可在i-SITE與上

述景點購買。
⑤成人42.5元，5~16歲20元
🌐www.wellingtonnz.com

旅遊諮詢

威靈頓i- SITE

📍P.146B4
🏠111 Wakefield St.
☎(04) 802-4860
🕐週一、二08:30~15:30，週三至週五08:30~17:00，週六09:00~17:00，週日09:00~15:30
🌐www.wellingtonnz.com

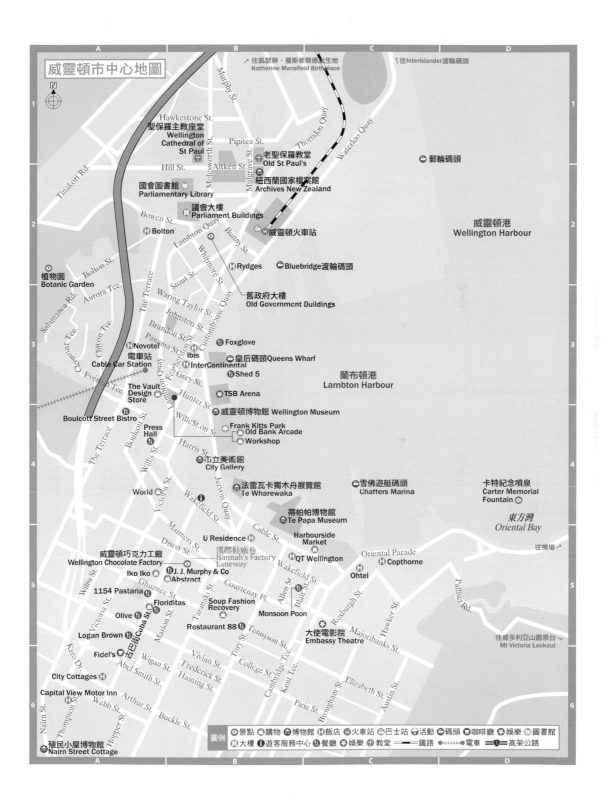

威靈頓市中心地圖

N

往凱瑟琳・曼斯菲爾德誕生地
Katherine Mansfield Birthplace

往Interislander渡輪碼頭

Murphy St.

Hawkestone St.

聖保羅主教座堂
Wellington
Cathedral of
St Paul

Pipitea St.

Hill St.

老聖保羅教堂
Old St Paul's

Thorndon Quay

郵輪碼頭

Tinakori Rd.

Aitken St.

Molesworth St.

Mulgrave St.

Waterloo Quay

國會圖書館
Parliamentary Library

紐西蘭國家檔案館
Archives New Zealand

Bowen St.

議會大樓
Parliament Buildings

威靈頓港
Wellington Harbour

Bolton

威靈頓火車站

Bolton St.

植物園
Botanic Garden

Aurora Tce.

Rydges

Bluebridge渡輪碼頭

Lambton Quay

Bunny St.

Stout St.

Whitmore St.

Waring Taylor St.

舊政府大樓
Old Government Buildings

Salamanca Rd.

Clifton Tce.

The Terrace

Johnston St.

Brandon St.

Customhouse Quay

Foxglove

蘭布頓港
Lambton Harbour

電車站
Cable Car Station

Novotel

Panama St.

Ibis

皇后碼頭Queens Wharf

InterContinental

Everton Tce.

Featherston St.

Grey St.

Shed 5

Grey St.

The Vault
Design
Store

TSB Arena

Boulcott Street Bistro

Hunter St.

威靈頓博物館 Wellington Museum

WilleSt.on St.

Frank Kitts Park

Press
Hall

Harris St.

Old Bank Arcade

Workshop

市立美術館
City Gallery

雪佛遊艇碼頭
Chaffers Marina

卡特紀念噴泉
Carter Memorial
Fountain

Jervois Quay

World

Victoria St.

Wakefield St.

法雷瓦卡獨木舟展覽館
Te Wharewaka

東方灣
Oriental Bay

蒂帕帕博物館
Te Papa Museum

Manners St.

Cable St.

往機場

Dixon St.

U Residence

Harbourside
Market

Oriental Parade

威靈頓巧克力工廠
Wellington Chocolate Factory

漢娜鞋廠巷
Hannah's Factory
Laneway

Ghuznee St.

QT Wellington

Copthorne

Iko Iko

J. J. Murphy & Co

Wakefield St.

Ohtel

Abstract

Courtenay Pl.

Paller Rd.

1154 Pastaria

Floriditas

Soup Fashion
Recovery

Monsoon Poon

Olive

Cuba St.

Taranaki St.

Allen St.

Blair St.

Roxburgh St.

Majoribanks St.

Hawker St.

Logan Brown

Marion St.

Restaurant 88

Tory St.

Tennyson St.

大使電影院
Embassy Theatre

往維多利亞山觀景台
Mt Victoria Lookout

Fidel's

Wigan St.

Vivian St.

Cambridge Tce.

Kent Tce.

Majoribanks St.

City Cottages

Karo Dr.

Frederick St.

College St.

Capital View Motor Inn

Abel Smith St.

Haining St.

Pirie St.

Elizabeth St.

Austin St.

Nairn St.

Thompson St.

Webb St.

Arthur St.

Buckle St.

Brougham St.

Hopper St.

殖民小屋博物館
Nairn Street Cottage

圖例　景點　購物　博物館　飯店　火車站　巴士站　活動　碼頭　咖啡廳　娛樂　圖書館
大樓　遊客服務中心　餐廳　娛樂　教堂　鐵路　電車　高架公路

146

北島⋯⋯**威**靈頓 Wellington

MAP ▶ P.146B4

蒂帕帕博物館
(紐西蘭國立博物館)

Te Papa Tongarewa
(Museum of New Zealand)

MOOK Choice

既知性充沛，又宛如主題樂園

⌂55 Cable St.　☎(04) 381-7000　◐每日10:00~18:00
⑤免費(特展除外)　ⓦwww.tepapa.govt.nz
導覽行程
◐每日10:15、12:00、14:00出發，行程約1小時　⑤成人20
元，5~15歲10元

掃地圖

　　「Te Papa Tongarewa」這個毛利名字的意思是「我們的地方」，這座花了紐幣3億1千7百萬元興建的國家博物館，在1988年開幕的頭一年，立刻吸引了200萬名參觀者。以指紋為其代表圖像，蒂帕帕要讓參觀者認識的是紐西蘭這個國家，包括它的過去、現在以及未來，透過各種媒介來向參觀者介紹紐國歷史、生態環境和居住的人民。

　　與其說蒂帕帕是間博物館，其實更像是極富知識性質的主題樂園，這在30年前可是徹底顛覆所有人對國家博物館的想像。譬如最具人氣的「遊樂設施」──Our Space，就是個虛擬實境的感官劇場，利用會大幅搖晃的座椅和不同主題的影片，帶領遊客上山下海、穿梭世界。另一個必看的驚奇是位於第2層展廳的大魷魚標本，這隻魷魚長達4.2公尺，重達495公斤，於2007年在南極海域捕獲，簡直就是電影裡的大海怪！其他必看(或必玩)的展示，還包括感受火山爆發的「地震房」、展示紐西蘭獨特物種的「山海相連」、毛利原住民的雕刻與大會館、布里頓V型1000摩托車等，大部分展覽都有互動式的遊戲或體驗。

MAP ▶ P.146A3

威靈頓電車
Wellington Cable Car

（MOOK Choice）

登高望遠，賞心悦目

📍從Lambton Quay上麥當勞旁的Cable Car Ln.進入車站 🏠280 Lambton Quay ☎(04) 472 2199 🕐平日07:30~20:00 (週五至21:00)，週六08:30~21:00，週日08:30~19:00。每10分鐘一班。 💲成人單程5元，來回9元；5~15歲半價 🌐www.wellingtoncablecar.co.nz

　　1890年代，正當威靈頓迅速發展之際，當時最熱鬧的蘭布頓區寸土寸金又急速飽和，人們只得往山坡上發展，而為了聯結平地的蘭布頓區與山上的凱爾本(Kelburn)區，當局請來工程師著手設計興建電車，於是這威靈頓最著名的地標終於在1902年開始營運。

　　百多年來，這條電車路線載送了許許多多居民往來通勤，而除了交通功能外，也已兼具觀光賣點，每年有超過80萬人次搭乘。電車從市中心的蘭布頓區出發，一路穿過維多利亞大學、凱爾本公園，爬升到植物園的最高處，全長約610公尺。到達山頂後，往下俯瞰，市區和碼頭風光盡收眼底，視野極佳。

威靈頓植物園 Wellington Botanic Garden

🔗P.145A1 　🚩植物園大門位於Glenmore St.上，可在Lambton Quay搭乘2號公車至Botanic Garden站即達。但一般遊客都是搭乘電車前往，再一路散步下山(園內的Downhill Path to the City步道可一路通往議會大樓) 🕐園區：全日開放。樹屋遊客中心：平日09:00~16:00，週末10:00~15:00 💲免費 🌐wellingtongardens.nz

掃地圖

　　佔地26公頃的植物園，擁有原生的樹林、異國的樹種以及繽紛多采的花卉，堪稱威靈頓的都市心肺，常有市民搭乘電車到山頂後，順道來植物園走走，再散步下山回到市中心。園內最受矚目的，就是「諾爾伍德玫瑰園」(The Lady Norwood Rose Garden)，這兒種植了數百種玫瑰花，每年11月至翌年4月的盛放時節裡，妊紫嫣紅最為迷人。除此之外，園內也有培育溫帶與熱帶植物的溫室「秋海棠屋」(Begonia House)與水生植物的池塘等，每一區塊都以不同的花卉和雕塑營造出不同風景。

電車博物館 Cable Car Museum

📍P.145A2　🏠1A Upland Rd, Kelburn
(04) 475-3578　🕐每日10:00~17:00　💲
免費　🌐www.museumswellington.org.nz/
cable-car-museum

掃地圖

　　山頂車站旁有座電車博物館,展示威
靈頓電車的歷史照片、運作原理、機房設備等,其中還
有兩台早期的電車車廂,遊客可以坐上去懷舊一番,不
過可要記得對這骨董溫柔以待,因為它們的年歲都已超
過一百。

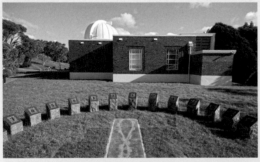

卡特天文台 Carter Observatory

📍P.145A1　🚃搭乘電車上山後,沿Kowhai
Trail走即達　🏠40 Salamanca Rd, Kelburn
(04) 910-3140　🕐10:00~17:00(週二、五、六
至23:00)　💲成人14元,4~16歲9元　🌐www.
museumswellington.org.nz/space-place

掃地圖

　　紐西蘭國立的卡特天文台也位於這處山坡上,可順道
走訪。參觀天文台的主要重點在於場次豐富的天象節
目,每週二、五、六晚上還會延長開放時間,屆時就可
透過兩架高倍率天文望遠鏡——庫克望遠鏡和湯瑪斯望
遠鏡,來觀察南半球天空中的星座。

威靈頓港邊地帶
Wellington Waterfront

　　蘭布頓港(Lambton Harbour)邊是整座城市裡
最吸引人的地方,精華地段從皇后碼頭(Queens
Wharf)開始,這裡除了是港灣渡輪的出發點,許
多舊有的碼頭倉庫也被改裝成餐廳酒吧與戶外活
動公司的大本營。皇后碼頭東邊的法蘭克基茨公
園(Frank Kitts Park),下方其實是一座停車場,每
到週末便成了威靈頓最熱鬧的市集場所,屆時不
但在市集內,就連外面的步道上都擺滿了咖啡座
和攤販,街頭藝人各佔角落獻藝,經營腳踏船的
業者也來湊上一腳。再往東走,便是法雷瓦卡獨
木舟展覽館(TeWharewaka)和蒂帕帕博物館,而蒂
帕帕與後方雪佛遊艇碼頭(Chaffers Marina)之間的
空地,假日時也是農人市場所在。而再過去的東
方灣(Oriental Bay)則擁有可以戲水的白色沙灘,
當然,也就成了有錢人居住的地方。

　　近來年,從法蘭克基茨公園到雪佛遊艇碼頭被
規劃成一條「作家之路」(Writers Walk),11座雕
像分別設立在港區範圍裡,這些雕像有的意象來
自某首引述威靈頓的詩,有的靈感激發自某位威
靈頓作家的作品,如凱瑟琳曼斯菲爾德(Katherine
Mansfield)等,成為威靈頓新的散步勝地。

MAP ▶ P.146B4

威靈頓市立美術館

City Gallery Wellington

與世界藝術相會

🏠101 Wakefield St. (在Civic Square上) ☎(04) 913-9032
⏰每日10:00~17:00 💲大部分展覽免費 🌐citygallery.org.nz

掃地圖

市立美術館是威靈頓市民與世界藝術相會的重要橋樑，這裡沒有常設館藏，所有展廳都是不定期輪換的特展，因此美術館的調性從不侷限在某一方面，而是以多元開放的態度，將各式各樣的美學經驗帶給市民。於是市民們這個月看到的可能是紐西蘭最前衛的藝術家作品，下個月有可能變成古典大師的名作，或者是毛利人的雕刻工藝，或者是當代各學派風格，或攝影、或繪畫、或影片，充滿了無限可能。最棒的是，這些展覽絕大多數都是免費的！

而美術館的咖啡廳Nikau，也非常受到歡迎，人們總喜歡在這裡一邊喝咖啡，一邊享受和煦的陽光，也成了許多年輕人相約的熱門場所。

MAP ▶ P.146A5-A6

古巴街

MOOK Choice

Cuba Street

文化大融合的具體展場

🌐www.wellingtonnightmarket.co.nz

掃地圖

古巴街可能是全紐西蘭最有意思的一條街，文藝高雅與庸俗流行、精緻名貴與放浪不羈在這條街上同時並存著，但它們一點都不顯得衝突，彷彿早已取得協議，各安其份地共同構成古巴街的奇異面貌。於是你在這可以找到全城最高級的昂貴餐廳，也可以找到最波希米亞風的廉價角落，有洋溢少女情懷的可愛商店，也有充滿叛逆個性的酷勁酒吧，更有富於創造想像的獨特設計。古巴街的精華地段是Dixon St.與Ghuznee St.之間的行人徒步區Cuba Mall，這裡是商店和酒吧集中之處，街頭藝人佔據各個角落，把氣氛弄得熱鬧非凡。再往下走，則有許多著名的餐廳和咖啡館。

此外，週五與週六晚間17:00~22:00左右，街上都會固定舉辦週末夜市，剛好造訪威靈頓的話不要錯過。

MAP ▶ P.146B5

威靈頓巧克力工廠
Wellington Chocolate Factory
見證巧克力的誕生流程

🏠5 Eva St. 📞(04) 385-7555 ⏰10:00~16:00 休週一至週三 💲熱巧克力1杯6元起 🌐www.wcf.co.nz ⓘ每週三至週五10:00、12:00,有介紹與品嚐巧克力的體驗,每人25元,需預約

掃地圖

　　來到紐西蘭,會發現紐西蘭人很愛巧克力,超市架上的巧克力品牌與口味總是琳瑯滿目,便由此可見一斑。位於漢娜鞋廠巷內的威靈頓巧克力工廠,是紐西蘭第一間透明面對消費者的巧克力工廠,坐在店裡,消費者可以目睹巧克力的完整製作流程,還可品嚐香噴噴的熱巧克力,然後挑選自己喜歡的巧克力產品帶回家。

　　威靈頓巧克力工廠創立於2013年,專門從祕魯、多明尼加等產地的農家進口有機栽培的可可豆,從篩選、烘焙、研磨到成品一貫作業,旨在製造出「威靈頓最好吃的巧克力」。產品口味眾多,除了牛奶、花生等大眾化口味外,還出現鹹焦糖、覆盆子牛奶、手工啤酒等創意口味。

　　這裡的巧克力還有一大特色,就是委託許多本國的藝術家設計外包裝,使得產品外型分外亮麗搶眼。由於工廠規模不大、產量有限,目前除了親臨這家工廠與位於8 Chaffers St的零售店外,在部分新世界超市(New World Supermarket)也有機會看到。

漢娜鞋廠巷
Hannah's
Factory Laneway

　　市中心的伊娃街(Eva St.)和利茲街(Leeds St.),19世紀後半開始曾是紐西蘭相當知名的漢娜製鞋廠廠區所在地,如今鞋廠雖已不在,但此地轉變為富有藝術氣息的商業街,沿街除了可以找到餐廳、咖啡工廠、啤酒屋、精品商店外,也四處點綴著創意壁畫與塗鴉,精心打造屬於威靈頓的巷弄風情。

議會大樓
Parliament Buildings
造型奇特的國家決策中心

🏠 Molesworth St.　🌐 www.parliament.nz
導覽行程
📞 (04) 817-9503　🕐 每日10:00~16:00，每小時整點出發，行程約1小時　💲 免費　❗ 建議事先上網預約，出發前15分鐘集合

掃地圖

這座位於火車站對面的圓塔型建築，就是紐西蘭的國家議會，因為造型特殊，人們暱稱它為「蜂巢」(Beehive)。這棟建築由英國建築師Basil Spence設計，於1969年開始興建，到了1980年才完成。蜂巢的奇特結構是為了因應威靈頓經常發生的地震，透過一層層橫向的小窗格，可分散地震帶來的晃動力量，藉以保護政府官員。

由官方規劃的參觀行程，在導覽人員帶領下，進入議會古典式的建築結構，包括1992~1995年間的重建工程以及相關歷史，還有落成於1899年的圖書館。然而大家最感興趣的蜂巢建築，內部則不對外開放。

自從1865年首都遷至威靈頓，此區便成為紐西蘭政府機關聚集區，除了議會的三棟建築外，建於1870年的舊政府大樓，是全世界第二大的木造建築，但是其外觀卻像是用石頭砌成，這是因為當時很流行把木頭塗抹成像石頭的感覺，現為維多利亞大學法學院，開放大眾參觀的部分有1樓的舊內閣辦公室和2樓的歷史典藏。

除此之外，藏有《懷唐伊條約》原件的國家檔案館(Archives New Zealand)、蒐藏許多歷史照片與古地圖的國家圖書館暨畫廊，以及擁有哥德式高塔的聖保羅教堂等，也都是這塊區域值得參觀的重點。

世界穿著藝術大賽 World of WearableArt Awards

©WOW

於每年9月底至10月初進行的世界穿著藝術大賽(WOW)，發軔於1987年的尼爾森，最初只是地方藝廊的行銷表演，純粹為了好玩和無理取鬧，廣邀大家直接從牆上把作品拿下來，或是將任何眼睛所見或想得到的素材想辦法穿在身上移動，沒想到這個想法竟大受歡迎，成為尼爾森的一大特色。

後來穿著藝術大賽逐漸演變為新興藝術家的表演舞台，展現無數藝術技巧和素材創作，結合音樂、舞台、燈光，每件都是獨一無二的藝術品。參賽者從小朋友到老奶奶，只要腦子裡有創意，人人都可以參賽，而且由於比賽太受歡迎，為了提升國際高度，2005年起便移師至首都威靈頓的TSB Arena舉辦。
🌐 www.worldofwearableart.com

©WOW

MAP ▶ P.145A2

維多利亞山

Mt. Victoria

MOOK Choice

飽覽威靈頓的美妙景色

🚌 從市中心的Courtenay Pl.搭乘20號公車至Mt. Victoria Lookout站(7575)即達

© 威靈頓旅遊局

© 威靈頓旅遊局

掃地圖

位於市區東南側的維多利亞山，是威靈頓最佳的賞景地點，海拔雖僅196公尺高，但因四周毫無遮擋，而得以享有360度的絕佳視野，包括威靈頓市區、東方灣(Oriental Bay)、蘭布頓港與庫克海峽等美景，全都收納眼底，尤其是夏季的日落時分，更有許多人來這兒觀看夕陽景致。

維多利亞山上的亞歷山大路(Alexander Road)，也是《魔戒》迷們的朝聖地點。電影中，佛羅多等4名哈比人滾下山坡後發現蘑菇，然後戒靈出現、4人躲在樹根下凹洞裡的那段畫面，就是在這裡拍攝的。不過他們所藏身的那棵大樹，現在在這兒可找不著，因為那是電影公司製作出來的道具。

MAP ▶ P.145B1-B2

米拉瑪

Miramar

威萊塢的重要基地

🚌 搭乘2、18、24號公車可達米拉瑪地區各站

掃地圖

位於威靈頓東南方的米拉瑪，原本只是威靈頓居民假日休閒的濱海郊區，不過近年來卻逐漸發展為電影重鎮，許多電影公司及製片廠都設立於此，為「威萊塢」的成形打下基礎。

這一切都始於彼得傑克森，當他拍攝《魔戒》時，在米拉瑪成立了維塔片廠(Weta Cave)，許多電影後製都是在此完成，後來他再拍攝《金剛》時，當然也就以這裡作為重要據點，除了後製特效在片廠內進行外，更有許多海上場景就在周邊的里歐灣(Lyall Bay)和凱普蒂(Kapiti)拍攝。

由於《金剛》片中使用大量電腦特效，許多令人震撼的場景無法在真實世界中見到，不過今日在米拉瑪的碼頭，還保留著當時為了拍片而搭建的船景，而一些電影中的大型道具，也都存放在片廠的空地上。

此外，拍片期間許多工作人員與演員在這兒租屋居住，不少米拉瑪居民都會津津樂道，有哪個大明星曾經是鄰居，還有他們拍片期間發生的軼聞故事，只要找家咖啡館，與當地居民閒聊，就能得知不少情報呢！

維塔電影工作室

MOOK Choice

Wētā Cave

電影驚奇特效製造所

🚌 從市中心可搭乘2、18號公車至Darlington Rd / Camperdown Rd站(6240)，再步行約2分鐘。或是預約含市區接送的行程 🏠 1 Weka St, Miramar ☎ (04) 909-4035 🔗 www.wetanz.com ❗ 行程非常熱門，建議提早上網預約。行程中嚴禁拍照

維塔工作室體驗

🏠 從Wētā Cave商店出發 🕐 每日上午10:00~12:00，每30分鐘一梯，下午為13:30、14:30出發。行程約1.5小時 💲 成人49元，5~14歲25元

含市區接送的體驗行程

🏠 集合地點在i-SITE旁的停車場 🕐 上午09:15~11:15，每小時一梯，下午為12:45、13:45出發。行程約3.5小時 💲 成人89元，5~14歲55元

掃地圖

Wētā之名來自毛利語中的紐西蘭蛐蛐，蛐蛐雖小，但Wētā作為一間電影製作公司，卻是國際上的堂堂巨人，因為舉凡《魔戒》、《哈比人》、《阿凡達》、《納尼亞傳奇》、《9號禁區》、《獵魔士》等鉅片的驚人特效、人物造型與逼真道具，皆出自Wētā Workshop之手。

今日Wētā的老本營Wētā Cave，有設計出體驗行程讓大眾參觀，遊客可來到商店後方的工作室內，觀看電影道具及服裝的設計與製作過程，也能學習到如何為演員上特效妝的技巧，同時還能參觀數量龐大的微體模型與實物場景。外頭商店裡的小型博物館中，亦陳列許多拍片使用的道具與腳本模型，像是索倫大帝的鎧甲、賈思潘王子的盾牌、末代武士的長刀、阿凡達的槍等。博物館內還有一間小劇場，播放Wētā Cave創業緣起及與各大名導合作的影片。而在商店中，則販賣各類型電影周邊商品，包括模型、道具、完整版DVD、紀念版原著小說等，甚至你想要一枚魔戒，這裡也有得賣，只是價格當然不菲。

MAP ▶ P.145A2

熱蘭遮(凱羅瑞生態保護區)

MOOK Choice

Zealandia (The Karori Sanctuary)

原生動植物生態重現

🚌在I-SITE或山頂的電車站,可搭乘免費接駁車前往。從I-SITE為09:30~14:30,每小時發車一班;從山頂電車站為09:50~15:50,每20~60分鐘發車一班 🏠53 Waiapu Rd, Karori ☎(04) 920-9213 ⏰每日09:00~17:00 (16:00後停止入園) 💲成人24元,5~17歲10元 🌐www.visitzealandia.com 每日皆有數梯付費導覽行程,包括17:45出發的黃昏行程,與日落出發的夜間行程。其中夜間行程長度為2.5小時,成人85元,12~17歲40元,參加者需年滿12歲

　　佔地252公頃的熱蘭遮生態保護區,其成立的目的在復育紐西蘭原生動植物種,避免境外移入的生態破壞。這裡唯一可以自由進出園區的僅有鳥類,園方藉由重建原生林種、隔離外界的獵食動物、吸引合適的鳥類棲息,進而復原整個生態環境。不過這是500年的長期計畫,這期間園方不會刻意整理或干擾森林的自我調節機能。

　　園區分為展覽館和保護區兩部分,展覽館以精彩的影片、逼真的模型,以及鉅細靡遺的圖文介紹、多媒體互動遊戲,講解此地的生態環境。

　　雖然展覽館裡看不到真正的動物,但建議還是要先進來參觀,才能在進入保護區後有所概念。對遊客來說,保護區中最吸引人的動物是奇異鳥,這種全世界稀有的鳥類,在這裡就有將近100隻。熱蘭遮的奇異鳥屬於小斑奇異鳥(Little spotted kiwi),不過由於是夜行性動物,白天不容易看到,得預約參加園區的夜間行程才有機會一睹野生奇異鳥的真面目。白天來到熱蘭遮,則能看到比奇異鳥更稀有的動物,那便是南秧雞(Takahe),這種動物曾被認定絕種,但在1948年又被發現於紐西蘭南部的Fiordland,現在雖然復育成功,但數量還是非常稀少。其他明星動物還有喙頭蜥(Tuatara)、卡卡鸚鵡(Kaka)、巨沙螽(Giant Weta)等。

MAP ▶ P.146A5 **Floriditas**

⌂161 Cuba St. ◐每日07:00~16:00、17:00~22:00 ⦿
www.floriditas.co.nz

掃地圖

Floriditas是威靈頓人最喜愛的餐廳，因為它有舒適明亮的環境、輕鬆悠閒的氣氛、美味可口的食物、遠近馳名的麵包甜點和種類豐富的葡萄酒單。而且Floriditas幾乎是多功能的，無論你是要在正餐時間家族聚餐、午後時分的約會談心、與客戶洽談生意、獨自一人看書喝咖啡，還是單純想吃個早餐，這裡都是合適的地方。Floriditas的餐點以排餐、沙拉、義大利麵為主，使用的都是新鮮的本地食材，在網站上也不吝惜於將食譜做法與大眾分享。到了週末，這裡也有早午餐供應。

MAP ▶ P.146B5 **J. J. Murphy & Co**

⌂119 Cuba St. ☎(04) 384-9090 ◐每日09:00~隔日凌晨03:00 ⦿jjmurphy.co.nz

掃地圖

位於古巴街中段這間愛爾蘭式酒吧，從1856年由James J. Murphy和他的4位兄弟共同創立，是西方國家很典型的大眾酒吧。每天晚間都有現場樂團演奏，室內也有大螢幕電視，每遇運動賽事總是擠滿同好，激動的情緒把氣氛炒熱到最高點。

這裡主要供應西式餐飲，包括牛排、羊排、漢堡等，標準的大口喝酒、大口吃肉，烹調水準頗受肯定，屬於中價位餐廳，但是因為餐點份量很夠，如果兩個人分食一份的話，就變成便宜的好選擇。

MAP ▶ P.146A5 **Logan Brown**

🏠 192 Cuba St.(Cuba St.與Vivian St.轉角) 🕿 (04) 886-1985 ⊙
17:00~21:00 ㊡週一、二 ⓦ www.loganbrown.co.nz

　　Logan Brown是全紐西蘭最高級的餐廳，當1996年，2位老闆Al Brown和Steve Logan創業時，他們期望能為紐西蘭的美食餐廳提升到新的境界。在主廚Shaun Clouston率領下，其團隊烹調出無懈可擊的美味，因此幾乎年年得獎，尤以2009年最為豐收，一舉奪得紐西蘭美食餐廳的年度總冠軍。當時的評審Ralph-Kyte Powell曾這麼評論：「如果要我選出全世界最好的紐西蘭餐廳，Logan Brown很難會被遺漏。」另外，Logan Brown也打破高級餐廳傳統，認為享受美食和正式衣著之間沒有必然關係，就算你穿著T恤、牛仔褲，他們一樣打開大門歡迎你。

MAP ▶ P.146A6 **Fidel's**

🏠 234 Cuba St. 🕿 (04) 801-6868 ⊙ 08:00~15:00 (週末09:00起) ⓦ www.fidelscafe.com

　　位於古巴街上的這間咖啡館，就連店名都取自古巴革命領袖卡斯楚(Fidel Castro)，店內更以黑色皮椅、大紅牆面、木頭地板以及卡斯楚的照片裝潢，甚至還販售印有卡斯楚圖像的T-Shirt，處處展現濃濃的古巴哈瓦那風情。一如咖啡館的風格，老闆豪邁隨性，店內所供應的餐點都是很簡單的家常菜色，但口味都很不錯，也因此有些顧客是特別為了他的一盤炒蛋而來的。餐點約在20元上下。

MAP ▶ P.146A5 **Olive**

🏠 170 Cuba St. 🕿 (04) 802-5266 ⊙ 平日10:30~22:00
(週五09:00起)，週六08:30~22:00，週日08:30~14:30
㊡週一 ⓦ www.oliverestaurant.co.nz

　　1997年開幕的Olive咖啡店，因開店時在庭院種了橄欖樹而得名。白牆上掛著黑白照片，木質地板搭配深色的木質桌椅，裝潢簡單卻透露著些許藝術氣息。加了牛奶的Flat White是這裡最受歡迎的咖啡，但更多人還著迷於這裡的餐點，季節性的食材，以橄欖油或葡萄籽油料理，再融入歐洲與亞洲的風味，每道菜餚都風味獨具，因此常常座無虛席。

MAP ▶ P.146B5　**Monsoon Poon**

🏠12 Blair St.　☎(04) 803-3555　⏷平日12:00~21:00 (週五至22:00)，週六17:00~22:00，週日17:00~21:00　www.monsoonpoon.co.nz

Monsoon Poon是一間東南亞風格的餐廳，從店名和外觀判斷，以為提供的是傳統泰國料理，但入內後寬敞的空間和昏暗的燈光，氛圍更像是年輕人聚餐的酒吧。這裡的菜色融合東西方特色，頗能投合台灣食客喜好，半開放式的廚房可以看到大廚們忙碌的實況。無論想嘗試中國、越南、泰國、印度或是馬來西亞式料理，菜單裡都能找得到。而除了威靈頓這家外，Monsoon Poon在奧克蘭亦有分店。

MAP ▶ P.146B3　**Foxglove**

🏠33 Queens Wharf　☎(04) 460-9410　⏷週二、三16:00~22:00，週四12:00~23:00，週五、六12:00~24:00，週日12:00~22:00　休週一　www.foxglovebar.co.nz

Foxglove的建築前身是間歷史悠久的小酒館，老闆接手之後立刻運用設計長才，將這棟不算小的老房子區隔成不同的休憩空間，光是吧台就有3個，各有各的情調與族群。當然，老闆也沒忘了利用緊臨皇后碼頭的優越位置，將正門外的長廊設計成沙發座椅的室外用餐區，

獨享180度的港灣景致。餐點以海鮮及肉類料理為主，口味經典，手法創新，另有10多種手工巧克力及冰淇淋，與來自西班牙、法國、澳洲等地的起士。

MAP ▶ P.145B1　**Chocolate Fish Café**

🚗建議開車或搭計程車前往　🏠100 Shelly Bay Rd, Miramar　☎(04) 388-2808　⏷平日09:00~16:30，週末08:00~17:00　休週二、三　www.chocolatefishcafe.co.nz

巧克力魚是紐西蘭人常吃的一種甜點，是在做成魚造型的巧克力裡包進棉花軟糖。這家咖啡館除了有賣巧克力魚外，整家店的牆壁也掛著各種表情姿態的魚雕塑。巧克力魚在威靈頓相當有名，除了店裡店外的塗鴉，更因為坐擁欣賞落日海景的最佳角度。近幾年來，生意更加炙手可熱，尤其每到假日，總是座無虛席，因為電影《魔戒》拍攝期間，麗芙泰勒等大明星時常偷閒到這兒喝杯卡布奇諾，後來《金剛》拍攝時，也常有演員來此光顧，店內櫃台上就有一隻金剛造型的玩偶，上頭有安迪瑟克斯的親筆簽名。

MAP ▶ P.146A5 Abstract

🏠125 Cuba St. 📞(04) 385-7511 ⏰週一至週六10:00~17:00，週日11:00~16:00 🌐www.abstractdesign.co.nz

掃地圖

Abstract裡賣的東西並不會使你的生活實質更加便利，但絕對會讓你的生活空間變得超級酷！這間由紐西蘭設計師所開設的家飾店，販售各種居家用品，從餐具、時鐘、相框、書架、置物櫃、餐具、首飾配件到燈罩等，每件都充滿設計者的巧思。而店內最具特色的，就是以紙板、木頭、金屬等材質製成的各種商品，利用不同材料特性，勾勒出簡潔的輪廓與富於趣味的配置，充滿幽默與現代感。

MAP ▶ P.146A4 World

🏠102 Victoria St. 📞(04) 472-1595 ⏰平日10:00~18:00，週六10:00~17:00，週日11:00~16:00 🌐www.worldbrand.co.nz

掃地圖

World是紐西蘭相當受都會男女喜愛的一個時尚品牌，放眼望去，灰、咖啡或黑色等深沉的基調，顯露出高雅的印象，但從細部卻見其幽默巧妙之處，譬如看似正經八百的西裝外套，背後卻以燕尾的設計增加其活潑。相對服裝的素雅色彩，別針、項鍊或帽子等配件的設計就顯得較為誇張，有畫龍點睛的視覺效果。

MAP ▶ P.146A5 Iko Iko

🏠118 Cuba St. 📞(04) 385-0977 ⏰每日10:00~17:00 🌐ikoiko.co.nz

掃地圖

這是一家很受威靈頓當地年輕人喜愛的商店，商品項目囊括生活用品、玩具、書籍、首飾、卡片、皮包等，整體風格偏向青春少女花花風，其中也不乏造型誇張、用色大膽的設計商品，或是走復古風路線的個性商品，而一些融入紐西蘭意象的旅遊紀念品，在這兒也找得到。更讓人訝異的是，很多稀奇古怪的東西，甚至與風水相關的物品，居然也有呢！

MAP ▶ P.146B3 Old Bank Arcade

🏠233-237 Lambton Quay 📞(04) 922-0600 ⏰平日09:30~17:00，週六10:00~16:00，週日11:00~15:00 🌐www.oldbank.co.nz

掃地圖

這間雍容華貴的典雅古蹟原是本地一家銀行，現在則是市中心的頂級購物中心，聚集了Workshop、Kathryn Wilson、Sills + Co、I Love Ugly、Vigi等時尚風格名店與設計品牌，以及Wallace Cotton、The Baby's Room等生活用品店。逛累了，這裡也有包括Mojo、Starbucks在內的4家咖啡店可以稍事歇息。

Workshop

🏠Customhouse Quay與Hunter St.轉角(在Old Bank Arcade中) ☎(04) 499-9010 ⏰週一至週六10:00~17:00，週日11:00~16:00 🌐www.workshop.co.nz

掃地圖

位於建築古典的Old Bank Arcade購物中心裡，Workshop的商品設計風格，一如其環境所呈現的簡潔優雅。Workshop是紐西蘭知名的服裝品牌，合宜的剪裁與配色，不需過度花俏的裝飾，就能穿出個人的品味和魅力。而除了都會上班族的服飾外，這兒也有一系列的丹寧牛仔服飾，頗具休閒風。

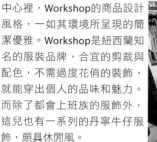

Harbourside Market

🏠Cable St.與Barnett St.轉角 ☎(04) 495-7895 ⏰每週日約07:30~14:00 (冬季至13:00) 🌐www.harboursidemarket.co.nz

掃地圖

Harbourside Market是威靈頓最具傳統的農人市集，每個星期天早晨，在蒂帕帕博物館後方的停車場空地上，來自威靈頓近郊的農人們會把收成的作物帶到這兒，於是熱鬧滾滾的傳統市場就上場了。如果你要在威靈頓住上一陣子，並且住的地方可以自己料理食物，週末來這裡買菜會是健康又省錢的好選擇。就算沒有要開伙，也可來這裡逛逛，因為除了蔬果之外，市場也有販賣麵包、起士、蜂蜜、果醋等自製產品的攤子，以及選擇多樣的熟食，來這裡吃早餐也不錯。

The Vault Design Store

🏠2 Plimmer Steps ☎(04) 471-1404 ⏰平日09:30~17:30，週六10:00~17:00，週日11:00~16:00 🌐www.thevaultnz.com

掃地圖

這家小店販售的是各種設計風格強烈的生活用品，像是家居用品、旅行用品、珠寶首飾、皮包配件等，都設計得又酷又有實用性。也有不少物品是融入紐西蘭本地元素或色彩，而且無論男人、女人、小孩，都能在此找到喜好，相當適合買回國當作饋贈親友的禮物。

Soup Fashion Recovery

🏠23 Holland St. ☎(04) 385-4722 ⏰10:00~16:00 休週日至週二 🌐fashionrecovery.co.nz

掃地圖

想買名牌服飾卻又花不起大錢，那就到Soup來看看吧！這是威靈頓一家網拍二手名牌服飾的實體店面，裡頭全是平常在百貨公司專櫃販售的高檔名牌，像是Ann Demeulemeester、Armani、Gucci、LV、Balenciaga、Burberry、DKNY、Kate Spade、Ben Sherman、Diesel等，當然像是Karen Walker、Zambesi、World、Storm等紐西蘭名牌也經常會有。雖然尺碼沒得挑選，款式也不齊全，但價格卻是原價的n分之一，是個尋寶的好地方。

威靈頓●

威靈頓周邊
Around Wellington

文●墨刻編輯部
攝影●李美玲・墨刻攝影組

懷拉拉帕(Wairarapa)是位於北島東南端的區域，距離威靈頓僅有1小時車程，堪稱威靈頓的後花園。每個週末，是懷拉拉帕地區最熱鬧的時候，許許多多的威靈頓居民，或自己開車，或參加當地旅行團前來，流連於這一帶充滿鄉村風格的小鎮間。

這裡的行程以酒莊巡禮為主角，最有名的就是在馬丁堡(Martinborough)周圍的葡萄酒莊園，其所生產的紅、白葡萄酒有許多都在國際上大放異彩。同時，懷拉拉帕所產的橄欖油也是品質精純，值得專程前來帶個幾瓶回去。

此外，馬丁堡北方一點的格雷鎮，也以擁有許多藝術小店著稱，是相當受到紐西蘭人喜愛的假日去處。

威靈頓周邊

往霍克斯灣、納皮爾

往北帕默斯頓

北島探索者號列車
Northern Explorer

普卡哈國家
野生動物中心
Pukaha National
Wildlife Centre

懷卡內
Waikanae

帕拉帕拉姆
Paraparaumu

馬斯特頓
Masterton

凱托可公園
Kaitoke Regional
Park

卡特頓
Carterton

上杭特
Upper Hutt

格雷鎮
Greytown

費德斯頓
Featherston

馬丁堡
Martinborough

下杭特
Lower Hutt

威靈頓
Wellington

馬丁堡葡萄酒商會
Martinborough Wine Merchants

提若哈納酒莊
Tirohana Estate

奧利佛橄欖農場
Olivo Olive Grove

懷拉拉帕
Wairarapa

圖例 ◎景點 ✈機場 🎪活動 北酒莊 公路 ━━鐵路

基本資訊

地理位置：懷拉拉帕地區位於威靈頓東北方，主要觀光城鎮馬丁堡與格雷鎮，距離威靈頓都是大約80公里。
面積：約8,423平方公里(全區)
人口：約4萬6千人(全區)
區域號碼：(06)

©威靈頓旅遊局

如何到達

火車+公車

　　從威靈頓火車站可搭乘懷拉拉帕線(WRL) 至費德斯頓(Featherston)，再轉乘200號公車至馬丁堡或格雷鎮。火車車程約1.5小時，公車車程約15~20分鐘。馬丁堡與格雷鎮之間亦可搭乘200號公車來往。

　　票價區段上，費德斯頓在11區，格雷鎮在12區，馬丁堡在13區。不過火車班次很少，平日只有5~6班，週末只有早上和傍晚各一班，若要當日來回，請看準上午出發的班次，否則請考慮在懷拉拉帕過夜。
🌐www.metlink.org.nz

開車

　　從威靈頓開車，交通順暢的話都是1小時出頭可達。

旅遊諮詢

馬丁堡i-SITE

🏠The Square, Martinborough
☎(06) 306-5010
🕐平日09:00~16:00，週末09:30~15:30
🌐wairarapanz.com；www.martinboroughnz.com

MAP ▶ P.161B2

馬丁堡葡萄酒商會
Martinborough Wine Merchants
在地美酒大集合

🚗與馬丁堡i-SITE相距約300公尺　🏠6 Kitchener St, Martinborough　☎(06) 306-9040　🕐每日09:30~18:00
🌐www.martinboroughwinemerchants.com

掃地圖

　　馬丁堡是北島相當知名的葡萄酒產區，雖然此地開始釀製葡萄酒的歷史不過40多年，但由家族自營的小型酒莊，多以純熟的經驗與嚴苛的釀造要求，生產出深具口碑的佳釀。除了讓馬丁堡大大出名甚至登上國際的黑皮諾之外，白蘇維濃、霞多內、麗絲玲、灰皮諾(Pinot Gris)等也均有生產。但也由於非企業化經營，有不少美酒是外地買不到的，非得親自到馬丁堡走一遭，除了一家家酒莊個別拜訪，還有另一個方便的管道，那就是馬丁堡葡萄酒商會。

　　這裡就像是馬丁堡地區的集中展銷中心，有數十家酒莊的葡萄酒，遊客們可直接在此比較、選購。除了葡萄酒外，也有許多當地農產品，像是橄欖油、蜂蜜香皂、薰衣草精油等，也頗受來自城市的遊客喜愛。

奧利佛橄欖農場

MOOK Choice

Olivo Olive Grove

從樹上到餐桌上

🚗距馬丁堡i-SITE約3公里 🏠136 Hinakura Rd, Martinborough ☎(06) 306-9074 🕐週末10:30~17:00 (12月至1月的週一及週五也開放) 🌐www.olivo.co.nz 🎫可預約導覽行程，每人25元，行程長度超過1小時

掃地圖

這是懷拉拉帕地區的第一座橄欖農場，早在1991年，Lockie家族便在這裡種植橄欖，他們長年鑽研種植橄欖與製造橄欖油的方法，在紐西蘭的橄欖油版圖中扮演相當重要的角色。

2003年，從事電腦資訊已20年的Helen Meehan渴望轉換跑道，在友人介紹下，買下這座橄欖農場，帶著一家人開始了務農生涯，而Lockie家族也將其對橄欖的知識傾囊相授，對初投入農事產業的她有了極大助益。

目前農場內有上千棵橄欖樹，每年5、6月的採收季，Helen和家人細心採摘成熟的果實，由此釀製出的橄欖油，品質精良，多次在紐西蘭的橄欖油評選中獲得殊榮。而Helen為遊客們規劃的橄欖農場之旅，除了實際走訪橄欖園，也可認識橄欖油的製造過程。

提若哈納酒莊

MOOK Choice

Tirohana Estate

見證馬丁堡的釀酒發展

🚗距馬丁堡i-SITE約1.5公里 🏠42 Puruatanga Rd, Martinborough ☎(06) 306-9933 🕐酒窖及商店：每日11:00~16:30。午餐：每日12:00起（出餐至13:45）。晚餐：18:00起 🌐www.tirohanaestate.com

掃地圖

這間成立於1988年的酒莊，堅持以純手工採收葡萄，如此細心呵護，就是為了讓那一顆顆甜美飽滿的果實能保有香醇的風味。正因如此，提若哈納所釀造的白蘇維濃、霞多內、麗絲玲與黑皮諾等，皆曾多次獲得大獎，在馬丁堡地區近50家小型精品酒莊中，成績格外亮眼。

一座白牆藍頂的木屋，是酒莊的主建築所在，遊客可以在這裡品嚐悉心釀造的美酒，品酒區裡還規劃了小型的展示空間，可一邊品酒，一邊認識馬丁堡的釀酒發展。特別的是，這兒販售的除了自家釀製的葡萄酒，還有手工製作的果醬、醃漬物、調味料等，充滿鄉下媽媽的味道。

主建築旁一幢同樣風格的木屋，是酒莊餐廳所在，午餐供應三道式餐點，晚餐則為四道式，主餐包括烤沙朗牛排、香草羊排、白酒蒸鮮魚、紅酒燉雜菜等田園風味料理，加上酒莊主人的熱情款待，因而總是高朋滿座。

格雷鎮

Greytown

鄰近首都的風情小鎮

ⓌＷ www.greytown.co.nz

　　格雷鎮是紐西蘭最早的內陸城鎮之一，當時來到威靈頓的移民往外圍尋找更便宜的土地，於是促成格雷鎮的開發。格雷鎮規模不大，但主要街道Main Street上還保留著維多利亞風格的殖民時期建築，而更讓人流連的，是這裡有許多風格獨具的商家，不少威靈頓居民總在假日專程來此逛街購物。

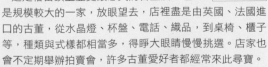

Wakefield Antiques

🏠 72 Main St, Greytown　☎(06) 304-9807
🕐 10:30~16:30　休週二

　　這是格雷鎮上歷史最悠久的古董店，也是規模較大的一家，放眼望去，店裡盡是由英國、法國進口的古董，從水晶燈、杯盤、電話、織品，到桌椅、櫃子等，種類與式樣都相當多，得睜大眼睛慢慢挑選。店家也會不定期舉辦拍賣會，許多古董愛好者都經常來此尋寶。

The French Baker

🏠 81 Main St, Greytown　☎(06) 304-8873
🕐 07:30~15:00（週末至16:00）　ⓌＷ www.frenchbaker.co.nz

掃地圖

　　生長於法國不列塔尼地區的甜點師傅Moïse Cerson，在旅行世界的工作經驗中，遇見了來自紐西蘭的女孩，之後兩人決定在女孩的家鄉落腳，並以他最擅長的法式糕點營生。每天早上烘焙的法式糕點，不管是可頌、奶油蛋捲，都講究食材新鮮及法式風味，深獲當地人的喜愛，尤其到了週末，有些威靈頓居民甚至不惜花費1個小時車程專程前來購買。

Schoc Chocolate

🏠 177 Main St, Greytown　☎(06) 304 8960
🕐 每日10:00~16:30　ⓌＷ www.schoc.co.nz

掃地圖

　　2002年開業的這家店，以手工製作的香純巧克力聞名，種類多樣，除了純巧克力外，也有蘋果、檸檬、萊姆、肉桂、葡萄酒，甚至芥末口味。Schoc的巧克力在紐西蘭有多處據點販售，還外銷到澳洲、新加坡等地。但除此之外，這家店更出名的是它的「巧克力療法」，從挑選巧克力的口味、包裝，都能探知內心深處，也可藉此增進與伴侶、朋友、家人之間的關係。而隨著此店巧克力製作者所撰寫的《巧克力療法》出版暢銷後，這家在格雷鎮上的小小店面，就吸引更多人注意了。

納皮爾及其周邊
Napier and Around

文●墨刻編輯部
攝影●李美玲‧墨刻攝影組

懷拉拉帕北方的霍克斯灣(Hawke's Bay)，同樣擁有豐沛的陽光，滋養著葡萄、橄欖與各種蔬果農作，綿延的田園風光是這裡最主要的景觀。霍克斯灣也是紐西蘭最古老的葡萄酒產地之一，傳承百年的悠遠歷史，似乎為美酒更添香醇風味。

而此區最主要的城市納皮爾(Napier)，以「裝飾藝術之都」(Art Deco Capital)聞名，這座城市在1931年被地震所毀，重建後的市區建築用的全是當時最流行的裝飾藝術(Art Deco)，不但符合建築成本，也創造出屬於城市自己的獨特風格。今日漫步在納皮爾市區，欣賞一幢幢古雅的建築之美，也成了來到霍克斯灣不容錯過的旅遊方式。

© 紐西蘭旅遊局 /Chris McLennan

基本資訊

地理位置：位於北島東岸偏南，濱臨霍克斯灣，西南距離威靈頓約319公里車程，西北距陶波約142公里車程，距羅托魯瓦218公里車程，距奧克蘭約426公里車程。

面積：106平方公里(市區)

人口：約5萬7千人(市區)

區域號碼：(06)

如何到達

航空

霍克斯灣機場(NPE)也常被稱為納皮爾機場，位於市區西北邊5公里處，有班機往來奧克蘭、威靈頓和基督城等城市。

🌐www.hawkesbay-airport.co.nz

◎機場至市區交通

接駁巴士Shuttle Bus

可預約Super Shuttle從機場到霍克斯灣各地，每輛車最多可載11名乘客。前往納皮爾地區，單人23元，每增加1人多6元，包車75元；前往哈斯汀地區，單人50元，每增加1人多8元，包車105元。

☎0800-748-885

🌐www.supershuttle.co.nz

租車Rental Cars

在納皮爾機場內，可找到Hertz、AVIS、Budget、Thrifty、Europcar、Ezi、Rent-a-Dent等租車公司櫃檯。

長途巴士

◎InterCity

納皮爾巴士站位於Clive Square旁的12 Carlyle St.。搭乘InterCity長途巴士，從奧克蘭每日12:30發車，19:35抵達，或是搭09:15出發的班次，在陶波轉車，於16:59抵達；從羅托魯瓦的直達車，於13:05發車，16:59抵達，但不是每天都有，沒有直達車的日子，可在Tirau轉車，全程5小時45分鐘；從陶波每日3班直達，車程約2小時；從威靈頓每日1~2班直達，車程約6小時。

🌐www.intercity.co.nz

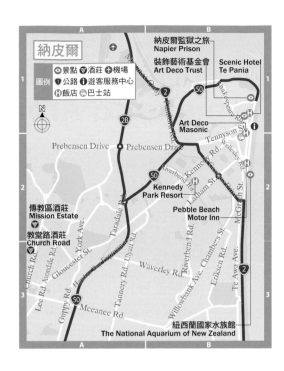

市區交通

納皮爾市中心範圍不大，可步行遊覽；若要前往郊區酒莊，除了自行開車前往，也可至i-SITE詢問當地巴士路線，或參加酒莊相關行程。

計程車

Baywide Taxis

☎0800-885-533

Hawke's Bay Combined Taxis

☎(06) 835-7777、0800-627-437

旅遊諮詢

納皮爾i-SITE

📍P.166B1　🏠100 Marine Parade

☎(06) 834-1911、0800-847-488

🕐每日09:00~17:00

🌐www.napiernz.com

MAP ▶ P.166B1

納皮爾裝飾藝術散步之旅
Napier Art Deco Tours
裝飾藝術之都漫遊

🚗 所有行程皆從裝飾藝術基金會出發　🏠 裝飾藝術基金會：7 Tennyson St.　☎ (06) 835-0022、0800-427-833　🕐 每日至少2梯：10:00出發的行程約1.5小時，步行距離約2公里；14:00出發的行程約2.5小時(4~9月為1.5小時)，步行距離約3公里；12~3月增加16:30出發的行程，約2小時，步行距離約3公里　💲 10:00的梯次29.5元，14:00的梯次31.5元，16:30的梯次30.5元。13~18歲一律5元，12歲以下免費　🌐 www.artdeconapier.com　🚌 另有巴士、單車、葡萄酒專車等多種行程搭配　❗ 所有行程皆需事先預約，並於出發前15分鐘集合

掃地圖

有「裝飾藝術之都」美名的納皮爾，市區裡幾乎全是裝飾藝術風格的建築，而這樣的城市風景，竟然是因為一場大地震所造就的。

1931年2月3日，一場芮氏規模7.9級的大地震，摧毀了這座濱臨海灣的城市，原本的維多利亞式木造房舍幾乎全被震毀，居民傷亡慘重。走出陰霾後，居民著手重建家園，當時最流行的裝飾藝術建築樣式，由於其線條及紋飾簡單，不僅建築成本較低，對於建築體的壓力也較小，若日後再發生地震可降低災害，因而成為城市的主體風格。直到今日，在居民們有心維護下，1930年代的建築仍保存完好，即使是近年新建的樓房，也大多融入該建築式樣，使得整座城市都呈現70年前的古典風情。

若想深入認識這座「裝飾藝術之都」，不妨參加由裝飾藝術基金會所規劃的城市之旅，在解說員帶領下，遊客們將一一造訪城市內最具特色的建築，而嫻熟當地歷史的解說員，也會一一解說每棟建築的可觀之處，從立面上的幾何圖形、色彩繽紛的馬賽克瓷磚、取自大自然意象的毛利圖騰等，都是欣賞重點。

教堂路酒莊
Church Road Winery

MOOK Choice

紐西蘭的釀酒先驅

🚗 從納皮爾市中心開車，全程約8公里 🏠 150 Church Rd, Taradale, Hawke's Bay ☎ (06) 882-3098 🕐 10:30~16:30 ⏸ 週二、三 💲 品酒依不同等級酒單，每人10~30元 🌐 www.church-road.com ❗ 12~2月時，品酒需事先預約

品酒行程

⬇ Tom系列體驗為11:00出發，行程約1.5小時；Gwen系列體驗為14:00出發，行程約25分鐘 💲 Tom系列體驗每人190元，Gwen系列體驗每人35元 ❗ 體驗行程至少1天前預約

掃地圖

1897年成立的教堂路酒莊，坐落於1.5公頃的綠地中，是霍克斯灣最古老的3座酒莊之一，早在1857年便已種植有黑皮諾（Pinot Noir）、希哈（Syrah）等品種的葡萄。酒莊後來幾經易主，到了1920年代，由年僅19歲的Tom McDonald買下，他長期鑽研釀酒技術，幾乎終身投入其中，紐西蘭第一次商業販售的卡本內蘇維濃（Cabernet Sauvignon），就是出自他的手中，堪稱紐西蘭釀酒先驅。

現在的教堂路酒莊，除了持續生產優質佳釀，還立意推廣葡萄酒的知識與文化。酒莊每天有2場導覽行程，走訪酒莊內的博物館。位於地下室的博物館從前是用來存放木桶的酒窖，現在則以各種圖文資料介紹葡萄酒相關知識，並蒐集許多古老的釀酒器具，甚至還以塑像呈現昔日的釀酒場景。

博物館之外，還將參觀路線帶到2座酒窖，讓遊客可以看到釀酒的實際過程，而最令人印象深刻的，則是以Tom McDonald為名的酒窖，雖是1999年才建的，卻透露著深沉古韻；以木材樑架構築成的仿古空間，松木地板特別收購自另一家擁有百年歷史的老商鋪，更增添古老的氣息。酒窖後方排放了上百個法國橡木桶，用以貯放教堂路獨特的波爾多風味紅酒。

另外，這裡也是每年2月教堂路爵士音樂會的場地，每年此時，悠揚的爵士樂音總為酒莊更添魅力。

MAP ▶ P.166A2

傳教區酒莊

MOOK Choice

Mission Estate Winery

全紐西蘭最古老的酒莊

🚗從納皮爾市中心開車，全程約7公里　🏠198 Church Rd, Napier, Hawke's Bay　📞(06) 845-9353　🕐週一至週六09:00~17:00，週日10:00~16:30　💲品酒依不同等級酒單，每人10~45元　🌐www.missionestate.co.nz　❗品酒建議事先預約

掃地圖

　　這是全紐西蘭最古老的酒莊。1851年，來自法國瑪利亞小兄弟會(French Marist)的傳教士在霍克斯灣地區落腳，神父們遵循傳統，以小型的農場種植果樹、葡萄以及畜養牛隻，維持生活所需。其中以葡萄釀製的酒，除了一般的品飲外，更在宗教儀式中經過祭祝，而成為聖血的象徵。為了承襲法國的歷史傳統，教區多次派遣兄弟會前往法國學習葡萄種植與釀酒技法，也因此奠定了深厚的釀酒知識基礎。直到今日，傳教區酒莊仍以紮實且傳統的釀酒技術，生產香醇溫潤的優質葡萄酒。

　　也正因其獨有的歷史背景，傳教區酒莊每天舉辦2場免費解說服務，歷時約30分鐘的酒莊巡禮，除了介紹酒莊的環境與發展，還帶領遊客進入地下酒窖，觀看古老的釀酒器具及百年前的歷史照片等，讓人們可約略想像昔日的樣貌。

　　酒莊內有寬敞的庭園，庭園旁的餐廳每日供應美酒與佳餚，而庭園內還有一間小小的教堂，常有人預約在此舉辦婚禮，氣氛格外溫馨浪漫。

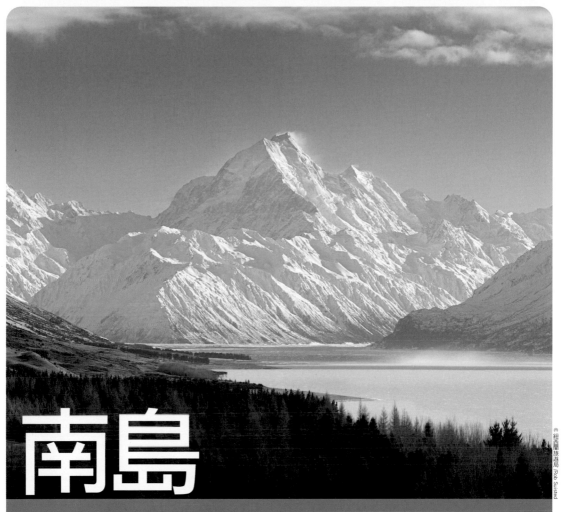

©紐西蘭旅遊局/Rob Suisted

南島

南島

South Island

地圖標示：
- 艾貝爾塔斯曼國家公園 Abel Tasman National Park
- Collingwood
- 庫克海峽 Cook Strait
- 馬爾堡 Marlborough
- 摩圖伊卡 Motueka
- Karamea
- 尼爾森 Nelson
- 皮克頓 Picton
- 布蘭尼姆 Blenheim
- Westport
- 漢默溫泉 Hanmer Springs
- 凱庫拉 Kaikoura
- 格雷矛斯 Greymouth
- 亞瑟隘口國家公園 Arthur's Pass National Park
- 太平洋 Pacific Ocean
- 法蘭茲約瑟夫 Franz Josef
- 福斯冰河 Fox Glacier
- 庫克山國家公園 Mount Cook National Park
- Aoraki / Mount Cook
- 基督城 Christchurch
- 阿卡羅阿 Akaroa
- 蒂卡波湖 Lake Tekapo
- 哈斯通道 Haast Pass
- 特懷士伯頓 Twizel
- Ashburton
- 蒂瑪魯 Timaru
- 米佛峽灣 Milford Sound
- 瓦納卡 Wanaka
- 克倫威爾 Cromwell
- 奧瑪魯 Oamaru
- 蒂阿瑙 Te Anau
- 皇后鎮 Queenstown
- 峽灣國家公園 Fiordland National Park
- 但尼丁 Dunedin
- Gore
- 因沃卡格爾 Invercargill
- Bluff
- 斯圖爾特島 Stewart Island
- 南島

對 時間有限的遊客來說，如果南、北島二者只能擇其一，他們往往會捨棄北島而選擇南島，因為除了沒有火山地形外，南島的自然面貌遠較北島豐富。優美的南阿爾卑斯雪山、壯闊的法蘭茲約瑟夫與福斯冰河、巍峨的庫克山，以及世界奇景米佛峽灣等，都位於這裡。

皇后鎮雖然不大，卻是享譽全球的冒險之都，無論你想玩什麼樣的戶外活動，這裡通通都有。從皇后鎮出發，往南可以到蒂阿瑙看螢火蟲洞，再到米佛峽灣坐遊船；往北可以到西岸攀登冰河，再到庫克山區和蒂卡波湖。

雖然2011年的大地震讓基督城遭受浩劫，但其周邊仍有許多值得一遊的地方，像是賞鯨勝地凱庫拉、法國小鎮阿卡羅阿等，而乘坐阿爾卑景觀列車前往西岸，也是許多人仍願意在基督城停留的理由。

馬爾堡地區氣候溫暖、日照充足，孕育了魚貝蔬果等鮮美物產，也是著名的葡萄酒產區；鄰近的尼爾森擁有全國最長的日照時數，吸引數百位藝術家在此定居，是紐西蘭的藝術之城。

但尼丁突出於太平洋的奧塔哥半島，擁有黃眼企鵝、皇家信天翁、海豹等豐富的生態資源，也是南島的旅遊重點。

南島之最
Top Highlights of South Island

© 紐西蘭旅遊局/Rob Suisted

米佛峽灣 Milford Sound
搭乘遊船航行在地形崎嶇破碎的峽灣水面上，兩岸盡是高聳的山峰、秀麗的瀑布、與不時現身的各種海洋生物。詭奇多變的風景，彷彿進入畫中的世界。(P.189)

© 紐西蘭旅遊局/David wall

庫克山國家公園 Mt. Cook National Park
庫克山是紐西蘭的最高峰，進入這一帶山區，可搭乘小艇航行在處處浮冰的冰河湖中，或是在高山步道上健行，享受超現實的奇幻風景。(P.198)

蒂卡波湖 Lake Tekapo
蒂卡波湖美得不可思議，紐西蘭最著名的地標風景明信片就是在這裡拍的。此處遠離塵囂與光害，也以觀星聞名。(P.204)

©Destination Kaikoura

凱庫拉 Kaikoura
由於世界上幾乎80%的鯨豚種類都會游經凱庫拉附近的海岸線，因而成了賞鯨之旅的重要基地。尤其是抹香鯨，看到的機會非常高。(P.226)

奧塔哥半島 Otago Peninsula
但尼丁附近的奧塔哥半島，是一流的自然生態景區，能看到非常稀有的黃眼企鵝、世界體型最大的飛行鳥類信天翁，以及生態豐富的原始叢林。(P.249)

皇后鎮及其周邊
Queenstown and Around

●皇后鎮

文●蔣育荏・蒙金蘭・墨刻編輯部
攝影●周治平・墨刻攝影組

皇后鎮位於瓦卡蒂波湖畔，南阿爾卑斯山脈從北端一路延伸至此，數座雄偉的山頭與湖泊相映，純淨迷人的風光，增添皇后鎮的魅力。最早來到這兒的是毛利人，目的是為了找尋珍貴的綠玉，接著是1860年代來自世界各地的淘金客，他們在這裡創造了全國最大的淘金熱潮，也帶動皇后鎮的開發。20世紀以降，蜂擁而來的則是數以萬計的觀光客，據統計，平均每年外國旅客總共在皇后鎮待了170萬天以上，而且不但外國人心生嚮往，連紐西蘭本國人民也把皇后鎮當成最想來度假的地方。

皇后鎮雖然稱不上大城市，卻是南島最重要的觀光據點，原因除了悠閒的氣息外，更重要的是這裡發達的各項冒險活動。紐西蘭人有多瘋狂，到皇后鎮就知道，沒有什麼是他們想不出來的，皇后鎮是全球第一個膽敢讓旅客玩噴射飛船、高空彈跳、在激流裡玩衝浪的地方，想找刺激、比膽量、盡情瘋狂，這裡天天實地上演特技畫面。也許你會覺得短短幾秒花上新台幣數千元有點昂貴，但這種豁出去的經驗卻是絕對難忘，而且離開這裡後，全世界再也找不到另一個相同的地方，可以讓你玩得如此瘋狂。

從皇后鎮出發前往米佛峽灣，更是所有旅客的標準程序，搭乘遊船巡行在曲折雄奇的峽灣內，幾乎要以為自己正投影在大銀幕中。

基本資訊

地理位置： 位於南島南部偏西，向東距離但尼丁約288公里車程，向北距離法蘭茲約瑟夫冰河約392公里車程，距格雷矛斯約520公里車程。
面積： 約28平方公里(城鎮)
人口： 約1萬1千人(城鎮)
區域號碼： (03)

如何到達

航空

皇后鎮國際機場(ZQN)位於市區東方8公里的Frankton，是南島航班最頻繁的機場之一，有班機往來奧克蘭、基督城、威靈頓等城市，也有往返雪梨、布里斯本、墨爾本的國際航班。

皇后鎮機場
🚩P.173B2
🔗www.queenstownairport.co.nz

◎**機場至市區交通**

公車 Bus
從機場可搭乘Orbus的1號公車前往皇后鎮中心的Stanley St.上。

🕐每日06:15~24:15，每15~30分鐘一班，車程約20分鐘
💲現金單程票價，成人10元，5~18歲8元。若使用Bee Card，成人2元，兒童1.5元

計程車 Taxi
計程車站位於航站大樓正門外，從機場搭乘計程車至市區，車資約為30~50元。

接駁巴士 Shuttle Bus
如果兩人以上同行，不妨選擇專門機場接駁的Super Shuttle，可以直接載客至市區內的飯店門口，比機場巴士還方便。車子通常會配合班機時間停靠在機場外側，不必預訂、不必逐站停靠，旅客更不必擔心自己究竟應該在何處下車。回程可事先上網預約，或請住宿飯店代為預約，即可在指定時間上車前往機場。
📞0800-748-885
💲到市區第一人24元，其他同行者每人約6元，包車95元，最多可搭乘11人
🔗www.supershuttle.co.nz

租車 Rental Cars
機場內有Hertz、Avis、Budget、Europcar、Thrifty、Ezi、Enterprise、Sixt等租車公司櫃檯。

長途巴士

◎**InterCity**
皇后鎮長途巴士停靠站位於Athol St.路中的停車場。從基督城到皇后鎮的InterCity直達車，為08:30發車，16:40抵達，但不是每天都有；在沒有直達車的日子，可在但尼丁轉車，全程約11小時。從但尼丁，每日有1~2班直達車，車程約4.5小時。

皇后鎮長途巴士站
🚩P.174C4
🔗www.intercity.co.nz

市區交通

公車

Orbus公車在皇后鎮及鄰近郊區共有5條路線，其中1、2、5號線經過鎮中心的Stanley St.。不過由於市區景點皆可徒步到達，參加行程也可預約接駁，所以搭到公車的機會其實並不多。
💲除往返機場外，現金單程一律4元。使用Bee Card為成人2元，5~18歲1.5元
🔗www.orc.govt.nz/public-transport/queenstown-buses

皇后鎮
瓦納卡湖 Lake Wanaka
史基普峽谷 Skippers Canyon
格蘭諾基 Glenorchy
休特歐瓦河 Shotover River
瓦納卡 Wanaka
幻惑世界 Puzzling World
歐森溫泉 Onsen Hot Pools
峽谷鞦韆 Shotover Canyon Swing
瓦卡蒂波湖 Lake Wakatipu
嚇透河噴射飛船 Shotover Jet
箭鎮 Arrowtown
法蘭克頓 Frankton
皇后鎮中心 Queenstown
市中心
馬塔考利莊園 Matakauri Lodge
卡瓦魯橋 Kawarau Bridge
高空彈跳 Bungy Jump
克倫威爾 Cromwell
瓦爾特峰高原農場 Walter Peak Farm
圖例 ◎景點 ✈機場 ♨溫泉 ⚑活動 ⊂公路

皇后鎮市中心地圖

天空滑車
Skyline Luge

高空飛索
Ziptrek

天空纜車
Skyline Gondola

高空彈跳
The Ledge Bungy

Pinewood Lodge (H)

天空纜車
Skyline Gondola

奇異鳥鳥類生態公園
Kiwi Park Queenstown

Flaming Kiwi Backpackers (H)

Cemetery Rd.

Brecon St.

Queenstown Park Hotel (H)

Robin. Rd.

Gorge Rd

Fryer St.

Hamilton Rd.

Hallenstein St.

Nomad Safari浪人四輪摩托車報名處
Alpine Lodge Backpackers (H)
Aspen Lodge Backpackers (H)

Hippo Lodge Backpackers
(H)

The Dairy Private
Luxury Hotel (H)

NZone跳傘報名處

Browns Boutique Hotel (H)

AJ Hackett高空彈跳行程報名處
Shotover Jet嚇透河噴射飛船報名處
Ziptrek高空滑索報名處

Isle St.

Lomond Lodge

Man St.

峽谷鞦韆報名處
Shotover Canyon
Swing

Thompson St.

Lake St.

Hay St.

Brunswick St.

Shotover St.

←往饗格威之旅集合處 Segway on Q
Lake Esplanade

Reces St.

Camp St.

Malaghan St.

Henry St.

St Moritz (H)

Crowne Plaza (H)

Beach St.

Fergburger

InterCity巴士站

Ballarat St.

RealNZ遊船行程報名處
Pier Restaurant Bar

碼頭酒吧餐廳

Abooloot Hostel QT

餅乾時刻專賣店 Cookie TIme Cookie Bar

Southern Discoveries
遊船行程報名處

蒸汽船厄恩斯勞號
TSS Earnslaw

皇后鎮碼頭
QTN Bay

莫爾大街
Queenstown Mall

艾卡特飯店
Eichardt's Private Hotel

噴射飛船
Kawarau Jet

Below Zero

Stanley St.

Beetham St.

Glebe Apartments (H)

Yonder

聖彼得教堂
St. Peter's Anglican Church

瓦卡蒂波湖
Lake Wakatipu

Earl St.

Novotel (H)

Coronation Dr.

Central Private Hotel (H)

Melbourne St.

Hallenstein St.

Sydney St.

Amity Queenstown
Serviced Apartments

The Black Sheep Backpackers (H)

Millennium (H)

Park St.

Copthorne (H)

Frankton Rd.

Dublin St.

18洞飛盤Frisbee Golf

皇后鎮公園
Queenstown Gardens

Park St.

Suburb St.

圖例 ◉景點 ①餐廳 ①遊客服務中心 (H)飯店 ⊟巴士站 ⊙公園 ⊟活動 ✝教堂 ⊙酒吧 ⊜碼頭 ······湖濱步道 ▬▬▬纜車

渡輪 Queenstown Ferry

渡輪連結市中心的QTN Bay碼頭與機場附近的法蘭克頓地區，遊客比較常前往的目的地是希爾頓酒店度假村。

🔽從皇后鎮碼頭，每日07:45~17:45（週五~週日至21:45），每1~2小時一班
💲現金單程7元，使用Bee Card為5元。
🔵queenstownferries.co.nz

計程車

計程車收費大致說來，起錶價為4.5元，每公里跳錶3.5元(夜間會有加成)。若使用電話或網路預訂，則加收預訂費1元。

Corporate Cabs
📞0800-789-789
🔵www.corporatecabs.co.nz
Queenstown Taxis
📞(03) 450-3000
🔵queenstowntaxis.com
Green Cabs
📞0800-767-673
🔵greencabs.co.nz

皇后鎮周邊地圖

法蘭茲約瑟夫 Franz Josef
塔斯曼冰河 Tasman Glacier
庫克山 Mt. Cook
哈斯通道 Haast Pass
蒂卡波湖 Lake Tekapo
瓦納卡 Wanaka
米佛峽灣 Milford Sound
箭鎮 Arrowtown
瓦倫威爾 Cromwell
蒂阿瑙螢火蟲洞 Te Anau Glowworm Caves
皇后鎮 Queenstown
蒂阿瑙 Te Anau
神祕灣 Doubtful Sound
瑪納波里 Manapouri
峽灣國家公園 Fiordland National Park
因沃卡格爾 Invercargill
布拉夫 Bluff
斯圖爾特島 Stewart Island
圖例 ◎景點 ✈機場 ①公路

優惠套票

Bookme

皇后鎮各景點、活動時常推出優惠專案或票種，而這個網站就是專門蒐集各家的優惠訊息，因此造訪皇后鎮前不妨來此站看看，說不定可以搶到大便宜。
🔵www.bookme.co.nz

Bee Card

搭乘大眾運輸除使用現金繳付車資外，也可購買一張感應式的儲值票卡Bee Card。這張卡可在i-SITE、市區多家便利商店及官網上購買，卡片本身為5元，每次儲值最少5元。使用Bee Card除單程車資比較便宜外，也可於45分鐘內免費轉乘。雖然在皇后鎮搭乘大眾交通工具的機會不多，但Bee Card在紐西蘭其他地區，如北地、懷卡托、豐盛灣、霍克斯灣、吉斯本、尼爾森、奧塔哥等地，皆可使用。

旅遊諮詢

皇后鎮i-SITE

📍P.174C4
🏠22 Shotover St.(與Camp St.轉角)
📞(03) 442-4100、0800-668-888 #1
🔽每日09:00~18:30
🔵www.queenstownisite.com

瓦納卡i-SITE

🏠103 Ardmore St, Wanaka
📞(03) 443-1233
🔽每日09:00~17:30
🔵www.lakewanaka.co.nz

峽灣區i-SITE

📍P.195A2
🏠85 Lakefront Dr, Te Anau
📞(03) 249-8900
🔽每日08:30~18:00
🔵www.fiordland.org.nz

MAP ▶ P.173A2

瓦卡蒂波湖
Lake Wakatipu
皇后鎮湖光山色的主角

　　皇后鎮依傍著瓦卡蒂波湖而建，這座由冰河蝕刻而成的湖，長約84公里，是紐西蘭境內第二長的湖泊。白天，湖面上進行著拖曳傘、噴射快艇等各種水上活動，一派活潑生氣，但到了晚上，湖岸亮起盞盞燈光，則又散發著浪漫氣息，許多人就在湖岸散步，沉浸在這股靜謐的氣氛中。

　　瓦卡蒂波湖湖面每6分鐘漲落一次，落差平均7.5公分，科學家認為這是周圍山脈所形成的風壓所造成，不過毛利人卻有自己的解釋。在毛利傳說中，巨人劫走當地部落酋長之女，酋長發出懸賞，只要能救回其女，就可與之成婚。於是，與酋長女兒相戀的勇士Matakauri便趁巨人熟睡之時，一把火把他的床給燒了，結果巨人肥厚的身體讓火愈燒愈旺，最後燒出一個大洞，將巨人深陷其中，而整座湖的形狀就是巨人的樣子：頭在格蘭諾基(Glenorchy)的位置，而皇后鎮位於因火燒疼痛而彎曲的膝蓋部位，至於湖水漲落則代表他唯一留下的心跳。

莫爾大街
Queenstown Mall
短而繁華的熱鬧徒步街

掃地圖

皇后鎮的商店街，就屬Ballarat St.靠近湖畔的這一段步行街最為熱鬧，一路的好餐廳和咖啡館，不論晝夜，兩側露天座位總是坐滿了人。這條路也是購物族的最愛，沿街有許多紀念品店，蒐集了紐西蘭各地工藝品，同時這裡也有一些高檔精品店和紐西蘭當地服飾品牌，因而又以Queenstown Mall聞名，並常被暱稱為「The Mall」。

大街在靠近湖的一端，有尊牽著頭羊的銅像，他是皇后鎮的建立者威廉瑞斯(William Gilbert Rees)。在瓦卡蒂波湖畔還只有毛利人居住的時候，他是首先來到這兒的歐洲移民，1861年與妻子在湖畔購地興建農場，從事畜牧；隔年，有人在箭河發現黃金，淘金客蜂擁而至，在淘金熱初期，威廉是當時湖區淘金客唯一的食物補給來源，他的船往來湖岸，載送著麵粉、食糧，甚至就連挖出的金子也由他運送。不久後，政府收回淘金權，威廉的農場也被劃入官方礦區，在1867年離開瓦卡蒂波湖區之前，威廉積極投入地方公共事務，皇后鎮的開發與他有密不可分的關係。

艾卡特飯店
Eichardt's Private Hotel
鬧中取靜，坐擁勝景

🏠Marine Parade ☎(03) 441-0450 🌐eichardts.com

掃地圖

這間精緻小巧的旅店，就位於瓦卡蒂波湖畔，雖然鄰近人潮熙攘的莫爾大道，卻有種自成一局的鬧中取靜氣氛，這樣既對比又和諧的風格，構成了飯店的最大特色與魅力。飯店始建於1872年，在淘金熱潮時期，許多淘金客將入住這裡視為身分地位的表徵，而「古典精緻」也似乎成為艾卡特飯店的同義詞。2001年的全新整建，為老飯店注入現代元素，古典與現代的絕妙融合，更讓艾卡特飯店從此躍升為瓦卡蒂波湖畔的住宿新指標。

純白的兩層樓方正建築，呈現百年前的古典風韻，而一旁又以深綠的玻璃搭建出狹長空間，與刻意露出的鋼骨樑架，營造出摩登現代的風格。飯店僅有5間套房，包括3間湖景及2間山景，最多僅能容納15人，也正因房客人數少，於是每位住客都能享受極為尊榮的禮遇。套房以咖啡色為基調，整體氣氛深沉穩重，加上講究的家具陳設，更襯出絕對的優雅。寬敞的起居空間裡，米色、咖啡色的沙發圍著壁爐，若在冬季點燃爐火，更增室內暖意。起居室後方的臥室，超大的雙人床上披著一張毛茸茸的柔軟毛皮，不僅溫暖，也突顯了尊貴質感。

南島…皇后鎮及其周邊 Queenstown and Around

MAP ▶ P.174C4

Fergburger

MOOK Choice

全紐西蘭最美味的漢堡

⌂42 Shotover St. ☎(03) 441-1232 ◷每日10:00~22:00
🌐fergburger.com

掃地圖

來皇后鎮不吃Fergburger，大概就和去深坑不吃臭豆腐、去彰化不吃肉圓一樣不上道。除了搞怪的行銷、與背包客合拍的調性外，最重要的是：這裡的漢堡真是無敵好吃。剛進店門，你可能會被滿滿的人潮嚇到，拿到號碼牌時更是覺得遙遙無期，不過廚房裡的分工合作極有效率，每個料理步驟都有專門人員負責，因此出餐速度飛快，並不用等上太久。

這裡的基本款是14.9元的同名漢堡The Fergburger，招牌則是刷上泰式酸甜梅子醬的鹿肉漢堡Sweet Bambi (16.9元)；值得一提的是店裡最貴的The Bulls Eye (21.9元)，因為貴不是沒有道理的，這份漢堡夾進整塊肋眼牛排，由於吃漢堡不適宜用刀叉，於是這塊牛排鮮嫩到可以用門牙直接咬斷，而且肉汁飽滿，牛味十足。這裡的漢堡都不是套餐，沒有附上薯條等配菜，但建議你吃完漢堡後再決定是否加點，如果你還吃得下的話。

💡 不想加入長龍看過來

皇后鎮到底多受觀光客歡迎，來Fergburger就能感受到；Fergburger人潮擁擠的程度，連紐西蘭人都覺得不可思議。如果你想見識它的漢堡究竟有多好吃，卻不想耗費時間大排長龍，建議你不妨先打通電話或事先透過網站預訂，訂好後會獲得一個取餐的號碼，可先向服務人員確認大概多久之後前去取餐，就可以省略不少在小小的店面裡擠人的時間。官網上有非常清楚的菜單和價格，若利用網路訂餐，成功後網路也會預告取餐的時間。

皇后鎮賽格威之旅
Segway on Q
人「車」合一的奇妙體驗

🏠集合地點在距鎮中心10分鐘步行路程的Ben Lomond步道口(130 Lake Esplanade) ☎(027) 344-2237、0800-734-386 ◻皇后鎮市區行程約2小時，湖畔行程約1小時。出發時間每日異動，請上官網預約點選 💲皇后鎮市區行程：成人139元，15歲以下125元。湖畔行程：成人89元，兒童79元 🔗www.segwayonq.co.nz ❗參加者理想體重在35到120公斤之間

掃地圖

相信你一定或多或少看過或聽過Segway，但卻不一定有機會實際嘗試，現在機會來了！Segway的原理是利用內建陀螺儀測定使用者的重心變化，經過精密同步運算，使機器作出相應的反應，因此當你身體前傾便加速，後仰便停止，變換身體重心即可轉向。習慣之後，你會覺得腳下的Segway就像自己身體的延伸，這種感覺是操作任何其他交通工具都無法比擬的。

Segway on Q有兩種行程，一種是沿著湖畔來回(Bay Ride)，算是作個體驗，另一種是湖畔賞景之外還結合市區觀光導覽(Queenstown Tour)，同時也能在皇后鎮公園打幾洞飛盤高爾夫(Disc Golf)。

碼頭酒吧餐廳
Pier Restaurant Bar
坐擁美景享美食

🏠Steamer Wharf ☎(03) 442-4006 ◻每日08:00~22:30 🔗www.pier.nz

掃地圖

皇后鎮氣氛優雅的餐廳不少，這家直接以「碼頭」為名的酒吧餐廳就坐落在蒸氣船的碼頭旁，佔盡地利之便，無論室內或露天桌椅，都可以邊用餐、邊欣賞瓦卡蒂波湖的美景；而且營業時間相當長，從早餐就可開啟山光水色的一天。

「碼頭」不只風景好，餐點品質也頗受好評，尤其是海鮮，包括生蠔、鮪魚、貝類等，運用簡單的烹調手法把食物本身的鮮美凸顯出來，即使在西方國家最普遍的炸魚薯條也毫不含糊，價格亦合理，是頗物超所值的選擇。

蒸汽船厄恩斯勞號 MOOK Choice

TSS Earnslaw

重回百年前的湖上時光

⌂RealNZ遊客中心位於88 Beach St. (Steamer Wharf) ☎(03) 249-6000、0800-656-501 ⏱行程約1.5小時，開船時刻時有調整，請上官網預約點選 ⑤成人80元，5~15歲40元 ⑰www.realnz.com ✆另有多種與瓦爾特峰高原農場搭配的行程 ❶需於出發前20分鐘完成報到。厄恩斯勞號於2023年5月底~9月初將進行保養維修，這段期間不會有行程

掃地圖

　　長168英呎、重330噸的厄恩斯勞號，是南半球唯一仍在航行的燃煤蒸汽客船，其紅黑相間的外觀、優雅的弧線造型，為它贏得「湖面貴婦」(The Lady of The Lake)的封號。這艘船原屬於紐西蘭國鐵所有，部分船體在但尼丁打造，再以鐵路運送到瓦卡蒂波湖南端的京斯頓(Kingston)組裝，於1912年2月24日下水，當時的任務是為湖畔農家服務，包括運貨、載客、運送牲畜等，現在則純為觀光功能。

　　船上大致保持昔日樣貌，即使後來新建的部份也走復古風。在酒吧咖啡廳裡，可一邊喝咖啡、一邊聆賞現場鋼琴演奏，當然還可欣賞窗外風景；下層的沙龍是從前的頭等艙，木製的地板、桌椅都很有古韻，艙頭也有一間小型展示館，陳列百年來的歷史照片。船上最值得一提的是引擎室，保持得跟百年前一模一樣，可以在一樓俯瞰操作過程，或乾脆走到引擎室裡，直接踩在鋼架搭起的步道上感受那股熱氣。兩名大漢得不斷把煤碳鏟到4個鍋爐裡，後方則是幫浦，唧水後加熱產生蒸汽，推動船身，再經由冷卻，將蒸汽還原為水，蒸汽船才能持續前進。

MAP ▶ P.173A2

瓦爾特峰高原農場

Walter Peak Farm

偷得浮生半日閒情

🚢搭乘蒸汽船厄恩斯勞號前往　⏱全程3.5小時，出發時間配合開船時間調整，請上官網預約點選　💲農場行程：成人130元，5~15歲55元。含BBQ午餐的行程：成人145元，兒童75元　🌐www.realnz.com　🐾另有在農場騎馬、單車、晚餐等其他行程，出發時間及價格各有不同，可上官網查詢

掃地圖

搭乘厄恩斯勞號的行程除了單純遊湖外，也可到瓦爾特峰高原農場上走走。農場位於瓦卡蒂波湖對岸，由一棟紅頂白牆的莊園別墅、一座大花園和一座牧場所組成，雖然外觀看起來風光大器，背後卻藏有一段以命運為題的故事。當初威廉瑞斯和他的夥伴尼可拉斯凡塔哲曼(Nicholas Von Tanzelman)一起來到瓦卡蒂波湖，為了看誰能擁有湖的哪一邊，他們以丟銅板的方式來決定，結果瑞斯拿到了湖的東北岸，也就是今日皇后鎮的土地，而塔哲曼則取得西南岸的瓦爾特峰。這一枚硬幣成了兩人命運的分水嶺，瑞斯的土地因發現金礦而炙手可熱，塔哲曼則歷經大雪、風暴、牲畜接連死亡和欠缺資金，最後失意地離開此地。

農場土地所有權幾經更迭，現由RealNZ公司租賃，開始接待起觀光客。當蒸汽遊湖船靠岸後，工作人員會引領遊客先到農場看綿羊、鹿、牛、羊駝等小動物，還能讓遊客親手餵羊吃草；接著輪到牧羊犬表演上場，讓人見識牠們管理羊群的工作模樣，而工作人員隨後還會現場示範如何剃剪羊毛；然後再到別墅的餐廳裡享用一頓豐盛的下午茶點心。最後在上船回程之前，多數遊客都會到湖濱的花園裡享受午後風光，或是到紀念品店挑選伴手禮回家。

MAP ▶ P.174B1-B2

皇后鎮天空纜車

Skyline Queenstown

擁抱山光水色兼享刺激體驗

🚃沿Brecon St.走到底即達山下纜車站，從i-SITE步行約8分鐘 🏠53 Brecon St. ☎(03) 441-0101 ⏰09:30~20:30 (週二、三至18:30) 💲成人來回46元，6~14歲來回32元，5歲以下免費 🔗www.skyline.co.nz

MOOK Choice

掃地圖

皇后鎮天空纜車擁有南半球最陡的纜車軌道，瞭望台位於海拔790公尺高的鮑伯峰(Bob's Peak)山頂，可俯瞰皇后鎮全景，享受360度的湖光山色。旅客可搭乘天空纜車，以平均37.1°的角度一路上升到山頂車站，山頂除了靜態賞景外，也有許多刺激有趣的活動，包括滑翔翼、高空彈跳、高空飛索等，其中又以滑車老少咸宜，最受大眾歡迎。

滑車 Luge

⏰每日10:00~19:00 💲依次數而定，最少2次為成人71元，兒童49元；最多無限次為成人99元，兒童69元(皆包含纜車票)。2~5歲同車幼兒一律5元

要玩滑車的人，到了山頂後得再搭一程纜椅(chairlift)到達制高點。皇后鎮的滑車分為賞景與冒險兩種車道，前者滑道較長但坡度平緩，後者坡道較陡而速度更快。車道全長超過1.6公里，過程中包含各種彎道與隧道，刺激好玩。第一次滑行必須先玩賞景滑道，而後才能進行冒險滑道的挑戰，兩條滑道的終點都在山頂車站旁，也就是搭乘纜椅的地方。

Stratosfare Restaurant & Bar

⏰12:30~20:00 (週一、四、五17:00起，週二至15:00) 🚫週三 💲午餐：成人109元起，兒童75元起。晚餐：成人129元起，兒童90元起(皆包含纜車票)。2~5歲幼童一律5元

此外，山頂亦有簡餐酒吧和正式的餐廳，Stratosfare Restaurant每天提供豐富的午餐和晚餐，讓遊客可一邊享用餐點，一邊透過大片玻璃窗欣賞皇后鎮的美景。

MAP ▶ P.174C3、B1

高空飛索

MOOK Choice

Ziptrek

像武俠高手般凌空飛翔

🚠搭乘天空纜車上山後，出餐廳左轉，即可在樹林中看到 🏠辦公室及報名處位於45 Camp St.，活動地點位於山頂纜車站附近 ☎(03) 441-2102、0800-947-873 🕐辦公室每日09:00~18:00。Moa行程約1.5~2小時，Kea行程約2.5~3小時，Kererū行程約1小時。出發時間每日異動，請上官網預約點選 💲Moa行程：成人159元，6~14歲兒童109元。Kea行程：成人199元，兒童159元。Kererū行程：一律109元 🌐www.ziptrek.co.nz ❗參加者需年滿6歲，體重在30~125公斤之間

掃地圖

雖然皇后鎮以戶外極限運動祖師爺自居，但Ziptrek卻是發源於加拿大的惠斯勒，且繼美國舊金山之後，2010年才在皇后鎮開設據點。所謂高空飛索，就是在高聳的樹幹上架設平台，平台之間以鋼索相連，參加者穿戴安全吊帶後，在教練協助下將扣環固定在滑索上，接著就一路飛向對岸。皇后鎮的Ziptrek有3種行程，最高的樹台都在25公尺以上：Moa全程4道滑索，最長的一道達240公尺遠，最快時速50公里；Kea全程6道滑索，最長距離則有300公尺，時速更可高達70公里；而Kererū雖然只有2道滑索，但另有一段21公尺高的彈跳式垂降。

在凌空飛翔的同時，你大可以張開雙臂，像老鷹一樣展翅高飛，甚至頭下腳上來個倒掛金鉤；若仍嫌不夠過癮，不妨向教練討教兩招，他們可是有數不盡的壓箱絕活，等著要秀給你看！而在每個平台上，都有關於Ziptrek在環保措施方面的介紹，原來當你在花錢追求刺激的同時，Ziptrek也替你為地球盡了心力，讓玩樂也變得富有意義。

183

餅乾時刻專賣店
Cookie Time Cookie Bar

紐西蘭的國民零食

⌂ 18 Camp St. ☎ (03) 442-4891 ⏰ 08:00~21:00 (週六、日10:00起) 🌐 cookiebar.co.nz

1983年創立於基督城地區的餅乾時刻(Cookie Time)，口感紮實，還有香香的巧克力豆，是紐西蘭人最愛的巧克力餅乾，不但在便利商店、超市很容易買到，就連在紐西蘭國內線的飛機上，空姐送上的也常常是Cookie Time，說它是紐西蘭人的國民零食並不為過。

2010年開始，Cookie Time在紐西蘭和世界各地陸續設立專賣店，而皇后鎮這間小店正是其實體店面的第一家。在這裡不但可以買到剛出爐的現烤Cookie Time，還有多種利用Cookie Time衍生出的店頭特有產品，像是冰淇淋、奶昔、聖代、三明治等，此外也有玩具、T恤等周邊商品。而一輛早年運送餅乾的迷你貨車，目前就擺放在店裡，成了遊客拍照的最佳背景。

店裡早上8到9點與晚上6到7點為Happy Hours特價時間，有時是咖啡每杯只要1元，有時是剛出爐的餅乾買一送一，或是冰淇淋買一送一等，登門消費前可隨時上網了解當日特價現況。

皇后鎮歷史遺跡之旅
Queenstown Heritage Tour

打開一頁淘金史

📣 報名時預約市區飯店接送 ⌂ 辦公室位於174 Glenda Dr, Frankton ☎ (03) 409-0949 ⏰ 每日08:30、13:30出發，行程約4小時 💲 成人180元，16歲以下90元 🌐 www.queenstown-heritage.co.nz ☕ 行程含早茶或下午茶 ❗ 每團最多9人，建議事先預約

皇后鎮是因淘金而發展的市鎮，而業者推出的歷史遺跡之旅，就是帶領遊客尋訪昔日的淘金歷史。坐上四輪傳動廂型車，隨即進入皇后鎮北側的史基普峽谷(Skippers Canyon)，這裡是19世紀時淘金客最先到達的地方，當年他們終日冀望在河裡淘出黃澄澄的金子，一夕致富，而這些人的開發，也使原本荒蕪的溪谷漸漸成了一個小聚落。

在導遊解說下，不僅可以了解當年的開發歷程，也才發現原來路旁的殘跡，像是客棧、學校等，都是當年風光一時的印記。史基普學校後來經過整建，現在成了重現開墾史的最佳展示空間，教室陳設都還呈現當年樣貌，牆上展示的是昔日照片，有些導遊甚至會指著其中人物說：「這是我的祖父喔！」到了溪邊，導遊還會帶著工具，現場示範淘金給遊客看。

MAP ▶ P.174C4、P.173A2

嚇透河噴射飛船

MOOK Choice

Shotover Jet

天旋地轉驚聲尖叫

掃地圖

🚌部分梯次提供免費接駁服務，需在出發前45分鐘在市區報名處完成報到　🏠報名處位於25 Shotover St.，活動地點在3 Arthurs Point Rd, Arthurs Point　📞(03) 442-8570、0800-802-804　🕙每日10:00~16:00，每小時一梯，行程約25分鐘　💲成人139元，5~15歲77元　🌐www.shotoverjet.com

目前在紐西蘭很多地方，都可以玩到噴射飛船，然而這項驚險遊戲的創始鼻祖，正是位於皇后鎮西北方約7公里處的Shotover Jet，而且拜地理條件所賜，它也可以說是刺激程度最高的噴射飛船。

嚇透河(Shotover River)的上游有一段相當深長的峽谷，噴射飛船由於緊貼著水面漂行，沒有水的阻力，因此速度更快，轉彎也更容易。駕駛喜歡故意將船頭貼近岩壁，全速往前衝，自認膽大的人不妨選擇靠邊的位置，常常會覺得一不小心就要撞到岩壁，緊張到最高點；膽小的人當然最好坐中間，比較有安全感。

沒有峽谷「威脅」的時候，就要注意駕駛員的手勢，當他舉起右手伸出食指畫圈圈時，請立刻抓緊把手，因為那代表馬上就要甩尾了。一陣天旋地轉之後，緊接著落下的，是剛才被甩起的巨大水花，以及大家的驚聲尖叫。玩這活動很難不「溼身」，不過船公司都會讓每個人穿上不怕淋溼的外衣，無須太過擔心。這樣在河裡橫衝直撞，可要比遊樂場的衝浪飛船好玩一百倍！

驚魂甫定，當駕駛問：「還要不要再來一次？」時，保證你會大聲回答：「要！」駕駛除了偶爾會停下來講解沿途風光或人文典故外，還會身兼攝影師，沿途幫大家拍下紀念照，以彌補活動中可能無法拍出好照片的缺憾。活動過程亦有錄影，照片和錄影檔的售價雖然不便宜，卻是難得的冒險記錄。

MAP ▶ P.174C4、B1、P.173B2

高空彈跳

MOOK Choice

AJ Hackett Bungy Jump

縱身一躍，挑戰自我極限

🚌 可自行前往Kawarau Bridge，或於10:00在市區報名處搭乘免費接駁車前往，全程3.5小時；前往The Ledge可搭乘天空纜車到山頂即達；前往The Nevis必須從報名處搭乘免費接駁車，全程4小時 🏠 報名處位於25 Shotover St.的The Station內 ☎(03) 450-1300、0800-286-4958 🕐 Kawarau Bridge：每日09:30~16:00，每15分鐘一梯。The Ledge：週四至週一11:00~16:30。The Nevis：08:40~14:00，每日3~4個梯次 💲 Kawarau Bridge和The Ledge為220元，The Nevis為290元 🌐 www.bungy.co.nz ❤ 愈早預約愈便宜 ❶ 需事先預約。Kawarau Bridge與The Ledge需年滿10歲，The Nevis需年滿13歲

掃地圖

AJ Hackett是商業高空彈跳的鼻祖，其發源地皇后鎮也成了高空彈跳最盛行的地方。據工作人員表示，每日平均有120~150人往下跳，最高曾有一天250人次的紀錄，每年約有5萬多個尖叫聲，迄今至少有上百萬人嘗試過。

全世界第一個經營高空彈跳之處，就在皇后鎮近郊的卡瓦魯橋(Kawarau Bridge)，從43公尺高的橋上往河面縱身一跳，你還可以選擇要不要碰到河水、弄得一身溼。

雖然卡瓦魯橋是個值得朝聖的經典，但皇后鎮最刺激的高空彈跳卻是位於私人土地上的The Nevis，因為這裡的彈跳點是處活動廂房，由纜索拉至峽谷正上方，距離河面高達134公尺，自由落體時間更長達8.5秒。

而距離市中心最近的The Ledge則是要搭乘天空纜車上山，從山頂伸出的平台躍下，因為時間上的限制較少，因此也開放夜間報名，摸黑躍下時因為看不見盡頭，另有一種說不出的刺激。

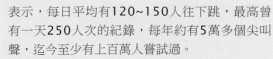

©Shotover Canyon Swing

MAP ▶ P.174C4、P.173A2

峽谷鞦韆

MOOK Choice

Shotover Canyon Swing

用最搞怪的姿態尋求刺激

🚌 可預約從市區報名處出發的接駁巴士　🏠 報名處位於34 Shotover St.　📞(03) 442-6990、0800-279-464　🕐每日09:30~15:30，每小時一梯　💲單人跳249元，雙人跳458元。第2跳50元。旁觀20元　🌐 www.canyonswing.co.nz　❗參加者須年滿10歲

掃地圖

　　紐西蘭的高空彈跳產業已臻於完備，無論你想從大橋上、高塔上、吊台上、峽谷上，甚至直昇機上跳下來，都能如你所願。如果跳膩了直上直下，要換點口味的話，也有變種版的峽谷鞦韆，這是將繩索的支點架在峽谷中央的上方，而躍下的地點卻在峽谷一側的平台上，因此跳下之後不是垂直反彈，而是往前擺盪。

　　Shotover Canyon Swing的峽谷深達60公尺，是紐西蘭最高的峽谷鞦韆，更有甚者，他們還發明了許多創新，或者該說是瘋狂的跳法。一般的往前跳或是背對跳至此已是了無新意，像哈利波特一樣騎著繩子，或像跳水選手前、後空翻，其實也算不上特別。在這裡，你更可以試試躺著跳、倒栽蔥的跳、倒掛式的跳；甚至還可利用各種道具：騎著小孩子的三輪車溜下去、從溜滑梯上滑下去；或是用桶子罩住頭，感受未知的恐怖，或是坐在椅子上直接翻落。抖M一點的，還可以把雙手綁在背後，被工作人員一腳踹下去，搞得跟沒還黑道錢似的。

　　除了自己一個人跳之外，也可以拉親朋好友一起下水，不過兩個人跳並不會比較壯膽，只是兩個人的尖叫加起來會比較大聲。至於究竟哪一種跳法比較恐怖，由於每個人懼怕的點不一樣，因此很難說誰比誰刺激，但它們的共同特點是，你無需學會任何技巧就能輕易嘗試，唯一需要克服的只有站上高台的心理障礙，剩下的，地心引力會替你完成一切。

馬塔考利莊園
Matakauri Lodge
叢林湖畔的世外桃源

📍距皇后鎮約7公里車程 🏠Farrycroft Row, 569 Glenorchy Rd. ☎(03) 441-1008 🌐www.robertsonlodges.com/the-lodges/matakauri

掃地圖

　　躺在浴缸裡，落地窗外是翠綠青山映襯著湛藍湖水，偶爾還有小船緩緩駛過湖面，就是這美得令人屏息的畫面，吸引不少人來到馬塔考利莊園，也讓莊園數度獲獎。

　　前往莊園得先經過一片濃密綠林，林道盡頭處，就能看見座落湖畔的幾幢精巧小屋。佔地10英畝的莊園裡共有3間套房、4座Villa別墅，每間都以清爽雅致的格調為取向。而Villa更是莊園裡最迷人的風景所在，每棟Villa都擁有700平方英呎的寬敞空間，客廳裡整面的窗子，收攬了絕美的山光水色，住客們可坐臥在窗台上的沙發臥椅休憩賞景，更增添寫意風情。

　　客廳後方就是臥室，與客廳之間僅以木拉門相隔，若不將門拉上，那麼躺在床上就能欣賞窗外景致，製造湖水即客房延伸的視線錯覺。浴室設計也同樣將湖景帶入，浴缸旁就是擁有180度寬闊視野的窗景，尤其在黃昏時分，湖面映照紅霞，而金黃色的溫暖光線灑進窗內，若再點上燭光，更是浪漫得不得了。此外，莊園裡還有一間酒窖，收藏了紐西蘭各酒區所生產的葡萄酒，若想擁有一個私密的浪漫晚餐，不妨預約在酒窖用餐。

箭鎮
Arrowtown
因淘金崛起的歷史小鎮

📍距皇后鎮約20公里車程。或是從皇后鎮中心的Stanley St.搭乘Orbus的2號公車前往，車程約40分鐘 🌐www.arrowtown.com

掃地圖

　　箭鎮是皇后鎮的一個衛星城鎮，其創建年代和皇后鎮相當，也是因淘金崛起。早期居住於此的礦工，生活物質非常匱乏，少有固定的屋宇，大多以帆布帳篷為家。後來部分商人開始興建一些由石頭砌成的房子，逐漸形成現在的Buckingham St.，這條街也是今日箭鎮的主要觀光街道，商店、餐廳林立，景觀不同以往。靠著過往的淘金陳跡，箭鎮近年來已發展成以觀光維生的歷史小鎮，鎮上建於1875年的湖區博物館(Lakes District

Museum)保留許多第一批移民及早期礦工開發本地的歷史文物，供遊客緬懷。這裡還能看到從前中國礦工聚集的小型社區，由低矮陳舊的簡陋石屋，可以想見當時中國移民困苦生活的情形。

陸海空全方位體驗

　　皇后鎮到米佛峽灣車程相當遠，如果打算當天來回，不妨參加一日遊的套裝行程，把路上交通、峽灣船隻、午餐甚至峽灣飛機等一併解決，不必再自行一項項打理。

　　由於峽灣天氣太不穩定，無法百分之百保證達成從空中俯瞰，然而如果你無懼高價真的很想一試，不妨放膽報名搭飛機遊峽灣的行程，萬一真的不能飛，這些旅遊公司會完全退費，不會造成消費者的損失，並且還是會用遊覽車把遊客載回程；若是天公作美，真的成功飛行，不但美夢成真，而且皇后鎮與米佛峽灣間以飛行取代一趟遊覽車，可節省不少交通時間。

🔗 www.realnz.com

MAP ▶ P.175A2

米佛峽灣

Milford Sound

碩大宏偉靈韻神祕

掃地圖

📍 米佛峽灣距皇后鎮約290公里，可自行開車至米佛峽灣，再參加當地的各項行程。或是在皇后鎮或蒂阿瑙參加從當地出發的一日遊行程，而從蒂阿瑙出發的價錢會比從皇后鎮出發便宜 🔗 www.milford-sound.co.nz 🚌 從皇后鎮出發的一日遊行程，除了巴士去回外，也可選擇去程坐巴士，回程搭賞景飛機或直昇機，不過價錢當然也比較貴。而從米佛峽灣，除了有一般的遊船行程外，也有海上輕艇、健行步道等多樣化行程可以報名。

RealNZ從皇后鎮出發的一日遊
🏠 報名處位於88 Beach St 📞(03) 249-6000、0800-656-501 🕐 每日06:55出發，行程約12小時 💲成人219元，15歲以下119元，午餐30元 🔗 www.realnz.com 🛈 另有在船上過夜的2天1夜行程可選擇

GreatSights從皇后鎮出發的一日遊
🏠 可預約市區酒店接送 📞(09) 583-5790、0800-744-487 🕐 每日06:40出發，行程約12小時45分鐘 💲成人247元，5~14歲124元(含午餐) 🔗 www.greatsights.co.nz

Southern Discoveries從皇后鎮出發的一日遊
🏠 報名處位於110 Beach St.，可預約市區酒店接送 📞(03) 441-1137、0800-264-536 🕐 每日07:00出發，行程約12.5小時 💲成人209元，5~14歲119元，午餐20~40元 🔗 www.southerndiscoveries.co.nz

InterCity從皇后鎮出發的一日遊
📞(03) 442-4922 💲成人159元，含午餐的行程179元 🔗 www.intercity.co.nz

圖例 ⓘ 遊客服務中心 ----- 路線

米佛峽灣

聖安妮峰頂
St Anne's Point

培姆布魯克山
Mt Pembroke

象山
The Elephant

安妮塔海灣
Anita Bay

海豹岩
Seal Rock

溪谷峰頂
Dale Point

斯特林瀑布
Stirling Falls

銅峰頂
Copper Point

獅子山
Lion Mountain

仙女瀑布
Fairy Falls

哈里遜小灣
Harrison Cove

水下觀測站
Underwater Observatory

主教法冠峰
Mitre Peak

辛巴德河谷
Sinbad Gully

波溫瀑布
Bowen Falls

墓地峰頂
Cemetery Point

米佛碼頭遊客中心
Milford Wharf Visitor Centre

沙蠅峰頂
Sandfly Point

峭壁山脈
Sheerdown Range

北島看火山地熱，南島看冰河峽灣，而峽灣中最具代表性的，就是位於峽灣國家公園(Fiordland National Park)內的米佛峽灣。這處絕世奇景最初由毛利人所發現，他們當時穿越米佛步道(Milford Track)前往安妮塔灣(Anita Bay)尋找綠玉，這條步道今日被登山者譽為「世界最棒的步道」，毛利人稱這裡為「Piopiotahi」，跟河、海、峽灣都沒有關係，而是意指「唱歌的畫眉鳥之地」。至於米佛峽灣的名字，則來自第一個發現此處的歐洲人John Grono船長，他因躲避風暴而意外發現此處，遂以自己的出生地來命名。

遊覽米佛峽灣最基本的方式是搭乘遊船，光是船公司就有好幾家，也有許多是和巴士業者及航空業者結盟，推出由皇后鎮或蒂阿瑙出發的整套行程。所有遊船皆從米佛村(Milford Village)的碼頭出發，出航後立刻可以看到落差160公尺的波溫瀑布(Bowen Falls)，峽灣中由於雨量充足，除波溫瀑布外，還有許多從高處流瀉而下的瀑布，多數遊船也會刻意開到斯特林瀑布(Stirling Falls)正下方，如果你覺得頭沒洗乾淨，現在是個機會。

米佛峽灣的美，美在山勢雄奇、水域寬闊、峽灣曲折。山勢雄奇，成就景之險；水域寬闊，成就景之大；峽灣曲折，成就景之多變。加上雨後出現的飄逸水瀑，碩大宏偉、靈韻神祕兼而有之。憑欄賞景，彷彿正要開進傳說的神仙祕境、開進遠古的洪荒時期、開進不存在於現實的未知次元。這是種使人迷戀的美，一生非得經驗一次。

報名時額外付費的話，還可參觀峽灣邊的水底觀測站。因為此處海洋生態非常奇特：米佛峽灣雨量豐沛，總有一層雨水浮在含鹽的海水上頭，雨水中所含的單寧酸使透光率變得極差，加上極少量的沉澱物與礦物質，造成陰暗和穩定的海底環境，與深海相當接近，因此在米佛峽灣淺海處，很容易便能發現鮪魚、龍蝦、黑珊瑚等深海生物。

瓦納卡

Wanaka

皇后鎮民的後花園

🚌 瓦納卡距皇后鎮約70公里車程。可搭乘Ritchies巴士，每日11:30、16:40從皇后鎮中心Athol St.上的巴士站出發，12:55、18:55抵達瓦納卡i-SITE前湖邊的巴士站。成人單程30元，來回55元；長者與3~12歲單程20元，來回35元

掃地圖

　　外國人到皇后鎮度假，皇后鎮民則到瓦納卡休閒。位於皇后鎮東北方約70公里的瓦納卡，與皇后鎮一樣是座臨湖的度假小鎮，瓦納卡湖(Lake Wanaka)面積192平方公里，僅次於陶波湖、蒂阿瑙湖與瓦卡蒂波湖，為紐西蘭第4大湖，湖岸綠意盎然，春季時更綻放著繽紛花卉，景致活脫是風景明信片裡的畫面。

　　氣氛悠靜的瓦納卡，也以戶外活動為賣點，小鎮附近有滑雪場，每至冬天便湧入大批前來滑雪的人們；此外瓦納卡周邊也有數條健行路線，同樣吸引不少健行者前來。

©紐西蘭旅遊局 Miles Holden

©紐西蘭旅遊局 Miles Holden

幻惑世界 Puzzling World

🚗 距i-SITE約2.3公里　🏠188 Wanaka-Luggate Highway, Wānaka　☎(03) 443-7489　⏰每日09:00~17:00(售票至16:30)　💲幻惑世界：成人20元，5~15歲16元。大迷宮：成人18元，兒童14元。套票：成人25元，兒童18元，65歲以上22.5元　🌐www.puzzlingworld.co.nz

掃地圖

　　幻惑世界利用各種科技和視覺死角，挑戰大家「眼見為真」的觀念。還沒走到門口，便能遠遠望見4座東倒西歪的塔樓和一座超斜鐘塔，教人吃驚的是，這座瓦納卡斜塔是以53度幾乎快倒到地上的角度維持，比起只歪斜6度的比薩斜塔還要斜得多；還有，千萬不要拿它來對時，因為上頭的時鐘是從2000年午夜開始倒轉，一路回到20世紀。

　　幻惑世界分為咖啡廳、幻惑世界和大迷宮3個部份。幻惑世界中有各種玩弄視覺的小房間，許多是運用雷射科技，在平面創造出3D立體效果，還有傾斜屋和各種錯覺機制，讓人看似可以變高變矮，並且在牆壁上站立，這些全靠建築設計上的巧思。

　　戶外的大迷宮自詡為第一座現代迷宮，4個角落分別立著黃、綠、藍、紅等瞭望塔，還有橫跨通道之上的天橋。要玩這個大迷宮，不只是要找到路出來，還要照著規則和困難級別進行，進入之前得先看看自己的智商和時間。迷宮走道雖然大約只有1.5公里，但大多數人卻得走個3到5公里，才能找到出口。簡易版的是先走到4座塔，估計要30分鐘到1小時，困難版的得要按黃、綠、藍、紅等順序，一般需1~1.5小時；如果真的被困住，千萬記得先登上天橋，找一下緊急出口。

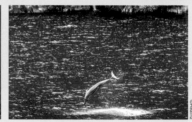

MAP ▶ P.175A2

神祕灣
Doubtful Sound

天涯海角的祕境

🚢 神祕灣的遊船行程是從瑪納波里(Manapouri)出發，不過也有些大型旅遊公司有經營從皇后鎮或蒂阿瑙出發的一日遊行程
ⓤ www.fiordland.org.nz

RealNZ從皇后鎮出發的一日遊

🏠 報名處位於88 Beach St　📞(03) 249-6000、0800-656-501　🕐 每日06:55出發，行程約12小時　💲 成人289元，5~15歲159元　ⓤ www.realnz.com

Southern Secret的海上過夜行程

🏠 從蒂阿瑙與瑪納波里出發，也可加價預約從皇后鎮出發的接駁巴士　📞(03)249-7777　🕐 9~5月，每日07:00從皇后鎮、09:00從蒂阿瑙、10:00從瑪納波里出發；隔日12:00回到瑪納波里，12:30回到蒂阿瑙　💲 兩人艙房1,190元起　ⓤ www.doubtfulsound.com

比起米佛峽灣及峽灣國家公園北部，神祕灣的觀光資源開發得更少，遊客不多，但也正因如此，神祕灣一帶至今仍保存了完整的自然生態環境。1773年，庫克船長來到神祕灣口時，認為這個峽灣似乎暗藏玄機，很難預測是否會有危險，因此不敢貿然將船駛入，神祕灣由是得名。也有些人將Doubtful Sound直譯為「可疑灣」，雖然有些拗口，卻更為傳神，因為這裡的確是個景色神祕優美，引人遐思的地方。在搭乘神祕灣的遊船前，巴士會先經過海拔670公尺的威爾莫特山口(Wilmot Pass)，這裡是眺望神祕灣的最佳地點。而上了遊船後，由於神祕灣內水域較窄，望去感覺盡被斷崖絕壁包圍，加上灣水極深，更多了幾許詭異難測之感。

193

蒂阿瑙

Te Anau

米佛峽灣的門戶

🌏 蒂阿瑙的長途巴士站位於Kiwi Country紀念品店前(2 Miro St.)。搭乘InterCity從皇后鎮前往蒂阿瑙，每日有2班直達車，車程約2.5小時 ⊕ www.fiordland.org.nz

蒂阿瑙不但是前往米佛峽灣的重要門戶，其本身作為寧靜的湖畔度假小鎮，也頗具一遊的價值。蒂阿瑙湖(Lake Te Anau)是紐西蘭第二大湖、南島第一大湖，面積廣達344平方公里，以盛產綠玉著稱。綠玉在毛利社會中相當珍貴，多數拿來裝飾雕刻，不過綠玉質地較軟，跟中國人認知中的翠玉不盡相同。

湖畔有一座高約1公尺的南秧雞(Takahe)塑像，是本地地標。其實真正的南秧雞高度只有50公分，跟恐鳥、奇異鳥一樣，屬於不會飛的鳥類，原本在20世紀初咸認已經絕種，然而1948年一位醫生在本地山區裡發現約250隻南秧雞，目前專家推測仍有野生南秧雞活動於蒂阿瑙湖畔岩洞上方的山區裡，該區已被設定為保護區，僅有少數人見過牠們。

同時，蒂阿瑙因為鄰近峽灣雨林，擁有很多著名的登山步道，使其享有「世界步行之都」之稱，街上因此有很多販賣登山器具的戶外用品店，在這裡買毛衣或休閒用品皆比其他地方划算。

© 紐西蘭旅遊局／Miles Holden

蒂阿瑙

A   B

1   Te Anau Tce. Matai St.
     McKerrow St.
     Moana Crs. Milford Crs.   N

     Te Anau Central Backpackers   Kiwi Country 紀念品店
     Mokonui St.   Town Centre

     峽灣賞景飛機 Air Fiordland
     Fiordland Jet 噴射飛船
     Park Ln.

2   RealNZ遊船 行程報名處   Southern Discoveries 遊船行程報名處
     Mokoroa St.   Cleddau St.

     直昇機 Southern Lakes Helicopters   Distinction Te Anau
     水上飛機Wing & Water   Henry St.
     蒂阿瑙遊船 Cruise Te Anau   Radfords on the Lake
     Fiordland Lakeview Motel   Quintin Dr.

     蒂阿瑙湖 Lake Te Anau   Anchorage Motel
     Lakefront Dr.

3   蒂阿瑙

     圖例 ⑪飯店 ⑤活動 ①遊客服務中心

蒂阿瑙螢火蟲洞 Te Anau Glowworm Caves

🚗 出發前20分鐘至RealNZ報名處集合 🏠 報名處位於85 Lakefront Dr (Town Centre路底) ☎(03) 249-6000、0800-656-501 ⏱ 行程約2小時15分鐘，出發時間按季節調整，請上官網預約點選 💲 成人99元，5~15歲40元 🌐 www.realnz.com/en/destinations/te-anau ❗ 要攜帶保暖衣物。洞裡嚴禁拍照和攝影

　　紐西蘭兩處著名的螢火蟲洞，一處是北島的懷托摩，另一處就是南島的蒂阿瑙。這類生態景點在出發前都會先用影片行前教育，一旁還有模型解釋25萬年前地下伏流侵蝕石灰岩，造成地下溶洞的過程，而生長其內的昆蟲因長期不見陽光，也形成奇特的生態圈。

　　乘船進入螢火蟲洞，由嚮導拉著架在洞穴岩壁的繩索前進。在洞穴裡的20分鐘內，小船會在好幾個地點停下來，讓旅客欣賞滿天藍星星，可看到螢火蟲吐出沾著黏液的絲線，垂掛於岩壁上，並利用胃裡的化學反應激發出藍色冷光，以吸引地下伏流的昆蟲，一旦昆蟲被黏上，就成了螢火蟲的大餐，也因此，螢火蟲愈餓就愈亮。要特別注意的是，由於螢火蟲對聲音非常敏感，旅客必須保持絕對的靜默。

195

西岸及庫克山區
West Coast and Mount Cook

文●蔣育荏・蒙金蘭・墨刻編輯部
攝影●周治平・墨刻攝影組

南島西岸是紐西蘭地理景觀最多樣化的地區，這片狹長的區域，前有蔚藍的塔斯曼海岸線，後有巍峨的南阿爾卑斯山脈，綿延不絕的森林、喜怒無常的河谷，蘊藏豐富的自然生態，也成為各種冒險活動的場域。當然不可忽略的，就是那兩座碩大無朋的壯麗冰河——法蘭茲約瑟夫冰河與福斯冰河，而來到西岸攀爬冰河，早已成了紐西蘭行程的「Must Do」，不管你用什麼樣的方式，徒步攀登也好，搭乘直昇機也好，帶著冰斧攀爬也好，都是一輩子難以忘懷的體驗。

而庫克山國家公園也是紐西蘭著名的絕世奇景，除了可以參加塔斯曼冰河的攀爬行程外，還有多條儡人心魂的健行步道，同時公園內的塔斯曼湖更是世界上少數有遊船行駛的冰河湖泊。

INFO

旅遊諮詢
◎格雷矛斯i-SITE
⌂164 Mackay St, Greymouth
☎(03) 768-7080、0800-473-966
◷每日10:00~16:00
⌨www.westcoasttravel.co.nz

N

塔斯曼海
Tasman Sea

卡胡朗吉國家公園
Kahurangi National Park

Karamea

Little Wanganui

67

Hector

6

Carters Beach
Westport

6

Charleston

尼爾森湖國家公園
Nelson Lakes National Park

69

65

Punakaiki

7

帕帕羅阿國家公園
Paparoa National Park

格雷矛斯
Greymouth Dobson

Lake Brunner

仙蒂鎮歷史遺跡公園
Shanty Town Heritage Park

霍基提卡
Hokitika

亞瑟隘口國家公園
Arthur's Pass
National Park

Kokatani

Kowhitirang

6

亞瑟隘口
Arthur's Pass

可蘭吉觀列車TranzAlpine Train

Harihari

草原牧場
Bushman's Center

73

Whataroa

基督城
Christchurch

法蘭茲約瑟夫冰河
Franz Josef Glacier

瑪瑟森湖
Lake Matheson

福斯冰河
Fox Glacier

庫克山國家公園
Mount Cook National Park

6

Lake Paringa

西華國家公園
Westland
National Park

庫克山村
Mt Mook

80

77

1

75

蒂卡波湖
Lake Tekapo

亞士伯頓
Ashburton

哈斯特
Haast

哈斯隧道
Haast Pass

普卡基湖
Lake Pukaki

蒂卡波湖
Lake Tekapo

79

1

8

艾斯派林山國家公園
Mount Aspiring National Park

特威立爾
Twizel

約翰山天文台
Mount John Observation
(暗夜計劃觀星行程
Dark Sky Project)

8

蒂瑪魯
Timaru

6

哈威亞湖
Lake Hawea

瓦納卡湖
Lake Wanaka

8

83

1

瓦納卡
Wanaka

82

MAP ▶ P.197B5-C5

庫克山國家公園

MOOK Choice

Mt. Cook National Park

瞻仰紐西蘭的最高峰

🚗 開車：庫克山村距皇后鎮約262公里車程，距基督城約332公里車程。巴士：InterCity巴士通往庫克山村的路線目前暫時停駛中，請上官網關注復駛情況。若無開車，也可參加從皇后鎮、蒂卡波湖或基督城出發的旅遊行程

庫克山國家公園遊客中心
🏠 1 Larch Grove, Aoraki/Mount Cook Village
(03) 435-1186 ⏰ 08:30~17:00 (5~9月至16:30)
mackenzienz.com

掃地圖

　　高3,724公尺的庫克山，是紐西蘭最高峰，它的毛利名字是Aoraki，意即「穿雲者」。在庫克山國家公園內，還有20餘座海拔超過3千公尺的山峰，覆蓋著皚皚白雪巍峨聳立著，山間還有千年的壯闊冰河，絕美的自然景致，是庫克山最迷人之處。

　　庫克山村(Mt. Cook Village)是遊覽國家公園的據點，在這個小小的村子裡，最顯眼的建築就是The Hermitage Hotel，大部分旅遊活動都可在這間酒店的活動櫃檯報名，而這些活動也多半與冰河脫離不了關係。健行是山區裡最主要的活動，光是在酒店周圍就有好幾條可在1小時內走完的新手級步道，沿途可認識高山地區的特殊動植物生態。而較熱門的步道有奇阿角步道(Kea Point Track)，從酒店往返需時約2小時，沿著高山腳下的卓坡地，最終抵達穆勒冰河(Mueller Glacier)的冰磧牆，從那裡的觀景台可欣賞庫克山、胡克峽谷、穆勒冰河湖、瑟夫頓山與板凳山的景致。步道中有條岔路通往胡克峽谷步道(Hooker Valley Track)，一路穿越胡克峽谷與胡克河上的三座吊橋，來到胡克冰河末端的湖泊前。而另一條岔路則是通往穆勒小屋(Mueller Hut)的步道，雖然可飽覽壯觀的庫克山全景，但因為攀登難度較高，需要有經驗及裝備才建議上山。至於赤潭步道(Red Tarns Track)則是位於山村的另一邊，從酒店往返也是大約2小時左右，赤潭之名來自水潭中的紅色水草，從那裡可以眺望整座山谷與遠方的庫克山。

　　健行之外，造訪塔斯曼冰河(Tasman Glacier)也是這裡的招牌遊程，不管是用船、用雙腳或用直升機，都有多種方式任君選擇。

© 紐西蘭族遊局 /Fraser Gunn

Tourism NZ

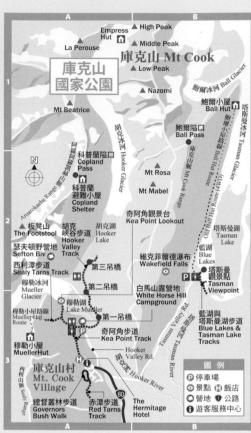

庫克山國家公園

庫克山 Mt Cook

- Empress Hut
- High Peak
- Middle Peak
- La Perouse
- Low Peak
- Nazomi
- Mt Beatrice
- 鮑爾冰河 Ball Glacier
- 鮑爾小屋 Ball Hut
- 塔斯曼冰河 Tasman Glacier
- 鮑爾陰口 Ball Pass
- 鮑爾小屋路線 Ball Hut Route
- 胡克冰河 Hooker Glacier
- 科普蘭陰口 Copland Pass
- Mt Rosa
- 庫克山脈 Mt Cook Range
- 科普蘭避難小屋 Copland Shelter
- Mt Mabel
- 奇阿角觀景台 Kea Point Lookout
- Old Ball Hut Route (4WD)
- 塔斯曼湖 Tasman Lake
- Aroarokaehe Range 亞魯羅卡黑山脈
- 板凳山 The Footstool
- 胡克峽谷步道 Hooker Valley Track
- 胡克湖 Hooker Lake
- 藍湖 Blue Lakes
- 塔斯曼觀景點 Tasman Viewpoint
- 瑟夫頓野營地 Sefton Biv
- 西利潭步道 Sealy Tarns Track
- 第三吊橋
- 維克菲爾德瀑布 Wakefield Falls
- 穆勒冰河 Mueller Glacier
- 第二吊橋
- 穆勒湖 Lake Mueller
- 白馬山露營地 White Horse Hill Campground
- 藍湖與塔斯曼湖步道 Blue Lakes & Tasman Lake Tracks
- 穆勒小屋路線 Mueller Hut Route
- 第一吊橋
- 奇阿角步道 Kea Point Track
- 塔斯曼谷路 Tasman Valley Rd.
- 穆勒小屋 Mueller Hut
- 胡克谷路 Hooker Valley Rd.
- 胡克河 Hooker River
- 塔斯曼河 Tasman River
- 庫克山村 Mt. Cook Village
- 總督叢林步道 Governors Bush Walk
- 赤潭步道 Red Tarns Track
- The Hermitage Hotel
- 西利山脈 Sealy Range

圖例
- P 停車場
- 景點
- H 飯店
- 營地
- 公路
- 遊客服務中心

南島…西岸及庫克山區 West Coast and Mount Cook

The Hermitage Hotel

89 Terrace Rd, Mount Cook Village　(03)435-1809、0800-686-800　www.hermitage.co.nz

艾德蒙希拉里中心

掃地圖

每日09:00~17:00　博物館：成人20元，4~14歲10元。星象劇場：成人29元，兒童15元

Hermitage酒店可說是庫克山村的心臟，在群山冰河環繞下，酒店的164間客房每間都享有無敵美景。拉開窗簾，幾乎佔據一整面牆的超大觀景窗，就像幅既逼真而又超現實的風景畫，成了房間裡最迷人的裝飾品。而到了夜晚，不妨把燈關掉，外面的夜空繁星萬點，璀璨到令人不可思議，而貼心的酒店甚至還為房客準備好望遠鏡了呢！

酒店外的銅像是艾德蒙希拉里爵士(Sir Edmund Hillary)，紐西蘭出身的他，是世界第一位成功攀登珠穆朗瑪峰的探險家，酒店內有一間以他為名的博物館，展示本地的地理、歷史，以及一些希拉里的私人裝備用品。此外還有一個360度數位圓頂的星象館，每日播放天文星象影片，帶著遊客一同翱遊在浩瀚的宇宙中。

©紐西蘭旅遊局／Miles Holden

塔斯曼冰河遊船
Tasman Glacier Explorers

掃地圖

🏠出發前20分鐘在The Hermitage Hotel內的活動櫃檯報到集合 ⏱8月中~5月底每日09:30、11:00、12:30、14:00出發，行程約2.5小時 💲成人165元、4~14歲75元 🌐www.glacierexplorers.co.nz ❗參加者需年滿4歲

　　塔斯曼冰河是全紐西蘭最大的冰河，而近年隨著氣候暖化的影響，冰河前端漸漸融化，並形成廣闊的冰河湖——塔斯曼湖，這也是少數可以乘船遊覽的冰河湖。搭上小艇，駕駛一邊將船駛離湖岸，一邊講解塔斯曼冰河的現況與冰河湖的成因。船的四周除了湖水，就是一塊塊的冰，可別小看這些冰，因為它們都有5百年的歷史。在靠近湖岸處，由於風力帶來砂石，使得湖面上的冰都覆上一層灰砂，但等到深入湖心，四周的冰都是潔白透亮，還帶點淡淡的藍。當船駛近湖上的冰塊，湊近才發現，看似不大的冰塊其實都是一座座冰山，遊客可試著伸手去摸摸看，導遊甚至會撈起湖面上的大塊浮冰，讓遊客嚐嚐味道；接著，船艇會在冰山旁靠岸，遊客們可以下船走在冰山上，也是相當獨特的體驗。

法蘭茲約瑟夫冰河
MOOK Choice

Franz Josef Glacier

最熱門的冰河探索勝地

🚗開車：法蘭茲約瑟夫距基督城約390公里車程，距皇后鎮約392公里車程，距格雷矛斯約175公里車程，距福斯冰河約25公里車程。巴士：InterCity巴士通往法蘭茲約瑟夫的路線目前暫時停駛中，請上官網關注復駛情況

遊客中心 Westland Tai Poutini National Park Visitor Centre

🏠69 Cron St, Franz Josef Glacier ☎(03) 752-0360 ⏰每日08:30~17:00 🌐www.glaciercountry.co.nz

冰河接駁巴士 Glacier Shuttles

⏰每日08:45~17:45，每2小時從鎮上到冰河谷。09:00~19:30，每1~2小時從冰河谷回到鎮上 💲來回每人15元 🌐www.glaciershuttlescharters.co.nz

由於冰河行程是紐西蘭的大熱門，連帶法蘭茲

©Franz Josef Glacier Guides

約瑟夫也成了個熱鬧的小鎮，除了報名各種活動，這裡也有許多餐廳、酒吧，還有一處冰河溫泉。每到夜晚，鎮上總是擠滿剛從冰河下來的遊人，興高采烈地向彼此分享冰河上的見聞心得。

法蘭茲約瑟夫冰河

冰河溫泉 Glacier Hot Pool
法蘭茲約瑟夫冰河嚮導 Franz Josef Glacier Guides
跳傘 Skydive Franz Josef
58 On Cron Motel
Te Waonui Forest Retreat
Wallace St.
雙冰河直昇機 Fox & Franz Heliservices
西岸野生動物中心 West Coast Wildlife Centre
10 Cottages
Cowan St.
冰河直昇機 Glacier Helicopters
輕艇行程 Franz Josef Wilderness Tours
Graham Pl.
Cowan St.
賞景飛機 Air Safaris
Brason Rd.
直昇機行程 The Helicopter Lines
Alpine Glacier Motel
Condon St.
冰河國度直昇機 Glacier Country Helicopters
Chateau Franz Backpacker
↓往冰河停車場、福斯冰河

圖例
- ⊙景點
- Ⓗ飯店
- ♨溫泉
- ⊕活動
- ⓘ遊客服務中心
- 公路

©Franz Josef Glacier Guides

法蘭茲約瑟夫冰河嚮導
Franz Josef Glacier Guides

🏠63 Cron St, Franz Josef ☎(03) 752-0763、0800-484-337 ⏰冰河直昇機健行：每日07:30、10:00、12:30出發(15分鐘前報到)，全程4小時。冰河直升機暨攀爬冰牆：每日08:00出發(1小時前報到)，全程8小時 💲冰河直昇機健行：每人585元(需年滿10歲)。冰河直升機暨攀爬冰牆：每人670元(需年滿16歲) 🌐www.franzjosefglacier.com

掃地圖

想要真正體會冰河的雄奇壯觀，還是得親自走到冰河之上。過去這裡的招牌行程是冰河健行，只是近年來氣候有點失控，冰河前緣距離小鎮愈來愈遠，因此現在要走上冰河，都只能搭乘直昇機，直接來到冰河頂端。這時你的腳下是一大塊折射出微微藍色光譜的冰塊，舉目所見盡是一望無際的冰，人在其中就像緩步移動的蟻螻，即使再妄自尊大的人，也不免自覺渺小起來。除了在冰上行走，也有機會來到冰瀑下方，並在透出淡淡藍光的冰洞裡探險，絕對會是這輩子最難忘的珍貴體驗。

如果你的冒險精神不只於此，何不跟著教練一起拿著冰斧和繩索在雄偉的冰牆上攀爬，在專業教練帶領下，只要體力充沛，就算是毫無經驗的新手也能成功登頂。

MAP　P.197B5

福斯冰河

MOOK Choice

Fox Glacier

貼近大自然的寧靜小鎮

🚗開車：福斯冰河距基督城約440公里車程，距皇后鎮約330公里車程，距格雷矛斯約195公里車程，距法蘭茲約瑟夫約25公里車程。巴士：InterCity巴士通往福斯冰河的路線目前暫時停駛中，請上官網關注復駛情況

　　福斯冰河長約13公里，比法蘭茲約瑟夫冰河還要長一些，因1872年時紐西蘭首相威廉福斯(William Fox)曾造訪此地而得名。福斯冰河下的小鎮擁有純樸的風光，真正長住這裡的人口大約只有300人，居民幾乎都互相認識，牛、羊和馬是他們的寵物，夜裡所有人家都不鎖門閉戶。如果你也嚮往這種雞犬相聞的生活，真應該在這裡住上一宿，而黃昏時分也別忘了到Cook Flat路上，從這裡可以看到最美的庫克山景致。

福斯冰河嚮導 Fox Glacier Guiding

🏠44 Main Rd, Fox Glacier　☎(03) 751-0825、0800-111-600　⏰冰河直昇機健行：每日08:50、11:50出發，全程4小時。冰河直升機暨攀爬冰牆：每日08:30出發，全程8小時。冰河谷電動自行車嚮導：每日08:30、13:00出發，全程4小時　💲冰河直昇機健行：每人599元(需年滿9歲)。冰河直升機暨攀爬冰牆：每人670元(需年滿14歲)。冰河谷電動自行車嚮導：每人145元(需年滿12歲)　🌐www.foxguides.co.nz　❗需於出發前10分鐘完成報到

　　由福斯冰河嚮導公司推出的冰河行程，基本上和法蘭茲約瑟夫冰河大同小異，只是因為小鎮機能較為樸實，沒有太多觀光設施，因此人氣不若法蘭茲約瑟夫那般旺盛。不過也正因為如此，許多真正的大自然愛好者反而更加看重這份寧靜。少了觀光客的喧囂，有時靜得只聽得見嚮導用鐵鍬鑿出冰梯的聲音，這份安靜讓一切都似乎變成靜止，而冰河看上去也顯得更加壯觀。

©紐西蘭旅遊局（Rob Suisted）

MAP ▶ P.197B4

瑪瑟森湖
Lake Matheson

紐西蘭最美麗的湖泊

🚗 從福斯冰河鎮上的Cook Flat Rd.，走到底即達，從路口到湖畔大約6公里。如果沒有開車，鎮上有許多私人接駁服務的廣告看板，或是到The Westhaven Motel租借單車。

掃地圖

瑪瑟森湖號稱紐西蘭最美麗的湖泊，任何去過的人都不會否定這個說法，不過這最美麗的頭銜並非來自湖泊本身，而是來自湖面上的庫克山倒影。天氣好的時候，平靜無波的湖面會清楚呈現庫克山的倒影，與上頭的庫克山實景相連，如同鏡子一般；如果天氣不好，在環湖步道上走一圈，呼吸一下芬多精也不錯，尤其山林中的植物仍維持多樣性的生態圈，蕨類、苔蘚、草木都各顯奇趣，有的甚至看起來就像海底生物般。

約在1萬8千年前，當冰河退回南阿爾卑斯山，在小山谷的前端留下一個坑洞，於是四周高地的水開始灌注，瑪瑟森湖由此形成。由於擁有大片叢林溼地，為鰻魚、鴿子、林雞等生物棲息地，毛利人遂稱此地為Mahinga Kai，即「蒐集食物之處」。19世紀末期，歐洲人為將周圍開闢為農地，曾大規模砍伐樹木，幸好後來收歸為西岸國家公園的一部分，才保住這片自然美景。

MAP ▶ P.197A5-B5

哈斯隘道
Haast Pass

一路都是冰河景觀的公路

🚗 從皇后鎮開車，沿著Hwy. 6往北走，過了瓦納卡後，從穿越艾斯派林山國家公園中段開始至哈斯特一帶即是。搭巴士的話，從皇后鎮往冰河，或從冰河往皇后鎮的交通巴士，中途都會順道遊覽哈斯隘道，並在重要景點讓大家下車拍照

掃地圖

從哈斯特(Haast)穿越艾斯派林山國家公園(Mt. Aspiring National Park)的哈斯隘道，是紐西蘭景觀公路之一，最能代表南島令人驚嘆的山水。哈斯河流經冰河山谷，古時堅硬的冰河硬生生地將地面切開一條冰河道來，哈斯河便在故道上散成數十條涓流，彷彿蜘蛛網般結在大地上，加上兩側的峭壁稜線，線條既豐富又多樣。

哈斯隘道沿途有許多值得稍事停留的觀景點，首先是落差高達28公尺的震雷瀑布(Thunder Falls)，因其水量豐沛，流瀉時不時發出轟轟

巨響，因而得名。轉個彎後來到藍水塘(Blue Pools)，可在雨林裡沿著木棧道走個半小時，旅客可以下到水塘玩水，或是待在棧道上，好好研究藍水塘的顏色是怎麼回事。其實，湛藍的湖色是因為水溫冰冷及水質澄清，忠實反射出陽光中的藍色光，才呈現出如此自然美景。

出了艾斯派林山國家公園後，則會經過哈威湖(Lake Hawea)，這裡以釣彩虹鱒和鮭魚聞名，而湖面四周綠樹環繞、山巒起伏，清澈的湖水呈現牛奶藍的顏色，加上如洗的藍天、湖邊多彩的野花，吸引許多遊客在此停留拍照。

MAP ▶ P.197C5

蒂卡波湖
Lake Tekapo

坐湖望山觀星祕境

🚗開車：蒂卡波湖鎮距離基督城約225公里車程，距皇后鎮約258公里車程，距庫克山村約110公里車程。巴士：蒂卡波湖鎮巴士站位於Dark Sky Building外(1 Motuariki Lane, Tekapo)，搭乘InterCity長途巴士，從基督城每日08:30發車，12:05抵達；從皇后鎮每日08:05發車，12:05抵達 🌐tekapotourism.com

掃地圖

蒂卡波湖湖面的海拔高度約710公尺，面積闊達87平方公里，是全紐西蘭第9大湖，由於南阿爾卑斯

MOOK Choice

漫漫長途，驚喜在身邊

前往蒂卡波湖是段遙遠的旅程，無論從皇后鎮或是基督城，都要花上4個鐘頭左右車程，但是沿途風光秀麗，除了趁機補眠，偶爾不妨也看看窗外。尤其若是從西方出發，快抵達蒂卡波湖前1至半個小時，從左側車窗就有機會清楚地看到高3,724公尺的庫克山，這時候最好保持清醒，以免錯過近在身旁的天然美景。

山的冰河融解時，會挾帶大量石粉流入湖中，湖中石粉折射出太陽光的綠色光譜，使湖水呈現出夢幻般的藍綠色澤，再配上遠方背景的雪山，畫面實在美得不可思議，許多紐西蘭最著名的地標風景明信片就是在這裡拍攝的。

沿著湖畔，從不同角度可欣賞蒂卡波湖的千姿百態。初夏時節，湖岸還會開滿各種顏色的魯冰花(Connie Lupin)，於是前景的花、中景的湖，還有遠景的山，無論構圖、顏色，都是拍攝美照時的上選。

蒂卡波湖鎮中心
Lake Tekapo Village Centre

掃地圖

蒂卡波湖鎮居民分散，InterCity等長途巴士所停靠的地方，就是全鎮最熱鬧的中心區。這裡有多家餐廳、紀念品店、加油站等設施，還有一家超級市場，而暗夜計劃觀星行程(Dark Sky Project)的報名處與出發地點也在這裡，不但度假生活機能相當方便，而且光是從這裡走到湖邊，眺望湖景的視野就很不錯了。

另一方面，沿著主要幹道兩旁，一直到蒂卡波河對岸，都有許多旅宿酒店，從豪華的精品酒店，到一般價位的汽車旅館，再到經濟實惠的背包客棧都有，可以滿足各種經濟預算的旅客。

牧羊人教堂 Church of the Good Shepherd

🏠Pioneer Dr　⏰10~4月每日09:00~17:00，
5~9月每日10:00~16:00　💻www．
churchofthegoodshepherd.org.nz

掃地圖

　　湖邊不遠處有一座牧羊人教堂，規模並不算大，但以石頭砌成的教堂外觀顯得樸拙可愛，再加上背景的湖水映襯，形成風情獨具的畫面，也有新人選擇在這裡舉辦婚禮，氣氛溫馨。教堂附近有一尊牧羊犬的銅像(Collie Dog)，向這些曾在牧場上奉獻一生的狗狗致敬。

　　此外，遠離塵囂與光害的蒂卡波湖鎮也以觀星聞名，傍晚時分，不妨到牧羊人教堂前的湖畔等待夕陽，以及入夜之後的星空。

麥卡倫步行橋 Maclaren Footbridge

掃地圖

　　牧羊人教堂與蒂卡波湖鎮中心之間有蒂卡波河相隔，早年靠一座木橋相通，但隨著行人愈來愈多，為了安全考量，從1953年起就不斷有人提議建造一座僅供行人通行的鐵橋。在當地出身的建築師麥卡倫(Colin Maclaren)的努力爭取下，2009年9月終於開始動工，他不吝貢獻個人的專業與時間，耗費6年時間，終於完成了這座可耐山區強風、地震、積雪等種種考驗的步行橋，讓行人的安全更有保障。

暗夜計劃觀星行程

MOOK Choice

Dark Sky Project

南半球的觀星聖地

🏠 報名處與出發地點：1 Motuariki Lane, Takapō ☎(03) 680-6960、0800-327-5759 🌐 www.darkskyproject. co.nz ❗戶外觀星極度仰賴天候狀況，若當日天候不佳導致無法觀星，將由室內行程取代，並退還差額費用

暗夜計劃各體驗行程

體驗行程	時間	行程長度	價錢
山頂觀星體驗	每日22:15、00:15出發	1小時45分鐘	成人159元，7~17歲85元 (限7歲以上)
坑口觀星體驗	部分日期23:00出發	1小時15分鐘	成人115元，5~17歲70元
暗空體驗	每日11:45、13:45、15:15	45分鐘	成人40元，5~17歲20元
虛擬觀星體驗	每日19:00或19:30	45分鐘	成人40元，5~17歲20元

掃地圖

　　蒂卡波湖鎮附近的約翰山(Mt. John)，海拔1,029公尺，因為視野開闊，天氣也相對穩定，南半球最有名的天文台就建在這裡。這座天文台設置於1965年，隸屬於坎特伯里大學，是觀察南半球天文星象的重要據點。由於周邊一帶目前劃為國際星空保護區，傍晚便開始封山，因此晚上若要登山觀星，必須參加暗夜計劃帶領的觀星團方可進入。

　　暗夜計劃的前身即為天與地(Earth & Sky)，最主要的體驗行程即是來到約翰山上的山頂觀星體驗(Summit Experience)，專業天文學家會帶領遊客登上山頂，使用雷射引導先讓大家肉眼觀星，接著再進入約翰山天文台內，以16英吋的高倍率望遠鏡進行南半球星空的介紹。過程中也會看到直徑1.8公尺的MOA望遠鏡，這是坎特伯里大學與日本名古屋大學合作的計劃案主角，藉由不斷重覆的集光、反射、成像和拍照，尋找太陽系以外的行星，自2004年計劃成立開始，到目前已尋找到20多顆行星，而這個計劃的最終目的，就是要探索外太空中存在其他生命的可能性。不過MOA在運作時溫度極高，無法直接透過

鏡頭觀察，遊客只能在隔壁房間觀看科學家們透過電腦螢幕監測的工作情形。

　　參加山頂行程必須在黑暗中行走在砂石遍佈的山路上，若是不方便行走，可以參加坑口觀星體驗(Crater Experience)。這個行程與山頂行程類似，但地點在柯文私人天文台(Cowan's Private Observatory)，這處坑洞是專為觀星而建造，有防風禦寒、阻擋光害的設計，當中也有一台14英吋的天文望遠鏡。

　　而在白天則可參加暗空體驗(Dark Sky Experience)，這是在暗夜計劃的基地室內進行，內容包括4個區域，有各種互動式的感官體驗，並分享毛利人的故事與天文學，還能看到125年前打造的Brashear望遠鏡。至於虛擬觀星體驗(Virtual Stargazing Experience)則是高畫質的巨大球體屏幕，讓遊客漫步在宇宙群星之中，感受站在土星環上的感覺。

MAP ▶ P.197C3

仙蒂鎮歷史遺跡公園
Shanty Town Heritage Park

複製一座淘金小鎮

🚗 從格雷矛斯開車，全程距離約10公里　🏠 316 Rutherglen Rd, Greymouth　📞(03) 762-6634、0800-742-689　🕐 夏季每日08:30~17:00，冬季每日10:00~15:00　💲成人38元，長者29元，5~17歲19元。淘金每人7元　🌐 shantytown.co.nz　🚂 蒸汽火車每日11:00、12:00、14:00出發

掃地圖

　　懷舊之風，全球皆然，以「棚戶區」為名的仙蒂鎮歷史遺跡公園，便是個紐西蘭人緬懷過去淘金熱時期的地方。這座觀光小鎮其實興建於1971年，

最初是一群古董車愛好者與鐵道迷企圖留住西岸往日風情，而這個夢想後來由鐘錶師傅Barney Sutherland付諸實現。小鎮接受了來自四面八方的古物及建材捐贈，重現出30座19世紀的建築物。遊客來到這裡，首先會搭上由骨董火車頭拉動的蒸汽火車，沿著從前鋸木廠的軌道穿行在雨林之間，回程時可順道參觀鋸木廠，並在工作人員指導下，體驗拿著鐵盤淘金的滋味，淘出的金沙會被裝在小瓶子裡，可以帶回家留作紀念，也能到鎮上換杯冰淇淋吃。鎮上則有劇院、博物館、銀行、郵局、醫院、教堂、修鞋鋪、理髮廳、鐵匠鋪等，還有一家傳統照相館，可進去換裝拍張古早味的黑白老照片。

基督城及其周邊
Christchurch and Around

文●蔣育荏‧蒙金蘭‧墨刻編輯部
攝影●周治平‧蒙金蘭‧墨刻攝影組

基督城原是紐西蘭第3大城和南島最大的城市，因為氣候溫暖、日照充足，城裡城外繁花似錦，加上市區內佔地廣闊的植物園，使其擁有「花園城市」的美名。然而2011年2月22日，一場芮氏規模6.3的大地震摧毀了一切，這次地震規模雖不是史上最強，但因震央就在市中心，且深度距地表僅有5公里，導致傷亡慘重，CBD精華地段幾近全毀，就連象徵城市的大教堂也不能倖免而崩塌。

目前基督城已在逐步修復當中，政府和城市設計師們出錢、出點子，同心協力打造一個更

有特色的花園城市。雖然基督城的元氣仍有待恢復，但遊客還是很難在行程上避開這座城市，一來南島的長程線國際機場依舊位於基督城，二來基督城火車站同時是太平洋海岸列車的終點與阿爾卑景觀列車的起點。今日人們來到基督城，也多半會特地到市中心一趟，去看看城市復原的現況如何，而基督城周邊的觀光活動也所幸並未受到影響，像是以法國風情著稱的小鎮阿卡羅阿，與以賞鯨聞名的凱庫拉等，都仍是相當熱門的觀光區域。

基本資訊

地理位置：位於南島東岸偏北，向北距離尼爾森車程約410公里，向南距離但尼丁車程約370公里，向西距格雷矛斯車程約240公里，西南距皇后鎮車程約484公里。

面積：295平方公里(市區)

人口：約40萬人

區域號碼：(03)

如何到達

航空

基督城國際機場(CHC)位於市中心西北方10公里處，是南島的主要門戶，有航班往來澳洲、亞洲與紐西蘭國內各大城市之間。可惜的是，目前從台灣已無直飛基督城的航班，最快抵達基督城的方式，是搭乘華航直飛奧克蘭的CI59班機，再轉搭紐航的NZ563班機，全程只要13小時40分鐘(中轉候機時間1小時25分鐘)。不過CI59每週只有1班，其他日子可在布里斯本或雪梨轉機，只是航行時間會被拉長到19小時左右。

基督城國際機場

🔗 P.209B2

🌐 www.christchurchairport.co.nz

◎機場至市區交通

公車 Bus

公車站牌位於國際線入境大廳的9號門外，有3號及29號兩班公車可前往市中心的公車轉運站(Bus Interchange)，每30分鐘就有一班，車程約半小時。

💲成人4.2元，5~18歲2.4元

🌐 www.metroinfo.co.nz

計程車 Taxi

計程車招呼站位於國際線入境大廳的7號門外。從機場搭乘計程車至市區，各家車行費率不同，車資約為45~65元，另有機場附加費5.5元。

接駁巴士 Shuttle Bus

如果2人以上同行，不妨選擇專門機場接駁的Super Shuttle，可以直接載客至市區內的飯店門口，比機場巴士還方便。車子通常會配合班機時間停靠在機場外側，不必預訂、不必逐站停靠，旅客更不必擔心自己究竟該在何處下車。回程可事先上網預約，或請住宿飯店代為預約，即可在指定時間上車前往機場。

☎(09) 522-5100、0800-748-885

💲一般而言，到市區第一人為25元，其他同行者每人5元，包車95元，最多可乘載11人

🌐 www.supershuttle.co.nz

租車 Rental Cars

機場內有Hertz、Avis、Budget、Europcar、Enterprise、Ezi、Sixt等7家租車公司櫃檯。

火車

基督城火車站位於南海格麗公園(Hagley Park South)西南方的阿丁頓(Addington)，為太平洋海岸列車與阿爾卑景觀列車兩條景觀火車的銜接站。

🌐 www.greatjourneysofnz.co.nz

◎太平洋海岸列車 Coastal Pacific Train

🔽週四至週日，下午13:40從皮克頓(Picton)出發，途經凱庫拉，於19:30抵達基督城。

💲單程票：成人159元，2~17歲111元

◎阿爾卑景觀列車 TranzAlpine Train

🔽週五至週一，下午14:05從格雷矛斯(Greymouth)出發，途經亞瑟隘口，於19:00抵達基督城。

💲單程票：成人219元，2~14歲153元

長途巴士

◎InterCity

基督城長途巴士停靠站位於公車轉運站外側(在Lichfield St.街上，靠近Colombo St.路口)，從南島各主要城市均可搭乘InterCity長途巴士前往基督城。

從皮克頓，每日1班直達，車程約6小時；從但尼

丁，每日1~2班直達，車程約6.5小時；從格雷矛斯，每日1班直達，車程約4.5小時；從皇后鎮，每日1班直達，車程約8小時，若在但尼丁轉車，車程約11小時。

🌐 www.intercity.co.nz

市區交通

基督城市中心的精華地段範圍不大，由於地震的影響，市區內至今多處仍在進行修建工程，人車仍不多，非常適合用腳走逛。另外，也可利用在市中心區循環行駛的電車，先悠閒地繞一圈，對CBD的概況有了大略認識後，再前往有興趣的區域盡情遊覽。

電車 Tram

以往路面電車是基督城市區內相當重要的觀光交通工具，無奈因為地震的關係而停駛了一段時間，目前

終於又恢復行駛。走在市中心路上，很容易就能聽見電車的噹噹聲，電車在固定的軌道上緩緩前行，成了寧靜市區裡最活躍生動的一景。

基督城電車的起點，位於大教堂廣場附近的大教堂交界處，沿途行經大教堂廣場、亞芬河平底船搭乘處、坎特伯里博物館、阿爾瑪街(Armagh St.)、維多利亞廣場等，再從新攝政街回到大教堂交界處，沿途共有18個停靠站，每15到20分鐘就發車一班。電車司機還會充當導遊，介紹附近街區的特色，逐站指出當地地標，聽到有興趣的地方就可以下車深度探索，玩夠了再等待另一部電車。

電車票為一日券，購票後可在當天內於任一站隨時上下車。若留在車上，完整繞行一圈約需50分鐘。

🕐 每日09:00~18:00 (末班車於17:00發車)
💲 成人30元(可免費同行3名5~15歲之兒童)
🌐 www.christchurchattractions.nz/christchurch-tram
🎫 亦有與亞芬河平底船、空中纜車等組合的聯票

公車

基督城地區以公車為主要大眾運輸工具，地震重建之後，在Lichfield St.和Colombo St.街口建了一座新的公車轉運站(Bus Interchange)，大部分地區性的公車都從這裡發車與收班，看板可清楚查看各線公車時刻和候車月臺。詳細路線及時刻可上官網查詢。

車票可上車用現金支付，並在2小時內可免費轉乘1次。車資分為3個區段，不過即使是城郊的觀光景點也在區段1的範圍內，一般觀光客不太有機會跨區段搭乘。雖然基督城也有推出感應式的儲值票卡Metrocard，但那需要用ID申請購買，不適用於短期遊客。

💲 1區段：成人4.2元，5~18歲2.4元
🌐 www.metroinfo.co.nz

計程車

計程車收費大致說來，起錶價為2.8元，每公里跳錶2.7元(夜間會有加成)，若使用電話或網路預訂，則加收預訂費1元。
Corporate Cabs
☎ (03) 379-5888
🌐 www.corporatecabs.co.nz
Blue Star
☎ (03) 379-9799
🌐 www.bluestartaxis.org.nz
Gold Band Taxis
☎ (03) 379-5795
🌐 www.goldbandtaxis.co.nz

旅遊諮詢

基督城DOC遊客中心
- P.212B3
- 28 Worcester Blvd.(位於Arts Centre內)
- (03) 379-4082
- 平日09:00~16:30
- www.christchurchnz.com

阿卡羅阿i-SITE
- P.225A1
- 61 Beach Rd, Akaroa
- (03) 304-7784
- 夏季每日09:00~17:00,冬季每日10:00~16:00,春秋兩季每日09:30~16:30
- www.akaroa.com

城市概略 City Guideline

　　基督城的核心區域呈長方形,西起坎特伯里博物館與植物園一帶,東到新攝政街,北起阿爾瑪街,南達公車轉運站,約略符合基督城電車的行駛範圍。

　　如果是搭乘公車進入市區,多半停在公車轉運站,則可以從這裡順著Colombo St.向北行,巴倫坦百貨公司也在附近。Colombo St.與Cashel St.、Lichfield St.交會的這一帶,曾經是地震後暫時性的商業經濟中心,以貨櫃集結成「重新啟動」商業區(Re:Start),如今Cashel St.已重現商業街的嶄新面貌,完成階段性任務的Re:Start遂在2018年時拆除。

　　繼續向北走,很快便能抵達大教堂廣場,廣場上佈置著一些裝置藝術,試圖讓視覺效果顯得活潑熱鬧些,然而一旁被隔離起來的大教堂,殘破的身影仍然教人怵目驚心。如果對傳說中的紙教堂有興趣,則要走遠一點,前往更東邊的市區邊緣。而從大教堂廣場向東北方向走,可以抵達另一條也頗為熱鬧的新攝政街;向西走就是植物園,要逛園區、博物館、搭平底船等,都可以從這裡開始。

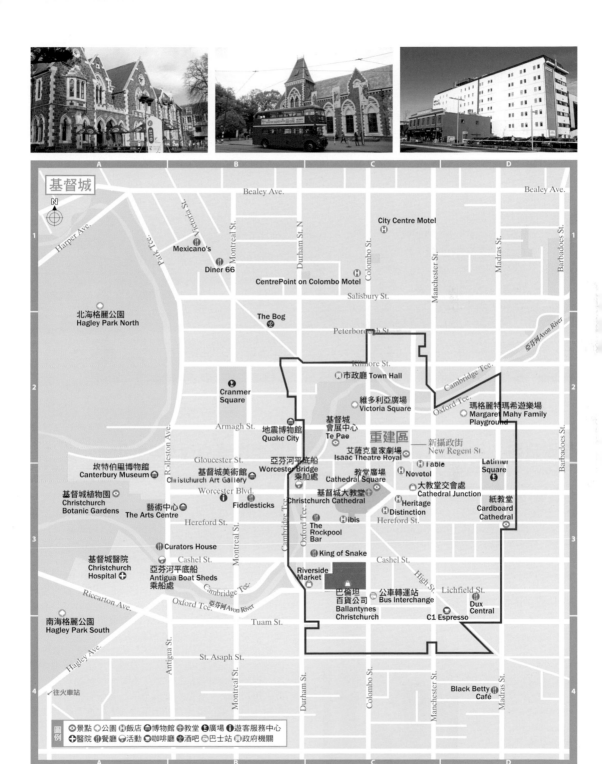

基督城

N

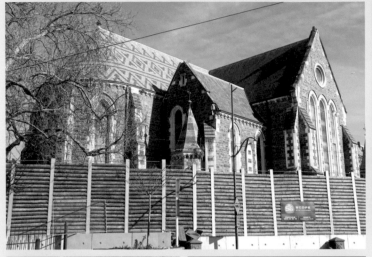

南島⋯基督城及其周邊 Christchurch and Around

MAP ▶ P.212C3

教堂廣場
Cathedral Square
等待著浴火重生

🏠Colombo St.與Worcester St.交叉口一帶

掃地圖

　　基督城的大教堂一帶，原本是當地的心臟地區，有大量珍貴的建築和雕像，被列為國家保護遺產。無奈2011年的大地震，所有建築近乎全毀，大教堂新哥德式的鐘塔在搖晃中應聲倒下，連著名的玫瑰窗也未能倖免於餘震的連擊。

　　然而究竟是要把大教堂重新恢復成原狀，還是要徹底拆除再蓋一棟新教堂，各方之間存在許多紛歧，甚至訴諸司法對簿公堂，於是大教堂就這麼以殘破難堪的姿態，被隔絕在圍籬之內長達10年之久，直到2021年才正式決定動工修復。

　　在大教堂的圍籬外，則仍是人來人往的交通要道，並佈置著一些裝置藝術，好讓視覺效果顯得活潑熱鬧些。廣場上一座名為「聖杯」(The Chalice)的巨型裝置藝術，是紐西蘭藝術家尼爾道森(Neil Dawson)的作品，42片葉子堆疊向天空展開，代表紐西蘭的42種原生植物，從2000年起即出現在廣場上，成了目前廣場上最亮眼的地標。

　　教堂本身雖然尚未重建，但四周已經出現不少嶄新的或修復完成的建築物，尤其是幾幢星級酒店，包括早在1913年就開業的基督城Heritage Hotel，已經重現它義大利文藝復興式的氣派外貌；還有地震後很快便恢復原狀的基督城諾富特酒店及基督城宜必思酒店等，皆讓人誤以為它們從不曾受損過。而在2018年3月才開幕的基督城卓越酒店(Distinction Hotel Christchurch)，則讓廣場一帶開始出現蓬勃的生氣。

亞芬河平底船

MOOK Choice

Punting on the Avon

都市裡的浪漫閒情

ⓘ 上船處在2 Cambridge Terrace的Antigua Boat Sheds，與Worcester Blvd／Oxford Terrace轉角處的Worcester Bridge ☎(03) 366-0337 ⏱11~3月每日09:00~16:30，4~10月每日10:00~16:00，行程約30分鐘 ⑤成人35元，5~15歲15元 ⓦwww.christchurchattractions.nz/punting

掃地圖

基督城之所以得名，是因為當初來此建立新家園的清教徒們，覺得這裡的景色很像他們記憶中的牛津大學基督學堂，如今英國本土早已隨著工業革命的車頭迅速改變，反倒是農牧立國的紐西蘭悠哉著腳步，仍保留不少英格蘭往日風情。於是有業者便從牛津引進其招牌的平底船（Punt），載著遊客幽幽划過蜿蜒在市區內的亞芬河（Avon River），算是對這古老記憶的浪漫懷想。

搭乘平底船的地方有兩處，一是在植物園東南角的Antigua Boat Sheds，從這裡出發的行程，是向西穿越植物園裡不同層次的綠意，濃密的樹蔭映照在平靜的河水上，母鴨帶著小鴨緩緩從船邊游過，帶起的漣漪擾亂了小橋倒影，使人聯想起莫內的畫作。戴著小圓帽的俊俏船夫優雅地撐著篙，讓船平穩地隨著景色的延伸而前進，再這麼划下去，彷彿就要落英繽紛了起來。

而另一處上船地點是在教堂廣場西邊的伍斯特橋畔(Worcester Bridge)，這條路線受到2011年大地震影響，已暫停營業10多年，如今終於在2022年12月回歸。從這裡出發的平底船，看的是亞芬河在都市裡的面貌，小船往東輕划，一路經過Te Pae會展中心、市政廳、維多利亞廣場與瑪格麗特瑪希遊樂場(The Margaret Mahy Family Playground)，這些地方有許多都是地震後建造的嶄新氣象，讓遊人們見證這座城市的重獲新生。

MAP ▶ P.212A3

基督城植物園

MOOK Choice

Christchurch Botanic Gardens

花園城市之美譽的由來

🏠Rolleston Ave, Christchurch(入口處在坎特伯里博物館旁) ☎(03) 941-7590 ⏱植物園：每日07:00開園，夏季至21:00，冬季至18:30，春秋兩季至20:30。遊客中心：09:00~17:00 (6~8月至16:00)。溫室：每日10:00~16:00 💲免費 🌐www.ccc.govt.nz/parks-and-gardens/christchurch-botanic-gardens

　　基督城之所以被稱為「花園城市」，與這座像是生態教室的植物園脫不了關係。建於1863年的植物園，面積廣達30公頃，相當於4座足球場大，想逛完整個園區，得花上整整一天。

　　園區內栽植了上萬種異國及本土花草，並區分為數個區域，像是玫瑰園、水與石的公園、河邊樹林、熱帶植物區等。而亞芬河也流經園區，河岸盡是綠地與垂柳，外圍也有些供遊客休憩的設施，像是孔雀噴泉、供小朋友玩樂的噴水池、咖啡屋和餐廳等。

Curators House Restaurant

🏠7 Rolleston Ave. ☎(03) 379-2252 ⏱11:30~14:30、17:00~20:30 🚫週日晚上 🌐www.curatorshouse.co.nz

　　面對Cashel Street的入口旁，有一座石砌的建築，這是Curators House Restaurant，基督城最負盛名的餐廳之一。這棟建於1920年代的小屋，原本是植物園管理人的住處，在英國式樣的建築內，用餐環境簡潔雅致，而露天座位區更是搶手，許多人都喜愛在扶疏綠意的環抱中用餐。餐廳擁有自己的蔬果園，因此蔬果格外新鮮，招牌菜是坎特伯里地區的羊肉、海鮮、鹿肉、鴨肉，並融合些許西班牙料理的口味。

坎特伯里博物館
Canterbury Museum

南島規模最大的博物館

⌂ 11 Rolleston Ave. ☎ (03) 366-5000 ◷ 每日 09:00~17:30 (4~9月至17:00) $ 免費(兒童探索館每人2元) ⊕ www.canterburymuseum.com

掃地圖

位於植物園入口處旁的坎特伯里博物館，灰色石砌的建築，與隔街對望的藝術中心(The Arts Centre)相互呼應。這座南島規模最大的博物館裡，自1870年迄今，已收藏超過200萬件展品，而館內也規劃了數個展區，可以透過毛利人的生活器具、雕刻與繪畫等藝術作品，窺見毛利人早期的生活樣貌。博物館內也有重現昔日拓荒時期的生活，像是當年的屋舍、街景及交通工具等，皆歷歷可見。而在南極展區裡，則展示有從前南極探險隊的用品，如瑞士刀、禦寒衣物、以及穿越南極大陸時所使用的機具等，讓人得以了解這些探險家們在南極的生活情形，當然也有關於南極生態的介紹。還有，在介紹紐西蘭特有動物生態的展廳中，有許多紐西蘭原生動物的標本，其中最引人注目的，是一具完整的恐鳥(Moa)骨架。

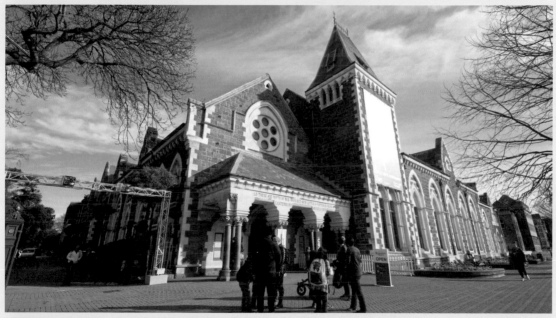

MAP ▶ P.212B3

基督城美術館

Christchurch Art Gallery

公共藝術收藏殿堂

Worcester Blvd.與Montreal St.轉角 (03) 941-7300 10:00~17:00(週三至21:00) 免費 christchurchartgallery.org.nz

掃地圖

從坎特伯里博物館往教堂廣場的方向走，會看到有隻巨大的手掌出現在一幢建築物頂端，而這幢以鋼鐵與玻璃構築的摩登建築，就是基督城美術館。

2003年開幕的基督城美術館，毛利名字為Te Puna o Waiwhetu，以收藏紐西蘭各地最重要的公共藝術為主；地震後曾關閉多年，正好休養生息積極加強收藏陣容，於是在2015年時終於又重新對外開放。

基督城美術館包括本身的建築、以及它分布在裡裡外外的眾多裝置藝術，都切合美術館收藏的主題；展品從典雅的創作到前衛的當代藝術都有，也經常舉辦紐西蘭當地藝術家或國際藝術家的特展。

MAP ▶ P.212D3

紙教堂

Cardboard Cathedral

過渡時期的信仰中心

234 Herefford St. (03) 366-0046 週一至週六09:00~16:00(或至傍晚儀式結束)，週日07:30~上午禮拜結束、16:00~傍晚禮拜結束 www.cardboardcathedral.org.nz

掃地圖

眼見大教堂重建恐非一朝一夕，居民又不可一日沒有信仰，正當不知如何是好之際，一名神職人員看到雜誌上的報導：日本建築師坂茂設計出一種快速搭建的臨時屋宅，曾在許多受災國家發揮功能。於是這名神職人員立刻與坂茂聯繫，請他前來基督城打造一座過渡時期的大教堂(Transitional Cathedral)。坂茂先以水泥鋪了一層淺淺的地基，再以木架架成樑柱，用鋼板加固，屋頂則是強化聚碳酸酯材質，至於其他絕大部份結構，都是使用以紙板、竹子纖維聚合成的紙筒為建材，因而這座新教堂也以「紙教堂」聞名於世，成為基督城的新景點。走進教堂，舉目所見無不以紙筒構成，包括牆壁、斜頂、主祭壇、唱詩席、小禮拜堂等，甚至連祭壇上的十字架都是兩根垂直交錯的紙筒；而正立面山牆上的大片彩繪玻璃，則讓射進來的光線轉化成神聖的色彩。紙教堂於開工一年內便迅速完成，2013年正式啟用，預計至少能屹立50年之久，以待大教堂的重建。

MAP ▶ P.212C2

新攝政街

New Regent St.

倖存的亮麗「老」街

◆ 各家商店不一，大致09:00~18:00　**⊕** newregentstreet.
co.nz

掃地圖

　　新攝政街是市中心偏東側一條很有特色的街道，短短120公尺的街道旁，每幢樓房都漆著粉嫩亮麗的色彩，曾經被譽為「紐西蘭最美的街道」，據說當初是仿效西班牙的建築風格，不過看起來也很有新加坡、馬來西亞的殖民味道。

　　這條1932年建設完成的購物街，在地震中受損不算嚴重，很快就恢復舊貌，反而成了城裡難得的完整「古老」街道。目前新攝政街上以餐廳、咖啡館居多，當然也有為數不少的精品店、珠寶店及美容院等。坐在露天座位上喝咖啡，看著隔一陣子就緩緩穿過街心的電車，已搞不清是街上的人在欣賞電車，還是電車上的人在欣賞街景，形成頗為趣味的互動。

MAP ▶ P.212C3

大教堂交會處

Cathedral junction

電車起點暨購物小站

⌂ 109 Worcester St.　**⊕** www.cathedraljunction.co.nz

掃地圖

　　位於教堂廣場東邊、新攝政街的南邊，有一座玻璃拱頂的拱廊，名為大教堂交會處。它既是一處小型的商業中心，也是基督城電車的起迄站，儼然另一條南來北往的行人交通要道。

　　大教堂交會處當初建造的靈感，來自紐西蘭知名的機械工程師約翰布里頓(John Britten)，他把傳統的電車、新攝政街與現代化的生活機能巧妙地連結起來。玻璃拱廊四周包圍著一些紀念品店、便利商店、餐廳、商務飯店等，以及一個小巧的旅遊服務站，可以預訂或購買電車票、亞芬河平底船票、空中纜車票等基督城及鄰近地區的旅遊項目。

Re:Start功成身退，商業街重見春天

在地震之前，Colombo St.是城裡最繁華的購物大街，不過地震卻好像嫉妒它的歡娛似的，看準它的中心，無情地予以痛擊，將整條街震成一片瓦礫。然而堅強的基督城居民窮則變、變則通，在震災區以貨櫃搭建起臨時市集，五彩繽紛的貨櫃屋，當中有商店、餐廳、咖啡廳，甚至還有銀行，每一間都有獨特的風格，氛圍年輕明亮，設計構思巧妙，名之為「重新啟動」(Re:Start)。

Re:Start持續運作，然而這區的重建工程也不曾停歇。2018年元月，Colombo St.和Cashel St.、Lichfield St.交會處這一帶，又重現商業街的繁華面貌，Re:Start完成了階段性任務，功成身退，現在到基督城市中心，已再也找不到貨櫃屋市集了。雖然離重建完成還有一段長路要走，但現在的基督城所散發出的朝氣與馨香，或許比重建之後更能帶給人滿滿的正面能量。

MAP ▶ P.212C3

巴倫坦百貨公司
Ballantynes Christchurch
當地老字號百貨公司

🏠 Cashel Street Mall ☎ 0800-656-400 �🕘平日09:00~17:30，週六09:00~17:00，日10:00~17:00
www.ballantynes.co.nz

1854年開業的巴倫坦百貨公司，已有將近170年歷史，是紐西蘭知名的百貨公司，店內產品雖然也有來自其它國家的品牌，但主要銷售的還是坎特伯里省(Canterbury)各地的農牧產品，是當地產品集散很重要的零售通路。雖然在2011年的大地震中，它也未能倖免於難，但是8個月後又很快地重新站起來，繼續擔任為當地居民供應生活物資的角色。

巴倫坦百貨公司的貨品，包括全家大小的服飾、家具、保養品、化妝品、玩具、食品等，想找道地的紐西蘭產品，來這裡定會有豐收。

國際南極中心

International Antarctic Center

體驗南極的天候與生態

🚗 就位於機場對面。旺季時，可在遊客中心附近的Rolleston Ave.搭乘免費的Penguin Express接駁專車（請先上官網確認）。或是搭乘往機場的3、29號公車前往 ⌂38 Orchard Rd, Christchurch Airport ☎(03) 357-0519、0508-736-4846 ⏰每日09:00~16:30 💲成人49元，長者及5~15歲29元 🌐www.iceberg.co.nz 🎫門票含雪車體驗、風暴體驗、企鵝體驗、HD劇場與4D劇場

VIP企鵝幕後行程 VIP Penguin Backstage Pass

⏰每日11:00~14:00，整點出發，行程約30分鐘 💲成人69元，長者49元，6~15歲39元（含門票）❗需事先上網預約，參加者需年滿6歲，並在出發前30分鐘完成報到

掃地圖

　　國際南極中心之所以位於基督城，其實是有理由的，因為紐西蘭早在1957年便在南極設立史考特基地(Scott Base)，所有前往基地的飛機都是從距南極3,832公里的基督城起飛。為了讓所有人都能瞭解地球最南端的世界，國際南極中心也規劃了各種不同的相關體驗。

南極展示廳 Antarctic Gallery

　　在這間史考特基地的模擬展區裡，以光、影、聲音來表現南極的四季。每天國際南極中心都會接收一張來自史考特營地的電子照片和工作日誌，同時註明南極今日的氣溫和天氣概況，拉近遊客與南極之間的距離。館內沿路標示各種關於南極的小知識，比方說，基地的建材是由兩層鋼鐵夾著化學泡綿，以不斷循環的熱水保溫，以應付當地溫、溼度俱低的氣候。

風暴體驗 Storm Dome

　　接著可以踏入極地的冰雪體驗。開始時，冰雪室內無風無雪，氣溫約在零下8℃左右，穿著館方所提供的雪衣、套上防滑的橡膠鞋套，每個人都還能若無其事地開心拍紀念照；等到風暴開始，風速逐漸增強、氣溫一路下滑，這樣的惡劣天候持續大約5分鐘以上，頓時只覺全身動彈不得，很想立刻逃出生天。想像一下，一旦到了真正的南極，這樣的天氣有時會連續好幾天之久，自己究竟受不受得了呢？

企鵝體驗 Penguin Rescue

　　這裡的企鵝都是小藍企鵝(Little Blue Penguins)，毛利人稱牠們為kororā，是經常現蹤於紐澳海域的企鵝品種。這種企鵝最高只能長到43公分，平均壽命大約6年半，是紐西蘭體型最嬌小的企鵝。國際南極中心為牠們設置了一處良好的生活環境，遊客隨時可以欣賞牠們搖擺前進、縱身跳進水裡、大展泳技等矯捷的身影，非常有意思。

　　此外，國際南極中心還提供一個需額外付費的與企鵝零距離VIP行程，邀請遊客進入幕後的工作區，更近距離觀看企鵝的飼養與哺育等難得的第一手畫面。

企鵝餵食
Penguin Feeding

每天10:30和15:00是企鵝們固定的餵食時間，可以近距離觀看工作人員一邊殷勤地餵牠們吃小魚，一邊講解牠們的生活習性，建議入園參觀時一定要把時間留給這個節目。

4D劇場 4D Theatre

比3D更具臨場感的4D Show，觀看南極生物的冒險故事或《快樂腳》電影中可愛的Mumble大秀踢踏舞。在15分鐘之內，有時座椅隨著畫面不停搖晃，有時薄霧或強風掠過臉龐，有時又彷彿有東西跳到腿上，過程驚險卻趣味橫生。

遵循建議時間逐項體驗

因為國際南極中心的一些活動都有時間性，例如4D劇場、風暴體驗、雪車體驗等，所以票買好之後，服務人員會幫忙寫上建議參加的時間，只要遵循他們的建議，通常都能很從容地體驗完每項活動。

先訪南極再赴機場

因為國際南極中心體驗的項目不少，建議可預留2~3小時的時間。此外，由於南極中心和機場之間非常近，只有5分鐘腳程距離，不妨把國際南極中心安排在行程的最後一天，玩完後直接拖著行李走向機場即可，省掉往返市區一趟的時間。國際南極中心大門的外側即設置有自助式的置物櫃，記得預留2~4元零錢好寄放行李。

雪車體驗 Hägglund Field Trip

這種由Hägglund公司所生產的雪車，是真正使用於極地的水陸兩用履帶車。坐上之後請繫好安全帶，因為一趟跋山、涉水、破冰的冒險旅程即將展開。沿途陡峭的上坡下坡、跨越冰縫、涉過泥濘，雖然在完全密閉的空間裡安全無虞，但是刺激程度卻不下主題樂園的遊樂設施，可以說是相當逼真的南極實境之旅。

MAP ▶ P.209B2

基督城空中纜車

MOOK Choice

Christchurch Gondola

倚山面海登高望遠

🚌從市中心的公車轉運站，可搭乘28號公車至Christchurch Gondola站即達 🏠10 Bridle Path Rd, Heathcote Valley 📞(03) 384-0310 ⏰每日10:00開始，最後一班上山纜車於16:00出發 💲成人35元，5~15歲15元 🌐www.christchurchattractions. nz 🚋亦有與亞芬河平底船、電車等組合的聯票

1992年11月開始運行的空中纜車，以最快每秒3.5公尺的速度迅速攀升，而隨著高度愈來愈高，透過觀景窗，便可收攬逐漸寬闊的景致，而4.5分鐘後便可抵達500公尺高的**Port Hill**山頂。

山頂的瞭望台建於一處死火山的火山口邊上，從這兒可以360°俯瞰基督城、坎特伯里平原、里特頓港(Lyttelton Harbor)和南阿爾卑斯山脈的壯闊山景。除此之外，山頂還有間Red Rock Café，提供遊客在窗外美景映襯下享用午餐與下午茶的浪漫體驗。而位於纜車站頂樓的時光隧道，則介紹了基督城的建城歷史，從毛利神話、百年前的歐洲移民至今，可大致了解基督城的發展脈絡。

在2011年的地震中，纜車幸未受到嚴重損壞，但為了安全起見，曾經停駛一段時間，目前已恢復營運。

柳岸生態保護區

MOOK Choice

Willowbank Wildlife Reserve

一次飽覽紐西蘭珍奇動物

🚌 從公車轉運站搭乘1、28號公車至Northlands Shopping Mall，再轉乘107號公車至Hussey Rd near Springvale Gdns，下車後步行約2分鐘即達 📍60 Hussey Rd, Harewood ☎(03) 359-6226 🕐每日09:30~1700 💲成人32.5元，65歲以上26元，5~12歲12元 🌐www.willowbank.co.nz 🎫除園區導覽行程外，另有與水豚、狐猴等動物相遇的行程可報名參加

園區導覽行程

🕐每日14:45、15:45兩梯，行程約45分鐘 💲成人11元，兒童5元 ❗需事先預約

掃地圖

柳岸是南島最重要的生態保護區，占地廣達7公頃，園內依豢養的動物品種，大致分為3個區域：在傳承紐西蘭(Heritage NZ)裡，可看到羊駝、駱馬、瘤牛、佛來米希巨型兔(Flemish Giant rabbit)、酷你酷你豬(Kune Kune pig)、瓦萊黑鼻羊(Valais Blacknose Sheep)等可愛又親人的農場動物，多是早年殖民者從境外引進的家禽、家畜品種，頗有農場體驗的味道；野性紐西蘭(Wild NZ)則是飼養許多外來品種的動物，像是水豚、環尾狐猴、黇鹿、沙袋鼠、合趾猿、捲尾猴、水獺等，就像個小型動物園般。當然，整個園區的重頭好戲還是在自然紐西蘭(Natural NZ)，紐西

蘭的五大原生物種(Big 5)：奇異鳥(Kiwi)、啄羊鸚鵡(Kea)、南秧雞(Takahe)、卡卡鸚鵡(Kaka)和喙頭蜥(Tuatara)，在此可一次看齊。

除了自然生態之外，柳岸也結合了毛利文化，因為Ko Tane毛利村落就位於園區內，不過目前由於疫情影響，毛利村暫停營業當中，有興趣的遊客可密切注意官網，查看是否有恢復營運的公告消息。

💡 **保證看到活生生的奇異鳥**

在柳岸有間奇異鳥夜行屋(Kiwi Nocturnal House)，每天10:30開始開放讓遊客進入，屋裡沒有玻璃隔絕，遊客目睹牠們在腳邊覓食身影的機率幾乎是百分之百。不過因為奇異鳥是夜行性動物，所以復育奇異鳥的環境都必須設置得暗無天日、有如黑夜一般。而且奇異鳥非常脆弱，視力幾近於零、聽覺卻相當敏銳，所以參觀時必須保持極度安靜，才能確保牠們敢放膽出來覓食，如果吵鬧喧嘩，導致奇異鳥不肯出來見人，就連導覽人員也愛莫能助喔。

MAP▶ P.209B2

阿卡羅阿

MOOK Choice

Akaroa

南島的法式風情小鎮

🚗 從基督城開車，車程約82公里。也可搭乘Akaroa French Connection巴士前往

Akaroa French Connection巴士

🚌 上車地點在坎特伯里博物館門前的Rolleston Ave上，也可預約市中心酒店免費接送 ☎0800-800-575 ⏰每日09:00從基督城出發，16:00離開阿卡羅阿，約18:30返回基督城 💲來回票：成人55元，兒童35元 🌐www.akaroabus.co.nz

Black Cat Cruise

🏠 Akaroa Main Wharf ☎0800-436-574 ⏰每日10:45、13:30出發 💲成人99元，5~15歲40元 🌐blackcat.co.nz

© 紐西蘭旅遊局 /Graeme Murray

© 紐西蘭旅遊局 /Graeme Murray

掃地圖

　　阿卡羅阿是紐西蘭少見的法國小鎮，1840年當法國人興高采烈前來紐西蘭尋找新天地時，失望地發現大部分的紐西蘭已成了英國殖民者的土地，於是只好繞過班克斯半島(Banks Peninsula)，在這處小海灣邊上岸定居。至今，法國人遺留下的影響力仍處處可見，表現在法文的街道名字、法國的建築風格及法式的悠閒節奏上。

　　雖然小鎮規模不大，但還是區分為兩個範圍。碼頭邊的港區是動態觀光重點，大部分行程活動都在這裡報名，最有名的是**Black Cat Cruise**，2個小時的遊船行程中，可看到海豚、企鵝、海豹等野生動物，還能認識當地的毛利文化。而到紐西蘭若想和海豚一起游泳，在北島主要是島嶼灣，在南島就是阿卡羅阿了，而這也是**Black Cat**最熱賣的行程之一。

© 紐西蘭旅遊局 /Kieran Scott

阿卡羅阿博物館 Akaroa Museum

📍P.225B1 🏠71 Rue Lavaud ☎(03) 304-1013 ⏬每日10:30~16:30 (5~9月至16:00) 💲免費 🌐www.akaroamuseum.org.nz

掃地圖

沿著港邊往北走即是鎮中心，在遊客中心對面的博物館中，有一系列影片、歷史照片、實物陳列等，介紹阿卡羅阿的地理生態與殖民故事。博物館還有一間側房，這是1840年代第一批法國移民的殖民小屋，現也已恢復昔日擺設供人參觀。

阿卡羅阿

- 主碼頭 Main Wharf
- French Bay
- 黑貓遊船 Black Cat
- Oinako Lodge
- 噴射飛船 Akaroa Jet
- 生態帆船行程 Fox II
- Tresori Motor Lodge
- 賞海豚遊船 Akaroa Dolphins
- Rue Jolie
- Rue Jolie
- Rue Lavaud
- William St.
- Beach Rd.
- Selwyn Ave.
- Penlington Pl.
- Smith St.
- Rue Benoit
- Rue Balguerie
- Muter St.
- Settlers Hill
- Watson St.
- 阿卡羅阿博物館 Akaroa Museum
- 巨人屋馬賽克花園 The Giants House

圖例
- 🏞景點 🏛博物館 🏨飯店 🚌巴士站
- 🎪活動 ℹ️遊客服務中心 🛣公路

巨人屋 The Giants House

📍P.225B2 🏠68 Rue Balguerie ☎(03) 304-7501 🕐每日11:00~16:00 (5~9月至14:00) 💲成人24元，2~15歲10元 🔗www. thegiantshouse.co.nz

掃地圖

　這棟老房子建於1881年，原為小鎮上第一位銀行家所有，現在則被本地藝術家Josie Martin徹底改造，她在寬廣的庭院中建了許多塑像與場景，再以碎瓷磚拼貼，成為一座驚豔世界的馬賽克花園，並在2018年時被NZGT認證為6星級的國際花園。花園主屋目前則是一間簡餐咖啡廳，供應午餐輕食及下午茶餐點，也有販售一些由Josie所創作的小型藝術品。

©The Giants House

©紐西蘭旅遊局

MAP ▶ P.209A2

坎特伯里熱氣球之旅
Ballooning Canterbury

升空直到夢境邊緣

🚗報名時可預約基督城酒店接送 🏠2136 Bealey Rd, Hororata ☎0508-422-556、(0)27 915 4972 🕐天亮之前出發，集合時間春天約為05:30，夏天約為04:45，秋天約為06:00，冬天約為06:30，全程約4~5小時，其中飛行時間為1小時 💲成人395元，12歲以下250元 🔗ballooningcanterbury.com 🍷著陸後可享用招待的香檳、果汁與簡便早餐 ⚠️務必穿著保暖衣物與包腳的鞋子

掃地圖

　在紐西蘭，許多地方都能找到提供熱氣球行程的旅遊公司，但熱氣球飛不飛得起來，天候因素至關重要，因此並不是說報了名、繳了錢，就一定飛得成。然而坎特伯里平原一帶，由於氣候與溫度條件得天獨厚，熱氣球起飛成功率極高，也就成了人們一圓熱氣球美夢最理想的地方。

　搭乘熱氣球首先要面對的挑戰，就是要在三更半夜起床，不過早起絕對是有報償的，因為覺可以回籠再睡，初升的朝陽可不為遊人等待。搭乘熱氣球升空是一種奇妙的體驗，儘管四野萬籟俱寂，卻無法平靜半分心中雀躍，隨著地面上的景物愈來愈小，風吹動樹梢的搖曳也變得不易察覺，遠方的南阿爾卑斯山脈在晨霧半遮半掩下，神似遊仙詩中的瑤池閬苑；初升的太陽將坎特伯里平原照出油亮的綠色，幾何圖形的田疇也開始顯現清晰的輪廓。雖然眼前美景早已讓惺忪睡眼完全清醒，卻又帶領眾人走進另一場超現實夢境，這麼無邊無際地飄遊下去，彷彿就要飄到綠野仙蹤的奧茲國境。

MAP ▶ P.7D6

凱庫拉

Kaikoura

紐西蘭的賞鯨之都

🚗 開車：從基督城約190公里車程，從皮克頓約156公里車程。巴士：凱庫拉InterCity巴士站位於原i-Site附近，從基督城每日1~2班直達，車程約3小時，從皮克頓每日1班直達，車程約2.5小時。火車：太平洋海岸列車於週四至週日行駛，北上列車07:00從基督城出發，09:50抵達凱庫拉，南下列車13:40從皮克頓出發，16:15抵達凱庫拉 🌐 www.kaikoura.co.nz

凱庫拉位於基督城北方，在毛利語中，Kai是食物的意思，而kōura則是指小龍蝦，由此可見此地海洋資源之豐富。凱庫拉的外海海溝有「海洋世界裡的大峽谷」之稱，引來許多深海魚類棲息，其中包括抹香鯨最愛的大烏賊，而逐烏賊而居的抹香鯨自然也在凱庫拉外海住了下來。1843年，凱庫拉成立第一所捕鯨站，後來隨著鯨魚數量減少，凱庫拉的居民遂轉向漁業和農業，現在則以出海賞鯨、看信天翁等海洋生態觀光為其主要產業，小小的鎮上每天都湧進上千名遊客。

凱庫拉賞鯨 Whale Watch Kaikoura

🚶 P.227B1 🏠 Whaleway Station Rd, Kaikōura
📞 (03) 319-6767、0800-655-121 🕐 每日07:15、10:00、12:45出發(11~3月加開15:30一梯)，行程約3個多小時，其中在船上約2小時 💲 成人165元，3~15歲60元 🌐 whalewatch.co.nz
♿ 若沒看到鯨魚，退款80% ⚠ 需事先預約，參加者需年滿3歲

賞鯨中心位於凱庫拉舊火車站，在此報到後先觀看5分鐘海上安全影片，然後集合上車前往南灣(South Bay)，就可以準備登船了。當船上在講解凱庫拉和鯨魚生態時，船員們也忙著拿海底麥克風探測，尋找抹香鯨浮起來的跡象。海底麥克風測的其實不是聲音，而是安靜，因為抹香鯨是個很吵的生物，常常發出扣扣的聲響，牠們可潛至300到800公尺的深海，最長可待在水底2個多小時才浮出水面呼吸，而唯有在往上浮的時候才是沈默的。抹香鯨浮出水面呼吸和轉身的時間大約5~10分鐘，到時便可看到著名的擺尾鏡頭。通常一次出海可以看到1至2次鯨魚，船隻之間也會互通信息，哪裡有鯨魚就往哪裡去，因此不用擔心看不到。

在凱庫拉，全年都可以看到抹香鯨，而其他鯨魚如座頭鯨、長鬚鯨、虎鯨(即殺人鯨)等，甚至體型最大的藍鯨，也會在遷徙季節時經過這片海域。

奧豪角 Ohau Point

🚗 需自行開車前往，距凱庫拉鎮上約27公里

凱庫拉北邊的奧豪角，是紐西蘭毛皮海豹(New Zealand Fur Seals)的天然保護區。紐西蘭毛皮海豹是紐西蘭的原生種，因覆蓋兩層毛皮而得名，深色的毛皮也形成完美的保護色。雖然牠們通常都懶洋洋地躺在石頭上，不過還是建議旅客在觀看紐西蘭毛皮海豹時保持5公尺以上的距離，以策安全。

©Destination Kaikoura

Hapuku Lodge & Treehouses

🗺 P.227B1　🚌 訂房時可安排至凱庫拉火車站或巴士站免費接送　🏠 State Hwy. 1與Station Rd.交會路口附近　📞 (03) 319-6559　🔗 www.hapukulodge.com

距離凱庫拉北邊12公里遠的Hapuku樹屋旅館，開業於2003年，有5棟離地約10公尺的高架木屋聳立於一片青翠的麥廬卡樹叢中，大片玻璃窗正對著一片鹿場，房內的每一處裝潢、每一個擺設，都是主人親自設計監造的，完美融合大自然的元素並充滿了設計感，包括床的設計，從選材到建造都親力親為，甚至連床墊的材質與密度，都在反覆測試後特別訂製。而在其他不容易發覺的細微處，也隱藏著細膩貼心，像是窗戶用的是雙層隔音玻璃，因為怕雄鹿在發情期的叫聲會打擾到住客；地板下鋪了一層超厚的填料，是為了降低腳步的聲音。冰箱裡有馬爾堡的白酒、本地釀造的啤酒與旅館鮮榨的果汁，全都已包含在房價裡；屋頂天花板上還開有一扇小天窗，晚上可以仰望滿天星斗。

當年主人 Tony Wilson 從加州回到故鄉紐西蘭，和侄兒一起買下這片鹿場，隨著鹿群日漸繁衍，於是又買下鄰近的大片土地。Tony 非常愛這個地方，經常邀請家人朋友來此度假，他想著，既然自己的家人都對這裡讚不絕口，其他人的家人一定也會愛上這裡，於是便動手打造了樹屋旅館，讓全世界的人都可以分享他的所愛。

凱庫拉

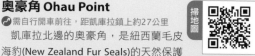

往Hapuku Lodge & Treehouses↑

駱馬農場 Llama Trekking
Kaikoura Quality Suites
Mr Fyffe Rd.
Mill Rd.
Red Swamp Rd.
Inland Rd.
Hawthorne Rd.
Coastal Pacific Train 太平洋海岸列車
Ludstone Rd.
West End Rd.
賞鯨行程 Whale Watch
輕艇行程 Seal Kayak Kaikoura
與海豹共泳 Seal Swim
The Fairways at Ocean Ridge
Kaikoura South Rd.
Waves on the Esplanade
凱庫拉生態之旅 Encounter Kaikoura
Esplanade
Torquay St.
Scarborough St.
Avoca St.
South Bay Rd.
Anchor Inn Motel
Fyffe Quay
空中賞鯨 Wings Over Whales
景觀飛機 Air Kaikoura
往基督城
凱庫拉博物館 Kaikoura Museum

圖例　◎活動　🏨飯店　🏛博物館　ℹ遊客服務中心
✈機場　🚂火車站　🚌巴士站　公路　━━鐵路

格瑞米爾莊園
Grasmere Lodge
湖光山色的典雅農場

🚗 從基督城開車，車程約120公里。或搭乘阿爾卑景觀列車至Cass站(正常情況下，此站過站不停，因此購票時需告知站務人員)，再由莊園派車接送(需事先預約) 🏠 11075 West Coast Rd, State Hwy. 73, Cass, Lake Pearson, Arthurs Pass ☎ (03) 377-5466 🌐 www.grasmere.co.nz

掃地圖

座落於南阿爾卑斯山中心地帶，格瑞米爾莊園以渾然天成的山間風光、鄉村情調及雅致品味，成為僻處鄉間的精緻旅店，名列Small Luxury Hotels of The World一員。

近兩百年的農場主建築，即使歷經多次整建，仍保存昔日的石牆，而深沉的木質牆板，搭配厚實穩重的皮質沙發和藍色格紋地板，在在透露高雅格調，又不失鄉村氣息。不遠處，倚著湖畔的

一幢綠頂白牆小屋裡，是6間湖景套房，每間都有37平方公尺的舒適空間，鵝黃的牆面鑲嵌著可收攬湖景的玻璃門窗，而家具、床具都以深紅或深咖啡為基調，營造沉穩優雅的歐式風情。這兒還有一座圖書室，延續農場主建築裡的調性，同樣以紅色牆面、黑色皮沙發為陳設，再加上點著火光的壁爐，讓這個空間散發著典雅的居家氣息。而餐廳又是另一種風格，以鵝黃牆面、大片玻璃窗，顯得淡雅清新而平易近人。

莊園面積廣闊，境內及周邊就有5座湖塘與3條小河，更多的是似乎不見邊際的草地，與遠方山脈相互映襯，難怪《納尼亞傳奇》導演安德魯亞當森(Andrew Adamson)在電影拍攝期間，就選擇與部份劇組人員下榻於此。

另一方面，酒店周遭得天獨厚的自然環境，讓這一帶也成為戶外活動的天堂，酒店提供多種不同行程，包括健行、騎馬、越野自行車、野溪釣魚等，都可以在櫃檯報名。

©格瑞米爾莊園

©格瑞米爾莊園

©格瑞米爾莊園

MAP ▶ **P.7C6**

阿爾卑景觀列車

MOOK Choice

TranzAlpine

欣賞移動中的絕美風景

☎0800-872-467、(04) 495-0775 � 週五至週一行駛，08:15從基督城出發，13:05抵達格雷矛斯(至亞瑟隘口約10:40)；14:05從格雷矛斯出發，19:00抵達基督城(至亞瑟隘口約16:20) ⑤單程票，成人219元，2~14歲153元 ⑪www.greatjourneysofnz.co.nz

掃地圖

阿爾卑景觀列車東起基督城，西訖西岸的格雷矛斯(Greymouth)，全長223公里，單趟車程將近5個小時。如果你只把它當成一條普通的運輸工具，想必有不少鐵道迷要為它抱屈，因為它不但是Great Journeys旗下3條火車路線中最經典的一條，更是世界知名的景觀鐵道，與其說是連結景點的交通工具，不如說它本身就是一個大景點。

事實上很多人是早上從基督城出發，當天下午又從格雷矛斯返回，只為把相同的風景倒帶再看一遍。搭乘火車不再只是移動這回事，而是享受的過程。

要問這段鐵道到底迷人何在？你只要搭上去便知分曉，火車路線貫穿南阿爾卑斯山脈(Southern Alps)中的亞瑟隘口國家公園(Arthur's Pass National Park)，沿途所見，遠方是雄奇峻峭的雪山山峰，近處是滿山吃草的放牧牛羊，時有湍流飛瀑，時有隧道峽谷，就像觀賞一部動態的風景畫片。車廂設備並不豪華，座椅也沒特別舒適，不過這一切都無所謂，因為人們根本不會在座位上待太長時間，而是一股腦地奔向末節無車窗阻隔的觀景車廂。也有些人會把亞瑟隘口當作中途站，到國家公園裡的惡魔之碗瀑布(Devils Punchbowl Falls)或貝雷山(Mt. Bealey)健行，當晚留宿，第二天再繼續行程。

●尼爾森

尼爾森及其周邊
Nelson and Around

文●墨刻編輯部
攝影●李美玲・墨刻攝影組

尼爾森為紐西蘭第15大城,其開發與南島的歷史緊密相關。800多年前,便有毛利人居住此地,而1642年,荷蘭探險家艾貝爾塔斯曼偶然來到尼爾森西部的黃金灣(Golden Bay),雖與當地毛利人起了衝突,卻也開啟歐洲對這片土地的視野與認識。隨著懷唐伊條約於1840年簽訂,2年後首批歐洲移民進入尼爾森,此後迅速發展,於1858年時還一度躍居全紐第二大城。

尼爾森有兩個紐西蘭之最:一是日照最多,其次是紐國的地理中央點就位在這裡。因為日照強烈,一年陽光普照的時間高達2,500個小時,葡萄成長狀況良好,是以此處所產白酒,為紐西蘭在酒界掙得名聲,很多學生在葡萄盛產季節,會到這裡打工賺取學費。同時因為接近港灣,生猛海鮮一樣不缺,陽光、美酒、美食,便成了尼爾森最誘人的魅力。

由於陽光豐沛,再加上陶土等原料的供應,使尼爾森吸引不少藝術家來此定居創作,尤其是玻璃工藝與陶藝更是發達,在奧克蘭帕內爾街就有多家藝廊專門販售尼爾森的工藝品,而每年10月的尼爾森藝術節,整座城市更籠罩在濃濃的藝術氛圍中。

©紐西蘭旅遊局 / Dean McKenzie

基本資訊

地理位置:位於南島北岸,與北島隔著庫克海峽相望。
面積:54平方公里(市區)
人口:約5萬人(市區)
區域號碼:(03)

如何到達

航空

尼爾森機場(NSN)位於市區西南8公里處,有班機往來奧克蘭、威靈頓與基督城。
www.nelsonairport.co.nz

◎機場至市區交通

接駁巴士Shuttle Bus

如果人數上搭乘計程車不划算，或是願意共乘的話，打電話或上網預約11人座的接駁巴士，會比坐計程車便宜。

☎(09) 522-5100、0800-748-885

$ 一般而言，到市區第一人約20元，其他同行者每人約5元

🌐 www.supershuttle.co.nz

租車Rental Cars

機場內有Hertz、Avis、Budget、Europcar、Ezi、Rent a Car、Thrifty、Go Rentals等租車公司櫃檯

長途巴士

◎InterCity

尼爾森巴士停靠站位於27 Bridge St.(Travel Centre外面)。從皮克頓搭乘InterCity長途巴士，大約每2天1班直達，車程3小時15分鐘；從基督城，也是約每2天1班，不過要在布蘭尼姆轉車，車程約8小時45分鐘。

🌐 www.intercity.co.nz

開車

從皮克頓前往尼爾森，車程約115公里；從格雷矛斯，車程約285公里；從基督城，車程約415公里。

市區交通

巴士

市區巴士NBus共有8條路線，主要行駛於尼爾森市區與鄰近的城鎮里奇蒙(Richmond)，週五、六晚上還有一條夜間巴士路線(The Late Late Bus)，詳細路線與時刻表可上網查詢。

車資分成3個區段，1區內成人車資為2.5元，兒童1.5元；跨2區(到Stoke)，成人3元，兒童2元，跨3區(到里奇蒙)，成人3.5元，兒童2.5元。夜間巴士則一律4元。

另外，在尼爾森也可使用感應式儲值票卡Bee Card，搭乘公車時會有折扣優惠。

🌐 www.nbus.co.nz

計程車

Nelson City Taxis

☎(03) 548-8225

🌐 www.nelsontaxis.co.nz

旅遊諮詢

尼爾森DOC遊客中心

🔺 P.232B2

🏠 79 Trafalgar St.(在Millers Acre Centre內)

☎(03) 546-9339

⏰ 平日08:30~17:00，週末09:00~16:00

🌐 www.nelsontasman.nz

摩圖伊卡i-SITE

🏠 20 Wallace St, Motueka

☎(03) 528-6543

⏰ 09:00~16:00 (週末至14:00)

🌐 www.motuekaisite.co.nz

黃金灣遊客中心

🏠 22 Willow St, Takaka

☎(03) 525-9136

⏰ 10:00~14:00

休 週末

🌐 www.goldenbaynz.co.nz

MAP ▶ P.231B2

尼爾森經典車博物館

MOOK Choice

Nelson Classic Car Museum

汽車史的百年圖鑑

🚗 從尼爾森市區開車約6.5公里 　🏠 1 Cadillac Way, Annesbrook, Nelson 　☎ (03) 547-4570 　🕐 每日 10:00~16:00 　💲 成人19元，長者15元，5~18歲8元 🔄 nelsonclassiccarmuseum.nz

尼爾森市中心地圖

從前尼爾森最重要的年度盛事，就是從此地發跡的穿著藝術大賽WOW，為了容納每年的比賽成果，於是便在機場附近設立了一間穿著藝術館，而當時與穿著藝術館共享展示場地的，就是尼爾森經典車博物館。不過隨著穿著藝術大賽移師前威靈頓，加上新冠疫情肆虐，穿著藝術館無奈在2020年時歇業，如今只剩經典車博物館獨佔著這兩棟偌大的庫房建築。

在經典車博物館裡展示的汽車總數多達150輛，年代更是橫跨了一百多年。最古老的一台是1908年製造的雷諾AX (Renault AX)，雖然最高時速只有大約55公里，但在百多年前這速度已是讓世人大開眼界了。而同一時代的福特T型(Ford Model T)也是劃時代的里程碑，這是運輸史上第一次以車廠生產線形式組裝的量產汽車，大大降低了生產成本及時間，使得擁有一台汽車不再是超級富豪們的專利。而像是1950年代出廠的佛賀(Vauxhall)、凱旋(Triumph)、凱迪拉克等諸車款，到法拉利、積架等名車，在博物館裡都有多款車型，表現出每個時代的流行風格與性能設計。最重要的是，這些可能比你爺爺年紀還要大的車輛全都保存完好，絲毫沒有受損，在特殊節慶活動時，甚至還能開上路，向人們展現它們的老當益壯。

©Nelson Classic Car Museum

©Nelson Classic Car Museum

©Nelson Classic Car Museum

教堂山
Church Hill

市區內的小高地

🔘 入口在Trafalgar St.上

掃地圖

　　這座位於小山丘上的教堂，始建於1842年，當年紐西蘭的首任主教塞爾文(George Augustus Selwyn)造訪此地，發覺這座小山丘正是設置教堂的最佳地點，於是著手募款興建。1851年，木造的英國國教式樣教堂完工，此後又歷經多次修建，才呈現今天的樣貌。

　　沿著長長的石梯拾級而上，可以俯瞰尼爾森港邊的市區景致，這些階梯在1913年之前是由木頭所打造，但不管在任何一個年代，當地居民總習慣在寬大的階梯上聚會聊天。

瑪普亞
Mapua

吸引藝術家的世外桃源

🚗 從尼爾森市中心開車，車程約32公里

掃地圖

　　瑪普亞是塔斯曼灣區的小村落，人口不多，商業也不發達，卻因擁有明媚的海灣風光，而成為深受尼爾森居民喜愛的休閒去處。瑪普亞碼頭也是熱門的水上活動基地，海面上不時可見有人在玩風帆、划輕艇，氣氛相當活潑。岸上有2間餐廳Smokehouse Café與The Jellyfish，都標榜優美的景致與新鮮的食材，而戶外桌椅區也提供一邊用餐、一邊賞景的舒適空間。餐廳附近也有許多藝術家的工作室，多以前衛現代的設計風格，創作出各種生活用品或裝飾藝品，頗具特色。

南島⋯尼爾森及其周邊 Nelson and Around

©紐西蘭旅遊局/Stirling Images

MAP ▶ P.7C5

艾貝爾塔斯曼
國家公園

MOOK Choice

Abel Tasman National Park

金黃沙灘的魔幻祕境

🚗 開車：從尼爾森開車到凱特里特里約60公里，到瑪拉豪約65公里。巴士：可搭乘 Golden Bay Air的巴士，每日07:50、13:00從尼爾森出發，大約1小時後抵達凱特里特里與瑪拉豪，車資每人40元。而在尼爾森的遊客中心和摩圖伊卡i-SITE，也能找到許多巴士搭配水上計程車、甚至飛機的一日遊或多日遊套裝行程 🔗www.doc.govt.nz

Golden Bay Air
📞(03) 525-8725、0800-588-885 🔗www.goldenbayair.co.nz ✱除點對點接駁外，也有完整的套裝行程

Abel Tasman Aqua Taxi
📞(03) 527-8083、0800-278-282 🔗aquataxi.co.nz

Abel Tasman Sea Shuttle
📞(03) 527-8688、0800-732-748 🔗abeltasmanseashuttles.co.nz

Marahau Water Taxis
📞(03) 527-8176、0800-808-018 🔗www.marahauwatertaxis.co.nz

©www.nelsontasman.nz

掃地圖

這座紐西蘭面積最小的國家公園，也是唯一濱海的國家公園，以金黃色的沙灘聞名，境內擁有近百處淺灘，而易受侵蝕的大理石和石灰岩等地形，讓海中不時出現嶙峋怪石，景觀更顯奇特。

進入國家公園的基地位於凱特里特里(Kaiteriteri)與瑪拉豪(Marahau)，大多數活動都在這兩處地方報名或出發。公園裡最經典的活動是沿著海岸步道(Abel Tasman Coast Track)健行，這條步道一會兒走在綠蔭掩蔽的樹林間，一會兒走到金黃色的沙灘上，不同景致各有不同的

從交通到住宿全包辦

Wilsons Abel Tasman是一個家族經營的企業，在艾貝爾塔斯曼國家公園裡居住了長達8代之久，他們早年以務農、伐木為生，國家公園裡許多步道都是威爾森家族走出來的。其家族從第6代開始經營旅遊業，基於對領域裡的深度了解，成為艾貝爾塔斯曼國家公園裡提供全方位服務的公司。

Wilsons Abel Tasman經營的項目，包括遊艇、水上計程車、輕艇行程、國家公園內的住宿與專業嚮導等，亦可安排1~5日的套裝行程，從飯店接送、遊船接駁、準備三餐、遊程規劃到住宿的安排，可全部一手包辦，行前就會提供每位旅客詳細的行前說明書，告知大家如何打包行囊、需要準備哪些必備用品與各種注意事項，讓大家在國家公園度過一個體驗獨特又不虞匱乏的舒適假期。

(03) 528-2027、0800-223-582、www.abeltasman.co.nz

艾貝爾塔斯曼國家公園

© 紐西蘭旅遊局 /Stirling Images

旅行趣味。由於步道全長60公里，走完全程需要3~5天，並夜宿步道小屋或在營地紮營，並非所有短期遊客能力所及，因此水上計程車便成了重要的交通工具。

經營艾貝爾塔斯曼海岸步道的水上計程車公司主要有4家，分別是Abel Tasman Aqua Taxi、Abel Tasman Sea Shuttle、Marahau Water Taxis與Wilsons旗下的Vigour Water Taxi，通常會停靠的地點為Anchorage & Torrent Bay、Bark Bay、Tonga Beach、Awaroa與Totaranui，遊客可在某站下船後健行至另一個海灘再上船，如果

© 紐西蘭旅遊局 /Gareth Eyres

不知如何計算時間與路線，也可直接選擇水上計程車公司幫遊客搭配好的行程。

而另一條健行路線則是在叢林中，沿途會經過多處瀑布與天然溶洞，其中的哈伍德洞穴(Harwoods Hole)是南半球最大的岩洞，有垂降的地底冒險可以參加，但路程較遠，時間上需要拿捏。

健行之外，輕划艇也是這裡的熱門活動，由於這一帶是海豚和紐西蘭毛皮海豹的棲息地，加上大大小小的淺灘分布，在這裡划輕艇時，常有海豚在身旁巡游，因此成為紐西蘭最棒的海上輕艇旅行地點。

尼爾森藝術行旅
Art Journey in Nelson
尋訪藝術家的創作天地

豐沛的日光，似乎鼓舞了人們的想像創意，約有300多名藝術工作者著迷於尼爾森的明亮氣息，在此落腳從事創作，再加上這兒出產的優質陶土，提供了創作媒材。於是，不論在市區大街上，或是郊區的僻靜角落，都能找到許多藝術工作室，而藝術家們也總是敞開大門，歡迎旅人造訪，參觀他們的創作，或是聽他們聊聊自己的藝術理念。

Jens Hansen The Ringmaker

🅿P.232A3 🚗320 Trafalgar Square ☎(03) 548-0640 ⏰平日 09:00~17:30 (週三10:00起)，週六09:00~15:00，週日需預約 www.jenshansen.com

全世界最出名的戒指，就是在這間店裡製作的。打從1968年就以手工打造金銀飾品的Jens Hansen，在紐西蘭已享有名氣，《魔戒》導演彼得傑克森認為，Jens Hansen打造出的紮實質感，最能顯現電影裡那只戒指的奇妙力量。為了拍攝需要，Jens Hansen打造了多達40只各種尺寸的魔戒，最大的直徑有20公分，也在店內櫥窗陳列。即使電影打響了這間工作室的名號，但Jens Hansen還是一如往常，最大的差異，除了慕名而來的遊客外，就是櫥窗裡多了一個魔戒展示區，也有魔戒的紀念戒供人購買。

Bronte Art Gallery

🅿P.231A2 🚗從尼爾森市中心開車，車程約27公里 🏠122 Bronte Rd. East, Mapua ☎(0)27-736-6050 ⏰每日11:00~16:30 🌐www.brontegallery.co.nz

這是Darryl Robertson和Lesley Jacka Robertson夫婦的藝術天地，他們的創作領域涵蓋繪畫、雕刻與陶藝等，風格簡約而現代，也常融入強烈的紐西蘭意象，諸如南十字星、毛利圖騰、大海與船隻等，都是其作品中常見的元素。常在台灣觀展的藝術愛好者可能會覺得這兒的作品有些眼熟，那是因為Darryl的作品曾數度受邀來台展出，高雄市立美術館、台北市立美術館與鶯歌陶瓷博物館，都有收藏他的作品。

Cool Store Gallery

🅿P.231A1 🚗從尼爾森市中心開車，車程約32公里 🏠10 Aranui Rd, Mapua ⏰10:00~16:00 (週末至16:30) 🌐thecoolstoregallery.co.nz

蒐羅展示了數十位藝術工作者的作品，Cool Store Gallery擁有多變的面貌；店內的藝術品有珠寶、畫作、雕塑、陶藝等，使用媒材也相當多元，例如銅、銀、木、陶、貝或布料纖維。不同媒材也為作品賦予不同個性，像是擁有毛利風格的獨木舟、模樣逗趣的美人魚、姿態嬌媚的巫婆……，有的粗獷、有的細緻。藝廊不定期也會更換展品，經常帶給顧客煥然一新的感覺，來到這裡，就可以感受尼爾森藝術家的無限創意與活力。

馬爾堡地區
Marlborough

文●蔣育荏．墨刻編輯部
攝影●李美玲．墨刻攝影組

©紐西蘭旅遊局 /MarlboroughNZ

位於南島北端的馬爾堡，因冰河作用所蝕刻的峽灣地形，造就了此地獨特的地理型態，曲折多變的海岸線長達1,500公里，還有許許多多灣澳、海灘，陸上則有仍保存原始狀態的樹林環境，也因此遊船、潛水、釣魚、海上輕艇、健行等活動都相當盛行。

東臨海洋、西有山脈的馬爾堡，也是全紐西蘭日照最多且最乾燥的地區之一，懷勞河(Wairau River)注入東側的雲灣(Cloudy Bay)，沖積出平坦的河谷平原，早在1870年代就有居民發覺此地得天獨厚，於是在懷勞谷地(Wairau Valley)開始製酒。而現代的釀酒事業則開啟於1973年，富含果香的白蘇維濃葡萄酒首次上市後，開展了許多酒商或釀酒人對這塊土地的注意力，一間間酒莊在此陸續開設，造就了釀酒熱潮。據統計，此區的葡萄園面積有超過2萬公頃之多，而除了白蘇維濃外，麗絲玲、霞多內、黑皮諾等，都是此區相當知名的葡萄酒。馬爾堡最大城市布蘭尼姆(Blenheim)附近便是酒莊聚集地，可自行前往或參加酒莊行程，品嚐當地美酒滋味。

基本資訊

地理位置：位於南島北端的東岸，最大城市為布蘭尼姆。
面積：12,484平方公里
人口：約5萬2千人
區域號碼：(03)

如何到達

航空
馬爾堡機場(BHE)位於布蘭尼姆(Blenheim)市區西方7公里處，有班機往來奧克蘭、威靈頓與基督城。
●www.marlboroughairport.co.nz
◎機場至市區交通
公車 Bus
可搭乘Ritchies的4號公車前往布蘭尼姆市區，成人車資2元，兒童1元。
計程車 Taxi
Marlborough Taxis Limited
☎(03) 577-5511
接駁巴士Shuttle Bus
Blenheim Shuttles
☎(03) 577-5277
●www.blenheimshuttles.co.nz
Executive Shuttle
☎(03) 578-3136、0800-777-313
●www.executiveshuttle.co.nz
租車Rental Cars
機場內有Hertz、Avis、Budget、Ezi、NZ Rental Cars、Omega、Apex、Europcar等租車公司櫃檯。

火車

布蘭尼姆火車站位於Hwy. 1與Hwy. 6交叉的路口附近，皮克頓火車站位於碼頭旁。太平洋海岸列車(Coastal Pacific Train)每週四至週日行駛，早上07:00從基督城出發，中午12:10抵達布蘭尼姆，12:40抵達皮克頓。

💲單程票，成人159元，2~14歲111元

🌐 www.greatjourneysnz.com

長途巴士

◎InterCity

布蘭尼姆巴士站位於火車站的i-SITE前，皮克頓巴士站位於渡輪航站大門前。搭乘InterCity從基督城出發，每日1~2班，到布蘭尼姆約5.5小時，到皮克頓約6小時。從尼爾森出發，約兩天1班，到布蘭尼姆約1小時40分鐘，到皮克頓約2小時15分鐘。

🌐 www.intercity.co.nz

渡輪

渡輪是聯絡南、北島最主要的交通方式，與皮克頓對開的北島港口為威靈頓，有2家渡輪公司可以選擇，與威靈頓不同的是，這兩家渡輪在皮克頓的碼頭就在隔壁。

◎Interislander

從威靈頓搭乘Interislander渡輪前往皮克頓，每日有3~5個船班，船程約3.5小時。

☎(04) 498-3302、0800-802-802

💲依船班及船票可退款的彈性程度，成人單程為70~81

元，2~17歲35~42元，60歲以上65~76元，小型車約153~226元

🌐 www.interislander.co.nz

◎Bluebridge

從威靈頓搭乘Bluebridge渡輪，每日02:00、08:15、13:30、20:30開船，船程約3.5小時。

☎(04) 471-6188、0800-844-844

💲依船班及船票可退款的彈性程度，成人單程為60~70元，2~17歲28~34元，60歲以上57~64元，小型車約134~204元

🌐 www.bluebridge.co.nz

市區交通

水上計程車

峽灣地區以水路交通為主，若要前往沿岸各地，水上計程車是唯一選擇，以皮克頓與哈夫洛克為主要出發點，班次時間與價錢依公司路線、地點與季節而異，1天約2~4班。一般來說4人以上搭乘較為便宜，但須事先預約。

Arrow Water Taxis

☎(03) 573-8229

🌐 www.arrowwatertaxis.co.nz

Pelorus Water Transport

☎0274-345-488

🌐 www.pelorustours.co.nz

旅遊諮詢

皮克頓i-SITE

📍Foreshore, Picton(火車站對面)

☎(03) 520-3113

🕙10:00~16:00 (週日至14:00)

🚫週六

🌐 marlboroughnz.com

布蘭尼姆i-SITE

📍8 Sinclair St, Blenheim(火車站旁)

☎(03) 577-8080

🕙10:00~16:00 (週六至14:00)

🚫週日

馬爾堡　圖例　🏨飯店　⚓碼頭　🏛博物館　🍷酒莊　⋯⋯航線　🎯活動　✈機場　━━鐵路　⋯⋯步道

嶇盤峽灣 Pelorus Sound
凱內普魯峽灣 Kenepuru Sound
波蒂吉渡假村 Portage Resort Hotel
富灣渡假村 Bay of Many Coves Resort
夏洛特女王峽灣 Queen Charlotte Sound
往威靈頓渡輪航線→ To Wellington Ferry Line
哈夫洛克 Havelock
←往尼爾森Nelson
皮克頓 Picton
綠貝巡航 Greenshell Mussel Cruise
艾倫史考特酒莊 Allan Scott Wines
赫佐酒莊 Hans Herzog Estate
庫克海峽 Cook Strait
雲灣 Cloudy Sound
雲灣酒莊 Cloudy Bay
布蘭尼姆 Blenheim
↓往凱庫拉Kaikoura、基督城Christchurch

Where to Explore in Marlborough
賞遊馬爾堡地區

MAP ▶ P.238A1-B1

夏洛特女王峽灣
Queen Charlotte Sound
巡航探索天然美景

掃地圖

馬爾堡的峽灣地帶涵蓋數個大小不一的峽灣，其中臨近皮克頓的夏洛特女王峽灣因為交通便利，有不少遊船公司經營這條路線，帶領遊客從船上欣賞峽灣地形。

MOOK
Choice

©Rob-Suisted

賞海豚之旅
Dolphin Watching Tour

🏠1 Wellington St, Picton ☎(03) 573-8040 🕐每日08:00、13:30出發，行程約4小時 💲成人129元，5~15歲65元，4歲以下30元 🌐www.e-ko.nz

在工作人員導覽下，沿途留意水域動靜，有高達90%的機率可以與海豚相遇，幸運的話，還能看到紐西蘭毛皮海豹在岸邊慵懶棲息的模樣。中途會在摩圖阿拉島(Motuara Island)下船，進行約1小時的輕鬆健走，這個島上由於沒有獵食性動物，因此鳥類生態豐富，被劃為鳥類保護區。導覽員在解說各種鳥類習性與特徵的同時，也不忘翻開步道旁的餵食箱，常可看到藍企鵝、鐘雀與知更鳥在裡頭吃東西的樣子。登上山頂瞭望台，是展望庫克海峽的最佳地點，附近海域與小島都盡收眼底。

夏洛特女王峽灣步道
Queen Charlotte Track

🚢有包括Cougar Line、E-Ko Tours、Beachcomber Cruises等多家業者經營步道行程或接駁服務 🌐www.qctrack.co.nz

夏洛特女王峽灣步道是條國際知名的健行路線，從阿納奇瓦(Anakiwa)開始一直延伸到船灣(Ship Cove)，規劃完善，輕鬆易走。沿途穿行茂密的樹林，植物與鳥類生態豐富，在視野開闊處，又可俯望湛藍的海岸景致，成為這條健行步道深受喜愛的原因。步道長達71公里，大多數人都是搭配水上計程車的時刻安排路線行程。

南島…馬爾堡地區 Marlborough

MAP ▶ P.238A2

雲灣酒莊
Cloudy Bay Vineyards
當地釀酒業的元老功臣之一

🚗從布蘭尼姆市中心開車，約9公里車程 🏠230 Jacksons Rd, Blenheim ☎(03) 520-9147 🕐每日10:00~16:00 💲品酒費每人10元起（買酒時可折抵5元）🌐www.cloudybay.co.nz

掃地圖

雲灣酒莊成立於1985年，是馬爾堡地區最早成立的5大酒莊之一。在平坦、多石、排水良好的環境與豐沛日照的孕育下，同年釀製的白蘇維濃，其溫潤的口感，混合了薑、甜羅勒與檸檬草的豐富層次，在國際葡萄酒市場上掀起熱烈討論，讓這

座才剛誕生的小酒莊，立刻成為閃亮的超新星。

雲灣酒莊擁有140公頃的葡萄園，除了讓它聲名鵲起的白蘇維濃，也釀製霞多內以及黑皮諾，另外也有格烏查曼尼(Gewurztraminer)和麗絲玲，每種都以細緻的風味著稱。

MAP ▶ P.238A1

哈夫洛克

Havelock

想要淡菜吃到飽就來這裡

 開車：從皮克頓約35公里，從布蘭尼姆約45公里。巴士：夏季時搭乘InterCity，約兩天1班，從布蘭尼姆車程30分鐘，從皮克頓車程約1小時 ⓦhavelocknz.com

掃地圖

　　哈夫洛克是前往羅盤峽灣(Pelorus Sound)及凱內普魯峽灣(Kenepuru Sound)的門戶。1770年代，庫克船長抵達這個地區，此後的一個世紀內，這個地區開始湧進大批農人、漁民、捕鯨隊與淘金者，現在則是一個充滿悠緩風情的小漁村，以淡菜為最主要的漁產品。

　　碼頭的上方就是哈夫洛克的主要街道，有幾幢殖民地風格的建築，販售著精巧的手工藝品與藝術作品，然而更令人引起興趣的，是這兒的餐廳間間都標榜著新鮮淡菜，甚至有的餐廳還將淡菜做成可愛的卡通圖案作為店招，引人發噱。

MAP ▶ P.238B1

綠貝巡航

MOOK Choice

Greenshell Mussel Cruise

美景美味加美酒之旅

登船地點為Picton Town Wharf ☎(03) 577-9997、0800-990-800 ◷週二、四、六13:30出發(5~9月為13:00出發)，行程約3小時 ⓢ成人140元，5~15歲55元 ⓦwww.marlboroughtourcompany.co.nz ❗需事先預約

掃地圖

　　綠貝巡航是一趟結合了美味與美景的奇妙旅程，出航後，船長會先解說馬爾堡峽灣地區的生態、地形與開發的故事，隨著船隻深入羅盤峽灣及凱內普魯峽灣，伸入海灣的海岬也顯現出愈來愈險峻的地形景觀。

　　整趟遊程的重頭戲，就是參觀淡菜養殖場，船長會走到船的後頭，將手伸入水中撈起成串的淡菜，接著開始講解淡菜的養殖方式，以及一些與

淡菜有關的小知識。走回船艙，鮮甜的香味已四溢滿室，原來船長早在開船後不久，就把一大鍋新鮮淡菜放上火爐，到了此時正好蒸熟。於是乘客便在峽灣美景之前，大啖清蒸的鮮甜淡菜，再配上馬爾堡出產的絕佳白蘇維濃葡萄酒，完美的搭配，正是行程中最令人期待的一刻。

MAP ▶ P.238A2

赫佐酒莊
Hans Herzog Estate

數百年歐洲釀酒背景

🚗從布蘭尼姆市中心開車，約14公里車程 🏠81 Jeffries Rd, Blenheim ☎(03) 572-8770 🕐平日09:00~17:00，週末需預約 💲品酒行程每人25元起 🌐www.herzog.co.nz

掃地圖

在馬爾堡地區眾多酒莊中，赫佐酒莊以承襲數百年的歐洲酒莊為背景，獨樹一格。酒莊主人赫佐夫婦

來自瑞士，早在15世紀，赫佐家族便在萊茵河地區從事釀酒，而傳承至這一代，男主人Hans更是畢業自瑞士的葡萄酒大學，家學淵源加上名師指導，使他對於釀酒的知識與訓練相當豐富嫻熟。

在一次偶然的紐西蘭訪友行程中，赫佐夫婦為地勢平緩、陽光豐沛的馬爾堡所驚豔，於是全家移居至此。他們既跳脫出傳統瑞士山區險峻的地勢限制，在這裡耕耘種植頂級勃艮地風格的黑皮諾，以及波爾多風格的梅洛與卡本內蘇維濃，短時間內就讓赫佐酒莊聲名大噪。

南島⋯⋯ **馬** 爾堡地區 Marlborough

MAP ▶ P.238A2

艾倫史考特酒莊
Allan Scott Family Winemakers

家族經營風格溫馨

🚗從布蘭尼姆市中心開車，約9公里車程 🏠229 Jacksons Rd, Blenheim ☎(03) 572-9054 🕐每日10:00~17:00 💲品酒行程每人15元起 🌐allanscott.com

掃地圖

由60公頃的葡萄園包圍著，一排排整齊的綠色葡萄叢間，坐落著艾倫史考特酒莊的鄉村風格建築。艾倫史考特酒莊並非企業化經營，純粹是個家族事業，男主人艾倫史考特打從1970年代起，便開始種植葡萄與釀酒，直到1990年成立了自家酒莊，並引進現代化的釀酒設備以提升品質，終於在馬爾堡地區的酒莊中打響名號。

成排的不鏽鋼製發酵桶，最早是為了釀製白酒，而隨著釀製技術愈發成熟，也得以擴展至紅

酒的釀造上。除此之外，酒莊內也保存傳統的設備與技術，酒窖內傳來的深沉香氣，正是橡木桶散發的迷人味道。

以木材搭建而成的庭園餐廳，開放而寬敞的空間，引進明亮的光線，屋頂則以攀滿綠蔓的橫架營造出田園氣息。在這樣的環境裡，享用以馬爾堡地區的新鮮食材所料理的陽光滋味，再啜飲一杯美酒，還有什麼可以挑剔的？

MAP ▶ P.238B1

富灣度假村
Bay of Many Coves Resort

與大自然美景完美融合

🚢 度假村沒有聯外陸上道路，可從皮克頓碼頭搭乘Cougar Line的水上計程車前往，每日2~4個船班，可在預訂度假村時，請度假村人員幫忙預約 🏠 The Bay of Many Coves, Queen Charlotte Sound ☎ (03) 579-9771、0800-579-9771 🌐 www.bayofmanycoves.co.nz

掃地圖

　　富灣度假村位於夏洛特女王峽灣中心地帶，面對著藍綠交織的海灣。當接駁的渡船靠岸，沿著甲板，首先到達的是大量使用木材搭建的餐廳，素雅的用色營造出簡潔明亮感，而露天座椅更是讓食客可直接在馬爾堡的溫煦日光中享用當地的鮮美菜餚。由於這裡菜色精緻，加上全然舒適的空間與美景，甚至有威靈頓的富豪會專程搭直升機來此用餐。餐廳後方，一棟棟錯落於綠林披覆山丘上的原木色小屋，就是住宿所在，利用山勢，每棟小屋都擁有不被遮擋的面海視野，以及不受干擾的私密空間。

　　以營造kiwi精神的度假風格為設計概念，這裡強調的不是奢華，而是與大自然相融合的舒適與無壓，再加上完善的設施與體貼的服務，提供遊人們一個全然輕鬆的假期。露天泳池一年四季都調整在最適宜的水溫，隨時都可使用；也有Spa服務、輕艇出租，甚至還有1~5小時的健行路線，端視旅客需求而定。

©Bay of Many Coves Resort

©Bay of Many Coves Resort

©Bay of Many Coves Resort

MAP ▶ P.238A1

波蒂吉度假村
The Portage Resort Hotel

百年旅店變身現代度假村

🚗 從皮克頓開車，車程約50公里。或從皮克頓搭乘Cougar Line的水上計程車抵達Torea Bay碼頭。可在預訂度假村時，請度假村人員幫忙預約 🏠 2923 Kenepuru Rd, Portage ☎ (03) 573-4309；0800-842-843 🌐 www.theportage.co.nz

掃地圖

　　前擁波蒂吉灣(Portage Bay)與凱內普魯峽灣的碧綠水色，後倚密林掩蔽的蒼翠山脊，背山面海的地理位置不僅讓飯店擁有多樣化的景致，也增加多種遊興。

　　外觀新穎，走現代設計路線的波蒂吉度假村，事實上已有百年歷史。早年毛利人發現前往漁產豐富的凱內普魯峽灣的最快路線，是越過多利亞(Torea)山脊到波蒂吉灣；後來至此定居的歐洲移民們，也採用同一條路線取得物資補給，於是1870年波蒂吉旅店由是成立，為往來旅者提供住宿服務。

　　近年全新改建的度假村，走的是現代風格，灰色的基調、簡約的線條，間以鮮豔的黃、紅、綠等顏色點綴，視覺變化豐富。其35間套房延續一貫的簡約設計，每間都擁有陽台可俯望海灣景致。由於飯店後方就是夏洛特女王峽灣步道，因此也貼心提供了讓健行背包客住宿的團體客房。此外，波蒂吉也是從事戶外活動的絕佳地點，越野自行車、海上輕艇等，都是這裡極受歡迎的活動。

但尼丁及其周邊
Dunedin and Around

文●蔣育荏‧蒙金蘭‧墨刻編輯部
攝影●周治平‧墨刻攝影組

但尼丁的地理形勢和位置都很像美國的舊金山，坐落於面對海港的山坡上，市區裡上上下下的斜坡，讓旅客和居民都爬得氣喘吁吁。與紐西蘭其他城市相比起來，但尼丁這座南島大城少了吵雜的都會交通，也沒什麼忙碌的商業氣氛，整座城裡不是尖塔教堂，就是有著百年歷史的石造建築，幾乎看不到玻璃帷幕的商業大樓。路上行人個個穿著輕便服裝，加上餐廳酒吧不時打出學生特價，處處瀰漫濃厚的蘇格蘭大學城氣氛，讓人彷若置身愛丁堡。

但尼丁最初是由一群蘇格蘭教士所創立，而1860年代的淘金熱，更是讓但尼丁快速發展至巔峰，該時期所建造的銀行、火車站、釀酒廠等建築，也都為今日的但尼丁增添了古典優雅的城市風情。

距離但尼丁市區約50分鐘車程的奧塔哥半島，就像一座大型野生動植物保護區。在毛利語中，「Otago」是「橘色之地」的意思，這是由於本地土壤為火山岩與貝殼混合而成。半島上人家不多，動植物倒是不少，生態之旅是這裡最主要的觀光賣點。

基本資訊

地理位置：位於南島東南岸，向北距離基督城約360公里車程，向西距離皇后鎮約288公里車程。
面積：255平方公里(市區)
人口：約10萬2千人(市區)　**區域號碼**：(03)

如何到達

航空

　　但尼丁機場(DUD)位於市區西邊近30公里處，有班機往來奧克蘭、威靈頓與基督城。
🌐www.dunedinairport.co.nz

◎機場至市區交通

計程車 Taxi
　　從但尼丁機場搭乘計程車前往市區，約75~85元。

接駁巴士 Shuttle Bus
　　如果願意共乘的話，打電話或上網預約11人座的接駁巴士，會比坐計程車便宜。
📞0800-748-885
💲一般而言，到市區第一人約27元，其他同行者每人約13元，包車150元
🌐www.supershuttle.co.nz

租車Rental Cars
　　機場內有Hertz、Avis、Budget、Go Rentals、

建議租車或參加當地旅遊行程

　　來到但尼丁，一定不能錯過奧塔哥半島，但是當地前往奧塔哥半島的公車只有18號一條路線，不但班次少有限，而且從站牌前往各重要景點都還得走上相當遠的距離，非常不方便。尤其許多景點的導覽行程時間都很固定，搭乘公車的風險太大，所以租車出遊還是探索但尼丁周邊的最佳方式。如果不會開車，就退而求其次，報名參加當地旅遊團，不過由於並沒有旅遊團能在一天之內遊遍半島上各大重要景點，所以安排行程時最好預留2~3天的時間在半島上。

Thrifty、Europcar、Ezi等租車公司櫃檯。

長途巴士

◎InterCity

　　但尼丁InterCity巴士停靠站位於八角廣場東邊外圍的331 Moray Place (Countdown超市外)。從基督城每日1~2班直達，車程約6小時；從皇后鎮每日1~2班直達，車程約4.5小時。
🌐www.intercity.co.nz

市區交通

公車

　　但尼丁市區景點相當集中，若要前往郊區或較遠的景點，可以搭乘市區公車Orbus。Orbus在但尼丁有23條路線，公車總站位於八角廣場東北邊外圍的Great King St.上，多數路線都從這裡出發。車資除了上車付現外，也可使用感應式儲值票卡Bee Card，不但車資享有折扣，還有45分鐘免費轉乘優惠。
💲現金一律3元。使用Bee Card者，成人2元，5~18歲1.2元
🌐www.orc.govt.nz/public-transport/dunedin-buses

旅遊諮詢

但尼丁i-SITE

🅿P.244A1　📍50 The Octagon　📞(03) 474-3300
🕐08:30~17:00 (週末08:45起)
🌐www.dunedin.govt.nz/isite

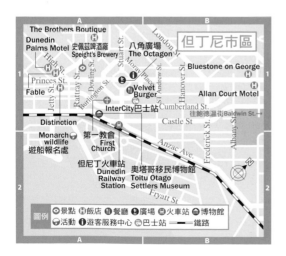

MAP ▶ P.244A1

八角廣場
The Octagon
都會裡的核心區域

⌂ Princes St.、George St.和Stuart St.等街道的交會處

掃地圖

八角廣場顧名思義，就是個八角形的廣場，沿著坡度以階梯分為上下兩層，下層為走廊和草坪，很多旅客和當地居民都喜歡在此休憩或用餐。石梯附近是紐西蘭人的奧運榮譽之路，地面上鑲嵌著曾獲奧運獎牌的但尼丁運動員姓名及獎項等；上層是雕像和幾間教堂，雕像是蘇格蘭詩人伯恩斯(Robert Burns)，他的姪子是第一教會首任牧師，也是蘇格蘭移民的精神領袖。在石梯盡頭則是作家之路。

1840年開始，但尼丁就以八角廣場作為城市中心，周圍有很多古建築和有趣的小店，而遊客中心i-SITE也在廣場一角。廣場附近街區是但尼丁交通樞紐所在，而從廣場往海港的方向直走就是但尼丁火車站，以此做為旅遊起點，相當方便。

MAP ▶ P.244A1

第一教會
First Church
但尼丁的報時鐘聲

⌂ 415 Moray Pl. ⟳ www.firstchurchotago.org

掃地圖

在第一批蘇格蘭移民抵達但尼丁25年後，建築師勞森(Robert Lawson)於1848年在貝爾山(Bell Hill)蓋起這座長老教會教堂。為了建造這座教堂，當時還動用囚犯一鏟一鏟整地，貝爾山硬是被鏟平40英呎，而鏟出的廢土便拿來填港。

教會外觀是有著60公尺高聳鐘塔的哥德式建築，鐘塔從上午10點到晚上7點之間提供報時服務，每小時敲鐘一次，就如同下課鐘聲一般，讓但尼丁更像一所大學校園。

教會前面草坪上的燈柱，是愛丁堡的老路燈，內部以佈道壇上方玫瑰窗和木雕天花板最值得一看。進門的右手邊是描述奧塔哥移民過往的拼布作品，3幅拼布足足花了7年時間才完成。

南島…但 尼丁及其周邊 Dunedin and Around

但尼丁火車站

MOOK Choice

Dunedin Railway Station

內外皆美的建築傑作

⌂ 22 Anzac Ave. ☎ 224-369-074 ⊕ www.dunedinrailways.co.nz

掃地圖

但尼丁火車站建於1873至1906年間，是紐西蘭最後興建的3座火車站之一，曾是紐國最大和最繁忙的火車站。但隨著民航機和汽車工業興起，搭火車的人日益減少，加上貨運量也不若以往，因此這條鐵路現在已無固定行駛的班次。

目前但尼丁鐵路主要作為觀光鐵道運作，最有名的便是泰伊里峽谷景觀列車(Taieri Gorge Railway)，然而現階段受到疫情影響，只開放給郵輪旅客作為靠岸觀光行程搭乘。除此之外，每月也有一兩個週末會從但尼丁出發，The Seasider路線往東前往海邊的Waitati，The Inlander路線向西前往峽谷中的Hindon，有興趣搭乘的人，可上官網查詢相關日期及資訊。

若行程湊不上也別氣餒，因為光是火車站本身就已很有看頭。這棟壯觀的建築是由鐵路部首席工程師特魯普(George Troup)設計，他採用法蘭德斯文藝復興的樣式，像是半圓拱頂、對稱門窗、半圓形窗等，皆是其特徵。外觀使用兩種奧塔哥特有的石材，一種是Kokonga的暗色火山石，另一種是Oamaru區的白色石灰岩，在顏色和材質上交互運用，形成和諧的節奏感。

車站內部採用溫暖的鵝黃色調，陽光從正中央圓拱頂灑落下來，正好看清地板上的精細馬賽克鑲嵌，正中央是紐西蘭鐵路標誌，樓梯欄杆上盡是繁複的藻飾；2樓兩側的彩繪玻璃窗，則是另一個參觀重點。而2樓的體育名人堂(Sports Hall of Fame)於1999年開幕，陳列各式各樣的獎牌和運動用品，並附有紀念品店。

但尼丁建築散步

　　但尼丁的老房子受到政府政令保護，外觀維持舊有的英式風格，建材多是磚石結構，建築形式以愛德華和維多利亞式為主，建築主體龐大、結構對稱和諧是其最大特徵，而以八角廣場附近和金融交易區(Exchange)是古建築的主要分布地。

　　八角廣場是但尼丁的市中心和市政府所在，由早期蘇格蘭移民所規劃，八角廣場和周圍環境皆比照愛丁堡設計，包括建築型式、街道名稱等；交易區則曾經是紐西蘭的金融商業中心，「交易」之名來自股票交易大樓，一路上都是大銀行，多為維多利亞式和現代的商業大廈，其他建築則包括一間19世紀的旅館、130年歷史的啤酒廠、後哥德式的聖多明尼克教堂，以及愛德華式的奧塔哥女子高中。

掃地圖

MAP ▶ P.244A1

史佩茲啤酒廠

MOOK Choice

Speight's Brewery

南方驕傲的老牌啤酒

🏠200 Rattray St.　☎(03) 477-7697　⏰導覽行程每日12:00、14:00、16:00出發，有時加開18:00的梯次，行程約75分鐘　💲成人30元，5~17歲14元，長者27元　🌐www.speights.co.nz　🍴亦有包含午餐或晚餐的套裝行程　❗建議事先上官網預約

　　這座超過140年歷史的啤酒廠，為紐西蘭啤酒大廠的起源，以釀造「南方驕傲」的啤酒著稱。這趟啤酒之旅包括啤酒歷史與釀酒過程導覽，從8千年前巴比倫時代開始介紹起，原來那時就有啤酒了。而紐西蘭毛利人曾嘗試用麥盧卡茶樹釀酒，結果味道可能不盡如人意，因為毛利語中「啤酒」的意思是臭水。

　　啤酒的原料為麥子、水、酵母和啤酒花，依照發酵位置不同，分為上層發酵的愛爾(Ale)和下層發酵的拉格(Lager)兩種，這家酒廠則兩者皆有，也可參觀其釀造過程。導覽之餘，也不忘賣酒本分，導覽員除了不斷強調啤酒擁有17種維他命外，也竭力秀出這個牌子的歷史和廣告，這些感性的影片和音樂，當年曾打動了數萬紐西蘭人的心。

　　最後的重頭好戲便是無限暢飲啤酒，因麥芽種類、發酵方式和啤酒花比例的不同，大部分啤酒都擁有屬於自己的獨特風味。史佩茲現場有5款不同口味的啤酒，品嚐時仔細感受味蕾，說不定能感覺到類似巧克力或咖啡的甜味。無法喝酒的小朋友，這裡也有蘋果汽水可以享用。

　　史佩茲釀造啤酒，利用的是一股天然的泉源，他們也慷慨地與大家分享這股泉水，所以每天都有人特地帶容器到建築的外頭取水。

南島…但尼丁及其周邊 Dunedin and Around

鮑德溫街

MOOK Choice

Baldwin Street

全世界最陡的一段路

🚌 在八角廣場附近搭乘往Normanby的8號公車,至North Rd 275站(634)下車即達

　　1988年出版的《金氏紀錄大全》,第187頁上記錄著「全世界最陡的一段路」,就是但尼丁的鮑德溫街。這條街從最低處的North Road路口,到最高處的Buchanan Street路口,距離只有短短350公尺長,但高低落差卻有47.22公尺,其中最陡的一段是在到達頂端前的70.6公尺,斜度為38.3%。這樣的坡度使大型巴士沒辦法開上去,只有兩旁住家的小轎車吃力地爬行。站在路口,可以看到很多人努力往上爬的身影,讓人分不清這到底是條馬路還是登山道。

　　因為運動效果十足,鮑德溫街每年2月都會舉辦挑戰賽(Baldwin Street Gutbuster),也就是從最低處跑到最高處再折返,吸引很多運動選手和個人報名參加。

Velvet Burger

庫克船長的漢堡配方

📍150 Lower Stuart St. 📞(03) 477-7089 🕐每日11:30開始營業 🌐www.velvetburger.co.nz

　　南島最有名的漢堡店,一是皇后鎮的Fergburger,另一個就是但尼丁的Velvet Burger了,既然有機會造訪但尼丁,當然要找機會去嚐一嚐!Velvet Burger的創始店原是在George St.上,因為廣受歡迎,後來直接在八角廣場的Stuart St.又開了一家,目前在基督城也有一家分店。

　　別小看它只是簡單的漢堡,據說可是庫克船長所留下來的配方呢!主要就是堅持以當地盛產的新鮮食材,無論是牛、豬、雞、羊,加上新鮮的蔬菜和特製的醬料所組成,吃起來比普通漢堡更美味多汁,層次豐富許多。招牌的OG Beef一份13元有找,胃口大的人則一定要試試Goneburger,而素食者也有Animal Rights可選擇。

MAP ▶ P.250

奧塔哥半島

MOOK
Choice

Otago Peninsula

稀有動物的快樂天堂

可在八角廣場附近的公車總站搭乘往Portobello (Harington Point)的18號公車前往，車程約1小時(要注意大部份車次只到半島中部，前往半島北端的班次很有限)。若不想花時間等車或是走很多路，建議自行開車，或參加當地旅遊團行程 otago-peninsula.co.nz

掃描地圖

　　南北延伸近28公里的奧塔哥半島，是紐西蘭著名的生態旅遊區。紐西蘭之所以有這麼多沒看過的動物，是因為牠們貪戀紐西蘭豐饒的食物與安全的環境，在此繁衍生長，發展出紐國獨特的品種，像是黃眼企鵝、紐西蘭毛皮海豹、虎克海獅等，甚至候鳥、海鳥也長期居留了下來。

皇家信天翁中心 Royal Albatross Centre

🔺P.250B1　🚗從但尼丁市中心開車，車程約30公里，有免費停車場。　🏠1259 Harington Point Rd, Harington Point　☎(03) 478-0499　🕐資訊中心每日10:15~17:00（冬季至16:00）　💲資訊中心免費，但要看到信天翁一定得參加行程　🌐albatross.org.nz　❗強烈建議事先上網預約

掃地圖

可參加的導覽行程

行程	行程長度	時間	價錢 成人	價錢 5~17歲
Albatross Classic	1小時	10:30起，每日4~7梯	52元	15元
Fort Taiaroa	30分鐘		26元	10元
Unique Taiaroa	1.5小時	11:00起，每日3~6梯	62元	20元

　奧塔哥半島頂端的泰阿羅角(Taiaroa Head)，是世界上唯一位於大陸的皇家信天翁孵育地，因此紐西蘭便在此地設立皇家信天翁保護區。這裡的資訊中心是開放空間，可自由進出，但若要進入保護區內，則必須參加專人帶領的導覽行程。

　這裡的行程共有3種，最重點的行程是皇家信天翁(Albatross Classic)，開始之前，導覽人員會在資訊中心先詳細解說關於信天翁的種類、生活習性等生態知識，接著來到雷契戴爾觀測台(Richdale Obsevatory)親眼盯著信天翁的一舉一動，不過要想順利看到信天翁，還看天氣狀況是否良好，如果幸運的話，也有機會欣賞牠們在天空飛翔的英姿。

　第二套行程是參觀泰阿羅碉堡(Tort Taiaroa)，這座就位於信天翁保護區地下的防禦工事，是在1880年代為抵禦帝俄入侵而興建，且直到第二次世界大戰都還在用於軍事訓練。而第三種行程Unique Taiaroa，就是前述兩個行程的結合。

奧塔哥半島

太平洋
Pacific Ocean

皇家信天翁中心
Royal Albatross Centre

Taiaroa Head

Harington point

黃眼企鵝保護區
Penguin Place

奧塔哥港
Otago Harbour ● Harwood

Port Chalmers

Otakou

紐西蘭海洋生物中心
New Zealand Marine Studies Centre

● Portobello

蘭納克城堡
Larnach Castle

Hoopers Inlet

往但尼丁

圖例 ◉景點 ❶公路 ━━鐵路

奧塔哥半島
Otago Peninsula

奧塔哥半島生態

皇家信天翁 Royal Albatross

皇家信天翁是信天翁裡體型最大的一種，翅膀展開來，全長可長達3公尺。牠們的身體和嘴喙呈白色，翅膀後部則呈黑色，飛行時有如滑翔翼，得等起風時才能順勢帶起，飛行時速可高達100公里。

黃眼企鵝 Yellow-Eyed Penguin

黃眼企鵝的體型在全球企鵝裡排名第三，重約5公斤，約有半個人高，最明顯的特徵是眼睛周遭的一圈黃毛。黃眼企鵝跟人一樣喜歡隱私，想接近這些膽小的企鵝，得好好躲著，別讓企鵝看到，保持安靜，慢慢移動，同時離企鵝巢遠一點。

藍企鵝 Blue Penguin

藍企鵝是世界上體型最嬌小的企鵝，牠們喜歡在奧塔哥半島面海的懸崖洞穴裡築巢。每天黃昏，結束在海裡的活動後，牠們會成群結隊地回家。

紐西蘭毛皮海豹 New Zealand Fur Seal

紐西蘭毛皮海豹有著小小的耳朵和翹鼻子，屬於紐西蘭的特有種，身上覆有兩層毛皮。雌海豹身長可達1.5公尺，平均體重30~50公斤；雄海豹體型更大，身長可達2.5公尺，平均體重90~150公斤。其繁殖期為11月中旬至1月中旬，12月上岸產下小海豹。通常白天是牠們玩耍的時刻，晚上才會認真覓食。

黃眼企鵝保護區 Penguin Place

P.250B1 從但尼丁市中心開車，車程約28公里，有免費停車場 45 Pakihau Rd, Harington Point (03) 478-0286 10~3月每日11:45、13:15、14:45、16:45出發，4~9月每日15:45出發。行程約1.5小時 成人58元，5~17歲18元 penguinplace.co.nz 需事先上網預約。因為都在戶外活動，須注意保暖及穿一雙好走的鞋；教育中心會免費提供防風外套。

世界上有17種企鵝，其中以紐西蘭的黃眼企鵝最有可能瀕臨絕種，為了避免這個危機，1985年成立的這座黃眼企鵝保護區，企圖以私人力量提供企鵝安全的生存環境，而經費來源全部來自每位旅客的參觀費用。

導覽行程約1.5小時，在教育中心略作介紹黃眼企鵝習性後，隨即搭乘接駁巴士來到海邊，跟著導覽員走在茅草搭蓋的半隱藏式地道裡，從遠處尋找牠們的蹤跡。黃眼企鵝和其它較常見的企鵝不太一樣，牠們不喜歡成群結隊，比較習慣獨來獨往，所以往往會看到偌大的沙灘上竟然只有一隻企鵝踽踽獨行，感覺非常瀟灑，但也讓人不禁為牠們的安全捏把冷汗。所以牠們更不喜歡人們太過接近。

另一個接近企鵝的方式，是躲在偽裝成草堆的觀測站裡頭，透過屋頂和牆壁間的空隙進行偷窺，看看企鵝平日在家到底做些什麼，得以觀察企鵝真實的家居生活。要注意的是，這裡雖然可以拍照，但不准使用閃光燈，以免嚇跑企鵝，也避免傷害牠們敏感的眼睛。

蘭納克城堡 Larnach Castle

📍P.250A3 🚗從但尼丁開車，車程約14公里，有免費停車場 📍145 Camp Rd, Otago Peninsula ☎(03) 476-1616 ⏰城堡：08:30~18:00 (3~9月09:00起)，關門前1小時停止入場。花園：09:00~19:00 (3~9月至17:00) 💰城堡＋花園：成人39元，14歲以下免費。只參觀花園：成人19.5元，14歲以下免費。租用語音導覽：5元 🌐www.larnachcastle.co.nz

掃地圖

蘭納克是紐西蘭唯一的城堡，以繁複的雕飾天花板、紐西蘭古董和可以從塔樓俯瞰太平洋著稱。然而隱藏在城堡之後的悲劇，更為這座城堡增添了戲劇性。建造這座城堡的，是威廉蘭納克(William Larnch)，他出生於蘇格蘭，在澳洲成長，是位銀行家，曾為紐國政府到英格蘭募得一大筆錢，後來成為紐西蘭鐵路部長和議員。這座城堡從1871年起共花了15年時間打造，由於什麼都要最好的，建材由世界各地運來，光是內部裝潢就花了12年。

城堡1樓有間宴會舞廳，地板皆為紐國當地原木，踩起來很有質感；窗玻璃是利用銀行的汰換品，上頭還有銀行標誌。接著是練琴間，據說這是紐國唯一用原生木打造的鋼琴，有兩百多年歷史中；木雕天花板花了6年半才完成；水晶燈仍是最原始的樣子，以瓦斯點燈。鄰近的Lady's Room是女眷們聊天的地方，因為威廉有中國朋友，這裡也擺有一些中國飾品。

城堡有著風光的過往，卻也接連發生悲劇故事。先是威廉的第一任太太病死，後來是二兒子與他的第三任太太私通，而威廉在接獲這椿不倫戀的告發信後馬上舉槍自殺，成為紐國第一位自殺的議員。這件醜聞讓蘭納克家族深以為恥，遂在1908年把城堡廉價賣給政府，並把家具賣到世界各地，以防被他們認為的淫婦——威廉的第三任太太，也是當然的遺產繼承人分到錢。轉手後的城堡曾被當作醫院和傷殘士兵收容所，荒廢多年後，1967年由Barker家族買下，再度成為私人所有，而為了重建古堡的昔日風貌，現也積極買回散落各國的家具。

城堡周圍35英畝的花園，四季裡不同繁花綻放，美輪美奐，頗值得一逛。如果想體會一下當城堡主人是什麼感覺，城堡內外提供了3種不同風格的住宿設施，不妨在此住上一晚。

The Savvy Traveler
聰明旅行家

紐西蘭的觀光產業相當發達，各種與旅行相關的軟硬體都非常齊備，從交通、住宿到旅遊資訊的取得，皆十分便利，只要事先掌握各地交通概況即可輕鬆上路。唯一要注意的是，不少戶外活動都有人數限制，若行程確定，不妨事先於網路或在各地i-SITE預約。

速寫紐西蘭

正式國名：紐西蘭(New Zealand)，毛利語為奧特亞羅瓦(Aotearoa)。
首都：威靈頓(Wellington)。
面積：陸地面積268,021平方公里，海域面積約4百萬平方公里。
人口：約512萬4千人(2022年)。75％以上為歐洲後裔(尤其是不列顛後裔)，毛利原住民約占15％，其他為亞裔移民與太平洋群島移民。
語言文字：以英語為主，而毛利語為第二官方語言。雖然紐西蘭人說的是英語，但有一股濃重的腔調(與澳洲腔又有些許不同)，愈鄉野的地區腔調愈重。
宗教：有超過一半人口為無神論者或不可知論者。在有信仰的另一半人口中，絕大多數為基督徒，其中信奉新教者，又比羅馬天主教為多。至於佛教徒、穆斯林與印度教徒，則占極少數。

簽證辦理

電子旅行授權(免簽旅客)

自2009年11月30日起，持註有國民身分證字號、有效期在6個月以上的中華民國護照入境紐西蘭，停留時間不超過90天者，無需辦理簽證。

雖然不用簽證，但自2019年10月1日起，紐西蘭移民局針對免簽證國家旅客強制實施「電子旅行授權」(NZeTA)制度，旅行紐西蘭之前，須先上移民局官網申請才能入境。申請費用為23紐幣，若以手機下載App申請，費用則是17紐幣。而隨NZeTA一併徵收的是「國際旅客保育及旅遊稅」(IVL)，費用為35紐幣。也就是說為了入境紐西蘭，你得先花上52~58紐幣。申請送出後，通常10分鐘內系統就會發給認證，而最慢也有可能需要72小時，所以請提早申請。NZeTA的效期為2年，可在效期內多次進出紐西蘭，

入境防疫規定

自2022年以來，各國邊境已較新冠疫情剛發生時開放不少，惟相關防疫規定時刻在變，最新規定還是請密切關注紐西蘭政府疫情專網，與台灣衛福部疾病管制署官網。

截至本書付印，最新相關規定如下：

紐西蘭已在2022年7月全面開放邊境，並自9月起不再需要疫苗接種證明與登機前的陰性檢測證明。不過由於部分航空公司仍需要這些證明，因此出發前請詢問航空公司相關資訊。另外，自10月20日起，也無需再填寫紐西蘭旅行者聲明(NZTD)。

如果在飛機上出現症狀，入境後可在機場進行免費的快速抗原檢測(RAT)，若為陽性，須自行隔離7天。紐西蘭政府也鼓勵旅客在抵達當天及第5~6天進行測試，並將結果回報(電話撥打0800-222-478，選項3)。

返國入境台灣，採7天自主防疫，由國際港埠人員提供2歲以上旅客4劑家用快篩試劑。入境當天或自主防疫第1天檢測1次；自主防疫期間有症狀時進行檢測，外出前須有2日內快篩檢測陰性結果。
紐西蘭政府疫情專網
🌐covid19.govt.nz
台灣衛福部疾病管制署
🌐www.cdc.gov.tw

而IVL的效期與NZeTA相同。
申請NZeTA網站：
🌐nzeta.immigration.govt.nz

一般簽證

但若你是要去紐西蘭求學、工作、預計停留超過90天者，或是NZeTA的申請被拒絕，就還是得去台北紐西蘭簽證申請中心(VAC)辦理紐西蘭簽證。而使用簽證入境者，無需申請NZeTA。

入境海關

與海關應對的原則只有一個，就是不要讓他懷疑你會滯留不歸，因此過海關時最好先準備好旅行計畫與財力證明，包括回程機票、停留城市、住宿規劃、交通安排與參訪景點等資訊，財力證明包括存款證明、攜入現金(每月以1,000紐幣估算為宜)、信用卡額度證明等，以備海關查驗。

當地旅遊

時差

紐西蘭位於GMT+12時區內，比台灣快4小時。每年9月最後一個週日到隔年4月第一個週日，實施夏季日光節約時間，比台灣快5小時。

電壓

230/240伏特，50赫茲(台灣為110伏特，60赫茲)。插座為八字型或三孔八字型，因此需預備轉接插頭。

幣值

紐西蘭使用紐幣(NZD)，貨幣符號為＄，這也是本書中所使用的幣值，與新台幣的匯率約為1：20(實際匯率會有變動)。硬幣有10￠、20￠、50￠、$1、$2；紙鈔則有$5、$10、$20、$50、$100。

同時，紐西蘭各地使用信用卡相當普遍，雖然在海外刷卡會被收取手續費，但不會比匯兌現金吃虧，所以到紐西蘭旅遊不必換太多現金，適用即可，保護好信用卡更為重要。

打電話

◎從台灣撥打紐西蘭

002-64-紐西蘭區碼(去0)-電話號碼

◎從紐西蘭撥回台灣

00-886-台灣區碼(去0)-電話號碼（若以手機撥打，可用「＋」來代替國際冠碼002或00）

另外，常可看到0800開頭的免付費電話(Toll Free)，只能在紐西蘭境內撥打。

小費

紐西蘭和台灣類似，沒有付小費的習慣。無論在餐廳用餐還是投宿旅館，消費稅都已內含，不需再給額外小費。

購物稅及退稅規定

在紐西蘭消費，各項商品的標價中已包含15%的貨物稅(GST)。同時，紐西蘭並沒有針對外國旅客的退稅制度。

飲用水

紐西蘭的自來水可以生飲，但若要飲用熱水或溫水，最好先用冷水煮沸，不要直接從熱水水龍頭裝水。

度量衡

紐西蘭使用公制為單位，不過有些人在描述距離、高度和重量時，仍會使用英制。

遊客中心

紐西蘭各地均有旅遊局設立的遊客服務中心，稱為i-SITE，除可詢問各項旅遊資訊外，也可請他們協助代訂飯店、交通與活動行程。同時，在i-SITE也能取得地圖、大眾交通路線及時刻表，與各種活動的宣傳小冊子，是初到城鎮時必先拜訪的地方。

不過近兩年受到疫情影響，觀光人數銳減，許多i-SITE被迫關閉。好在部分i-SITE原本就與紐西蘭環保局(DOC)的遊客中心同在一處，即使i-SITE關閉，還是可以到DOC遊客中心尋求協助。

紐西蘭旅遊局
ⓦ www.newzealand.com/int
i-SITE
ⓦ isite.nz

上網

紐西蘭網路使用相當普遍，不但機場、各等級飯店、餐廳幾乎都有提供免費Wi-Fi (部分需要另行詢問上網密碼)，IntyCity等長途巴士上也有免費Wi-Fi；有些公共場合也提供免費Wi-Fi。

如果覺得不夠用，紐西蘭有Vodafone、Spark兩大電信公司，在機場和街頭可找到承辦櫃台，購買適用的預付SIM卡。此外，兩人以上同行的話，從台灣租用Wi-Fi分享器也很方便、划算。

ⓦ www.vodafone.co.nz、www.spark.co.nz

品質標章 Qualmark

這是紐西蘭政府於2002年開始實施的全面性品質保證計畫，凡擁有這個銀厥標誌的商家、旅館或旅遊機構，表示經過政府嚴格控管，因此特別有保障。標章分為金、銀、銅3種等級，住宿單位更再細分1~5星評等，評比每年都會進行更新，抽查標準則涵蓋環境友善、設施安全和服務熱忱等。

ⓦ www.qualmark.co.nz

治安與安全

一般而言，紐西蘭的治安堪稱良好，人民熱情好客，犯罪率低，種族歧視也很少見，即使獨自旅行也無須擔心。但是「治安」這種事誰也無法掛保證，尤其大城市人煙雜沓，逛街時還是多小心自身的財物安全。每逢週末夜晚，當地年輕人喜歡喝酒狂歡，在街上或大眾交通工具上也有可能遇上醉漢，自己要盡量遠離危險區域。

◎**緊急聯絡電話**
旅外國人緊急服務專線：+886-800-085-095
旅外國人急難救助全球免付費專線：011-800-0885-0885 (在紐西蘭，市內電話及當地申請之

©紐西蘭旅遊局/Matt Crawford

Spark、CallPlus、Vodafone、2degrees行動電話客戶可免費撥打，但公用電話無法撥打)
駐紐西蘭台北經濟文化代表處(威靈頓)：
ⓞ Level 23, 100 Willis St, Majestic Centre, Wellington
☎ +64-4-473-6474、急難救助電話為+64-27-449-5300
駐奧克蘭台北經濟文化辦事處：
ⓞ Level 15, Tower 2, 205 Queen St, Auckland
☎ +64-9-303-3903、急難救助電話為+64-27-271-2700
當地緊急報案電話：111
當地非緊急報案電話：105

紐西蘭法定節假日

新年假期 New Year's Day	1/1~1/2
懷唐伊日 Waitangi Day	2/6
受難日 Good Friday	復活節前的週五
復活節 Easter	春分後第1個週日，約在3或4月
復活節週一 Easter Monday	復活節後一天
紐澳軍人節 Anzac Day	4/25
國王節 King's Birthday	6月第1個週一
毛利新年 Matariki	昴宿星團升起時，約6月底或7月初
勞工節 Labour Day	10月第4個週一
耶誕節 Christmas Day	12/25
節禮日 Boxing Day	12/26

另外，每個大區都有自己的週年紀念日，譬如奧克蘭紀念日是最靠近1月29日的星期一，威靈頓紀念日是最靠近1月22日的星期一，奧塔哥紀念日是最靠近3月23日的星期一等。

紐西蘭 New Zealand

MOOK NEWAction no.63

作者
蔣育荏‧墨刻編輯部

攝影
墨刻編輯部

主編
蔣育荏

美術設計
羅婕云‧Evian‧Giarc

地圖繪製
Nina‧墨刻編輯部

出版公司
墨刻出版股份有限公司
地址：台北市104民生東路二段141號9樓
電話：886-2-2500-7008
傳真：886-2-2500-7796
E-mail：mook_service@cph.com.tw
讀者服務：readerservice@cph.com.tw
墨刻官網：www.mook.com.tw

發行公司
英屬蓋曼群島商家庭傳媒股份有限公司城邦分公司
地址：台北市104民生東路二段141號2樓
電話：886-2-2500-7718　886-2-2500-7719
傳真：886-2-2500-1990　886-2-2500-1991
城邦讀書花園：www.cite.com.tw
劃撥：19863813
戶名：書虫股份有限公司

香港發行所
城邦(香港)出版集團有限公司
地址：香港灣仔駱克道193號東超商業中心1樓
電話：852-2508-6231
傳真：852-2578-9337

馬新發行所
城邦(馬新)出版集團 Cite (M) Sdn Bhd
地址：41, Jalan Radin Anum, Bandar Baru Sri Petaling,
57000 Kuala Lumpur, Malaysia.
電話：(603)90563833
傳真：(603)90576622
E-mail：services@cite.my

製版‧印刷
漾格科技股份有限公司

經銷商
聯合發行股份有限公司（電話：886-2-29178022）
誠品股份有限公司
金世盟實業股份有限公司

城邦書號
KV3063

定價
480元

ISBN
978-986-289-795-9‧978-986-289-797-3（EPUB）
2023年1月初版　2023年12月三刷

首席執行長　Chief Executive Officer
何飛鵬　Feipong Ho

生活旅遊事業總經理暨墨刻出版社長　PCH Group President & Mook Managing Director
李淑霞　Kelly Lee

總編輯　Editor in Chief
汪雨菁　Eugenia Uang

資深主編　Senior Managing Editor
呂宛霖　Donna Lu

編輯　Editor
趙思語‧唐德容‧陳楷琪
Yuyu Chew, Tejung Tang, Cathy Chen

資深美術設計主任　Senior Chief Designer
羅婕云　Jie-Yun Luo

資深美術設計　Senior Designer
李英娟　Rebecca Lee

影音企劃執行　Digital Planning Executive
邱茗晨　Mingchen Chiu

業務經理　Advertising Manager
詹顏嘉　Jessie Jan

業務副理　Associate Advertising Manager
劉玫玟　Karen Liu

業務專員　Advertising Specialist
程麒　Teresa Cheng

行銷企畫經理　Marketing Manager
呂妙君　Cloud Lu

行銷企畫專員　Marketing Specialist
許立心　Sandra Hsu

業務行政專員　Marketing & Advertising Specialist
呂瑜珊　Cindy Lu

印務部經理　Printing Dept. Manager
于慶為　Jing Wei Wan

U0020413

國家圖書館出版品預行編目資料

紐西蘭/蔣育荏作. -- 初版. -- 臺北市：墨刻出版股份有限公司出版：
英屬蓋曼群島商家庭傳媒股份有限公司城邦分公司發行, 2022.12
256面；16.8×23公分. -- (New action；63)
ISBN 978-986-289-795-9(平裝)
1.CST: 旅遊 2.CST: 紐西蘭
772.9　　　　　　　　　111017730